Preisbildung auf spekulativen Märkten

Wirtschaftswissenschaftliche Beiträge

Band 1: Ch. Aignesberger, Die Innovationsbörse als Instrument zur Risikokapitalversorgung innovativer mittelständischer Unternehmen, XVIII/308 Seiten, 1987

Band 2: U. Neuerburg, Werbung im Privatfernsehen, XIII/302 Seiten, 1988

Band 3: J. Peters, Entwicklungsländerorientierte Internationalisierung von Industrieunternehmen, IX/155 Seiten, 1988

Band 4: G. Chaloupek, J. Lamel, J. Richter (Hrsg.), Bevölkerungsrückgang und Wirtschaft, VIII/470 Seiten, 1988

Band 5: P. J. J. Welfens, L. Balcerowicz (Hrsg.), Innovationsdynamik im Systemvergleich, XIX/446 Seiten, 1988

Band 6: K. Fischer, Oligopolistische Marktprozesse, XI/169 Seiten, 1988

Band 7: M. Laker, Das Mehrproduktunternehmen in einer sich ändernden unsicheren Umwelt, IX/209 Seiten, 1988

Band 8: I. von Bülow, Systemgrenzen im Management von Institutionen, XII/278 Seiten, 1989

Band 9: H. Neubauer, Lebenswegorientierte Planung technischer Systeme XII/171 Seiten, 1989

Band 10: P. M. Sälter, Externe Effekte: „Marktversagen" oder Systemmerkmal? VII/188 Seiten, 1989

Band 11: P. Ockenfels, Informationsbeschaffung auf homogenen Oligopolmärkten, X/163 Seiten, 1989

Band 12: O. Jacob, Aufgabenintegrierte Büroinformationssysteme, VII/177 Seiten, 1989

Band 13: J. Walter, Innovationsorientierte Umweltpolitik bei komplexen Umweltproblemen, IX/208 Seiten, 1989

Band 14: D. Bonneval, Kostenoptimale Verfahren in der statistischen Prozeßkontrolle, V/180 Seiten, 1989

Band 15: T. Rüdel, Kointegration und Fehlerkorrekturmodelle, VIII/138 Seiten, 1989

Band 16: K. Rentrup, Heinrich von Storch, das „Handbuch der Nationalwirthschaftslehre" und die Konzeption der „inneren Güter", X/146 Seiten, 1989

Band 17: M. A. Schöner: Überbetriebliche Vermögensbeteiligung, XVI/417 Seiten, 1989

Band 18: P. Haufs, DV-Controlling, IX/166 Seiten, 1989

Band 19: R. Völker, Innovationsentscheidungen und Marktstruktur, XI/221 Seiten, 1990

Band 20: P. Bollmann, Technischer Fortschritt und wirtschaftlicher Wandel, VIII/184 Seiten, 1990

Band 21: F. Hörmann, Das Automatisierte, Integrierte Rechnungswesen, XI/408 Seiten, 1990

Band 22: W. Böing, Interne Budgetierung im Krankenhaus, XIV/274 Seiten, 1990

Band 23: G. Nakhaeizadeh, K.-H. Vollmer (Hrsg.), Neuere Entwicklungen in der Angewandten Ökonometrie, X/248 Seiten, 1990

Band 24: T. Braun, Hedging mit fixen Termingeschäften und Optionen, VII/167 Seiten, 1990

Band 25: G. Inderst, P. Mooslechner, B. Unger, Das System der Sparförderung in Österreich, VIII/126 Seiten, 1990

Band 26: Th. Apolte, M. Kessler (Hrsg.), Regulierung und Deregulierung im Systemvergleich, XIII/313 Seiten, 1990

Band 27: J. Lamel, M. Mesch, J. Skolka (Hrsg.), Österreichs Außenhandel mit Dienstleistungen, X/335 Seiten, 1990

Band 28: I. Heinz, R. Klaaßen-Mielke, Krankheitskosten durch Luftverschmutzung, XVI/147 Seiten, 1990

Band 29: B. Kalkofen, Gleichgewichtsauswahl in strategischen Spielen, XIII/214 Seiten, 1990

Band 30: K. G. Grunert, Kognitive Strukturen in der Konsumforschung, X/290 Seiten, 1990

Band 31: S. Felder, Eine neo-österreichische Theorie des Vermögens, X/118 Seiten, 1990

Band 32: G. Uebe (Hrsg.), Zwei Festreden Joseph Langs, VII/116 Seiten, 1990

Band 33: U. Cantner, Technischer Fortschritt, neue Güter und internationaler Handel, XVI/289 Seiten, 1990

Band 34: W. Rosenthal, Der erweiterte Maskengenerator eines Software-Entwicklungs- Systems, XIV/275 Seiten, 1990

Band 35: U. Nessmayr, Die Kapitalsituation im Handwerk, XII/177 Seiten, 1990

Band 36: H. Wüster, Die sektorale Allokation von Arbeitskräften bei strukturellem Wandel, IV/148 Seiten, 1990

Band 37: R. Hammerschmid, Entwicklung technisch-wirtschaftlich optimierter regionaler Entsorgungsalternativen, X/239 Seiten, 1990

Band 38: P. Mitter, A. Wörgötter (Hrsg.), Austro-Keynesianismus, V/102 Seiten, 1990

Band 39: A. Katterl, K. Kratena, Reale Input-Output Tabelle und ökologischer Kreislauf, VIII/114 Seiten, 1990

Band 40: A. Gehrig, Strategischer Handel und seine Implikationen für Zollunionen, XII/174 Seiten, 1990

Band 41: G. Nakhaeizadeh, K.-H. Vollmer (Hrsg.), Anwendungsaspekte von Prognoseverfahren, IX/169 Seiten, 1991

Band 42: C. Fantapié Altobelli, Die Diffusion neuer Kommunikationstechniken in der Bundesrepublik Deutschland, XXIV/319 Seiten, 1991

Band 43: J. Richter, Aktualisierung und Prognose technischer Koeffizienten in gesamtwirtschaftlichen Input-Output Modellen, VII/376 Seiten, 1991

Band 44: E. Spranger, Expertensystem für Bilanzpolitik, VIII/228 Seiten, 1991

Band 45: F. Schneider, Corporate-Identity-orientierte Unternehmenspolitik, XXI/295 Seiten, 1991

Band 46: B. Gygi, Internationale Organisationen aus der Sicht der Neuen Politischen Ökonomie, XI/258 Seiten, 1991

Band 47: L. Hennicke, Wissensbasierte Erweiterung der Netzplantechnik, VII/194 Seiten, 1991

Band 48: T. Knappe, DV-Konzepte operativer Früherkennungssysteme, VII/176 Seiten, 1991

Band 49: P. Welzel, Strategische Handelspolitik, XIII/207 Seiten, 1991

Band 50: H. Wiethoff, Risk Management auf spekulativen Märkten, XIV/202 Seiten, 1991

Band 51: R. Riedl, Strategische Planung von Informationssystemen, XII/227 Seiten, 1991

Band 52: K. Sandmann, Arbitrage und die Bewertung von Zinssatzoptionen, VIII/172 Seiten, 1991

Band 53: P. Engelke, Integration von Forschung und Entwicklung in die unternehmerische Planung und Steuerung, XVII/352 Seiten, 1991

Band 54: F. Blumberg, Wissensbasierte Systeme in Produktionsplanung und -steuerung, XVII/268 Seiten, 1991

Fortsetzung auf Seite 240

Friedrich Kugler

Preisbildung auf spekulativen Märkten

Ansätze für eine sozioökonomische Formalisierung

Mit 66 Abbildungen

Physica-Verlag
Ein Unternehmen
des Springer-Verlags

Reihenherausgeber
Werner A. Müller

Autor
Dr. Friedrich Kugler
Falbenthaler Weg 57
D-91801 Markt Berolzheim

ISBN-13: 978-3-7908-0750-9

CIP-Titelaufnahme der Deutschen Bibliothek
Kugler, Friedrich:
Preisbildung auf spekulativen Märkten : Ansätze für eine sozioökonomische Formalisierung / Friedrich Kugler. - Heidelberg : Physica-Verl., 1994
(Wirtschaftswissenschaftliche Beiträge; 94)
ISBN-13: 978-3-7908-0750-9 e-ISBN-13: 978-3-642-46949-7
DOI: 10.100/978-3-642-46949-7
NE: GT

7120/7130-543210 - Gedruckt auf säurefreiem Papier

Für Waltraud

Inhaltsverzeichnis

Einleitung und Überblick

Die moderne theoretische Volkswirtschaftslehre entferne sich zunehmend von der Realität. Diese, insbesondere in jüngster Zeit häufig hervorgebrachte Kritik, wollen wir im Rahmen dieser Arbeit aufgreifen und näher betrachten. In erster Linie wird an der Ökonomik von heute die fehlende sozialwissenschaftliche Ausrichtung bemängelt, welche aufgrund der Forderung nach eindeutigen und klaren Aussagen relativ stark in den Hintergrund gedrängt werde.

Hauptverantwortlich für diese Entwicklung sei primär die steigende Dominanz der Mathematik in der Volkswirtschaftslehre und die damit zwangsläufig einhergehende Abstraktion von realen Gegebenheiten gewesen. So wurden, besonders innerhalb der neoklassischen Theorierichtung, nur solche Modelle als relevant für die Wirtschaftstheorie erachtet, die eine Anwendung des mathematischen Instrumentariums zuließen.[1] Nach dieser Sichtweise hat somit die Mathematik im Laufe der Zeit die Sozialwissenschaften aus der Ökonomik verdrängt.

Wir wollen jedoch mit dieser Arbeit einen kleinen Anstoß für eine Revision dieser Sichtweise geben. Dazu haben wir eine differenziertere Betrachtung der Hilfswissenschaft Mathematik sowie der bisher in der Ökonomik hauptsächlich eingesetzten mathematischen Werkzeuge vorzunehmen. Wir verwenden dabei Begriffe, die neuerdings auch in anderen Bereichen immer mehr an Bedeutung gewinnen. Demzufolge unterscheiden wir generell zwischen linearer und nichtlinearer Mathematik. Nichtmathematisch ausgedrückt ist die lineare Mathematik dadurch gekennzeichnet, daß kleine Veränderungen kleine Wirkungen hervorrufen und große Wirkungen nur dadurch zustande kommen, daß sich solch kleine Veränderungen auf-

[1]Siehe auch dazu Lorenz (1992), S.247.

summieren. In der nichtlinearen Mathematik dagegen kann die kleinste Veränderung eine große Wirkung nach sich ziehen.[2]

Bekanntlich ist die Ökonomie in der Realität alles andere als ein System, das durch eine stetige und leicht durchschaubare Entwicklung gekennzeichnet ist. So bezeichnet der große österreichische Ökonom Joseph A. Schumpeter die wirtschaftliche Entwicklung als einen Prozeß der „kreativen Zerstörung".[3] Solche Vorstellungen sind nicht mit Modellen in Einklang zu bringen, die durch ein lineares mathematisches System beschrieben werden. Auch die vor allem auf Schumpeter zurückgehende Theorierichtung der evolutionären Ökonomik versucht sich von diesen vereinfachenden Restriktionen zu lösen.[4]

Unsere Revision der oben angesprochenen Sichtweise besteht nun darin, daß wir mit Hilfe der nichtlinearen Mathematik versuchen, in einem Teilbereich der ökonomischen Theorie sozialwissenschaftliche Aspekte zu integrieren. Wir gehen also den umgekehrten Weg und wollen durch den Einsatz der Mathematik nichtlinearer Prägung eine stärkere Annäherung von Theorie und Realität erreichen.

Daher haben wir uns auch mit der vorliegenden Arbeit bewußt einem Bereich der Ökonomik zugewandt, in dem die Lücke zwischen Realität und theoretischer Erklärung, besonders in jüngster Zeit, immer offensichtlicher wird. So erfolgen die Preisbildungsprozesse auf gewissen spekulativen Märkten zeitweise nach unvorhersehbaren und anscheinend jeglicher Logik widersprechenden Regeln. Demnach weisen die Preisentwicklungen oft vollkommen irreguläre Verläufe auf, die in hohem Maße durch scheinbar irrationale Verhaltensdeterminanten geprägt werden. Darüberhinaus gewinnen in einer zunehmend komplexer werdenden wirtschaftlichen Welt gerade die spekulativen Märkte allgemein - und die Kapitalmärkte im besonderen - auch wirtschaftspolitisch immer mehr an Bedeutung, da sie einem stetigen Globalisierungsprozeß unterworfen sind. Der Bedarf an theoretischen Erklärungsansätzen, die auch Faktoren außerhalb der ökonomischen Rationalität berücksichtigen, ist somit offensichtlich.

Die vorliegende Arbeit beschäftigt sich nun vor allem mit den folgenden

[2]Diese äußerst grobe Differenzierung geht auf Briggs/Peat (1990), S.28 f., zurück.

[3]Siehe Schumpeter (1947), S.83.

[4]Vgl. dazu auch Nelson/Winter (1982).

Fragestellungen: Wo liegen Mängel in den bisherigen Erklärungsansätzen, wie groß ist hierbei die Lücke zwischen Realität und theoretischer Erklärung und wie können Elemente, Ideen und Werkzeuge der nichtlinearen Mathematik mithelfen, in den Modellkonzeptionen der spekulativen Märkte dieses Erklärungsdefizit zu verringern?

Zur Beantwortung dieser Fragen gehen wir folgendermaßen vor:

In Kapitel 1 verdeutlichen wir, warum überhaupt die Forderung nach einer stärkeren Zusammenarbeit zwischen der Ökonomik und den Sozialwissenschaften gestellt wird. Hierbei gehen wir nochmals auf die Verdrängung der sozialwissenschaftlichen Aspekte sowie auf die zunehmende Realitätsferne der modernen theoretischen Ökonomik ein. Das ursprünglich dafür verantwortliche Postulat der uneingeschränkten Rationalität sowie das Verhaltensmodell des homo oeconomicus sind Gegenstand des zweiten Unterabschnittes. Das nachfolgend beschriebene komplexe Menschenbild der Psychologie wirkt aufgrund der mangelnden Einheitlichkeit zumeist abschreckend auf die Ökonomen. Aber, trotz alledem, lassen sich, wie wir im letzten Unterabschnitt darstellen werden, auch Gemeinsamkeiten und Konvergenztendenzen erkennen.

Unserem primären Untersuchungsgegenstand, den spekulativen Märkten und hier vor allem - wegen ihrer exemplarischen Struktur - den Aktienmärkten, ist Kapitel 2 gewidmet. In den ersten beiden Unterabschnitten behandeln wir die beiden wichtigsten theoretischen Ansätze, die grundlegend für alle Aktienmarktmodelle sind - die Portfoliotheorie sowie die Theorie der effizienten Märkte. Im Rahmen der Theorie optimaler Portfolioentscheidungen gehen wir zunächst ganz allgemein auf die Entscheidungsfindung bei Risiko ein. Wir zeigen auf, daß die Realitätsbezogenheit der Annahmen sowie die entscheidungstheoretischen Ergebnisse sehr stark mit der Gestalt der Risikonutzenfunktion zusammenhängen. In diesem Zusammenhang greifen wir auf den Ansatz von Friedman/Savage (1948) zurück, der auch im Rahmen dieses Abschnittes formal begründet wird. Danach wenden wir uns dem Zustands-Präferenz-Modell zu, das als Vorläufer der am Ende dieses Unterabschnittes dargestellten klassischen Portfoliotheorie gilt. Darüberhinaus weisen wir darauf hin, daß plötzliche und abrupte individuelle Portfolioumschichtungen bei sich nur wenig verändernden Rahmenbedingungen, wie sie zuweilen in der Realität auftreten, mit diesen traditionellen Modellannahmen nicht darstellbar sind. Eine Beschreibung der Theorie effizienter Märkte sowie exemplarische Darstellungen der zahlreichen empirischen Überprüfungen beschließen den theoretischen Teil dieses Kapitels. Neuere sozialwissenschaftliche Aspekte fließen dann in die Beschreibung der Aktienmärkte in der Realität ein. Wir stellen fest, daß die oben genannten Theorien nicht im entferntesten dazu beitragen, diese Realität adäquat zu beschreiben. Dies verdeutlichen wir zusätzlich zum Ende dieses Kapitels am Beispiel des Aktiencrashs von 1987. In diesem Zusammenhang vertreten wir auch die These, daß durch Verwendung von Elementen und Werkzeugen der nichtlinearen Mathematik durchaus eine Modellierung möglich wäre, die sich mehr an den Phänomenen der Realität orientiert.

Da die eben erwähnten Elemente und Werkzeuge nicht unbedingt zur Standardausrüstung der Ökonomen gehören, werden wir sie in Kapitel 3 kurz vorstellen. Diese formalen Darstellungen sind notwendig, um die nachfolgenden Ausführungen verstehen zu können. Wir wollen dabei auszugsweise auf die Thomsche Katastrophentheorie sowie auf die Theorie der nichtlinearen dynamischen Systeme eingehen. Unser Augenmerk richtet sich vor allem aber auf die Anwendung dieser Theorieansätze auf ökonomische Problemstellungen. So werden wir im Rahmen der ökonomischen Bedeutung der Katastrophentheorie aufzeigen, wie in einem Portfolio-Modell die oben angesprochenen diskontinuierlichen Portefeuilleumschichtungen endogen erklärt werden können.

Da die Erwartungen der Individuen den Preisbildungsprozeß auf spekulativen Märkten entscheidend beeinflussen und prägen, haben wir deshalb in Kapitel 4 eine differenziertere Betrachtung vorgenommen. Ausgehend von der Tatsache, daß auf spekulativen Märkten sowohl ökonomische als auch außerökonomische Faktoren miteinander kombiniert werden, untersuchen wir zunächst die Erwartungen aus ökonomischer und aus psychologischer Sicht. Im ökonomischen Teil stellen wir dabei, neben einer allgemeinen Erörterung der Bedeutung der Erwartungen für den Wirtschaftsprozeß, die beiden wichtigsten formalen Erwartungsbildungsansätze der Ökonomik dar - die extrapolativen sowie die rationalen Erwartungen. In diesem Zusammenhang beschreiben wir auch das Effizenzmarktmodell, worin ein rationaler Investor die Aktie immer mit ihrem fundamentalen Wert bewerten wird. Die davon grundverschiedene Erwartungsbildung in der Psychologie ist Gegenstand des zweiten Unterabschnittes. Kennzeichnend für den psychologischen Ansatz ist die Trennung zwischen individueller und kollektiver Erwartungsbildung. Die individuelle Erwartungsbildung erfolgt über den Prozeß des Lernens, während die letztendlich im Aggregat bedeutende kollektive Erwartungsbildung primär auf soziale Einflußfaktoren zurückzuführen ist. Nach diesen Ausführungen über beide Extrempositionen gehen wir über zu den Erwartungen auf Aktienmärkten, die wir in diesem Abschnitt als spekulative Erwartungen bezeichnen wollen. Wir sehen, daß bei diesen Erwartungen neben den ökonomischen auch psychosoziale Komponenten mit einfließen.

Diese Erkenntnis verwenden wir explizit im nachfolgenden Kapitel 5 und entwickeln hier mit Hilfe der nichtlinearen Mathematik aus Kapitel 3 Schritt für Schritt formale Modelle, die den Preisbildungsprozeß auf spekulativen Märkten als Folge der Erwartungsbildung zu beschreiben versuchen. Zunächst modellieren wir unter Verwendung des Ansatzes der Quartischen-Modalwert-Erwartungen, der es erlaubt, neben ökonomischen auch psychologische Aspekte mit einzubeziehen, die individuelle Bildung von Aktienkurserwartungen. Im Gegensatz zum Modell des effizienten Marktes, das auf rationale Erwartungen aufbaut, sind hier die Stimmungslagen des Individuums entscheidend für die zukünftige Bewertung des Wertpapiers. Analog zur Trennung in der Psychologie stellen wir im nächsten Abschnitt ein Modell zur kollektiven Erwartungsbildung vor, das auf Erkenntnissen der nichtlinearen dynamischen Theorie basiert. Dieses Modell bringt zwar den Diffusionsgedanken sowie den zeitlichen Aspekt in die Erwartungsbildung ein, es ist aber letztendlich aufgrund der Beschränkung auf eine Erwartungshaltung doch zu einfach strukturiert, um weitergehende Aussagen für unsere Problemstellung zu ermöglichen. Daher führen wir am Beispiel zweier konkurrierender Erwartungshaltungen aus, wie diese auf einem spekulativen Markt dynamisch zusammenspielen können. Darüberhinaus stellen wir den Einfluß dieser dynamischen Konkurrenzbeziehung auf die Preisentwicklung dar. Daran anschließend erläutern wir die Grundgedanken einer Modellformulierung, die es gestatten würde, die Aggregation von mehr als zwei Erwartungen in einer Ökonomie zu modellieren. Indem wir in dieses Modell eine nichtlineare dynamische Komponente integrieren, ist es möglich, die kollektive Erwartungsbildung als Zusammenwirken von psychosozialen Faktoren darzustellen. Diese Modellformulierung kombinieren wir mit dem vorher beschriebenen Gedanken des dynamischen Zusammenspiels zwischen Erwartungen und Preisentwicklung und übertragen dies anschließend auf unser Modell der individuellen Aktienkurserwartung. Wir kommen dabei zu dem Ergebnis, daß dieses Modell nun in der Lage ist, auf Aggregatebene real existierende spekulative Blasen formaltheoretisch mit Hilfe psychologischer Elemente zu erklären. Darüberhinaus ist es unter bestimmten Konstellationen möglich, endogen sogar Kurszusammenbrüche zu generieren. Eine anschließende Modellsimulation unseres fiktiven Aktienmarktes verdeutlicht die erhaltenen Ergebnisse.

Abschließende Bemerkungen und Gedanken sowie der Ausblick auf mögliche Weiterentwicklungen beschließen diese Arbeit.

Kapitel 1

Die Forderung nach einer interdisziplinären Zusammenarbeit zwischen der Ökonomik und den Sozialwissenschaften

Bereits im Jahre 1936 hatte Schumpeter darauf hingewiesen, daß die Psychologie die wirkliche Basis der Sozialwissenschaften darstelle und sie daher die grundlegenden Erklärungen wirtschaftlichen Verhaltens liefern müsse.[1] Und kein geringerer als J.M. Keynes hat in seinen Arbeiten immer wieder betont, welch bedeutende Rolle der Psychologie im Wirtschaftsgeschehen zukomme. Beispielsweise charakterisierte er drei psychologische Faktoren als elementare Bestimmungsgründe des wirtschaftlichen Handelns: Den Hang zum Verbrauch, das Verhalten zur Liquidität sowie die Erwartung zukünftiger Kapitalerträge.[2]

„Mit der Eliminierung der Faktoren, die den Menschen veranlassen, sich nicht nur rational, sondern auch traditional, emotional oder affektiv zu verhalten, war unversehens der ‚Mensch' aus der Wirtschaft entschwunden."[3]

[1]Siehe Schumpeter (1936), S.793, Anmerkung 3.

[2]Vgl. Keynes (1936)/(1977), S.206.

[3]Siehe Machinek (1968), S.125.

Mit dieser provokanten These bemängelte Machinek schon im Jahre 1968 den zunehmenden Abstraktionsgrad in der Ökonomik. Jedoch sind bis zum heutigen Tage fast alle „gängigen Anschauungen der Wirtschaftswissenschaftler und Politiker über den Ablauf und die Steuerung gesamtwirtschaftlicher Prozesse (...) praktisch ohne Rückgriff auf die Erkenntnisse der wissenschaftlichen Psychologie entstanden."[4] So beinhalten auf Makroebene gesamtwirtschaftliche Größen wie Konsum, Inflationsraten, Lohnniveaus, Konjunkturindikatoren etc. unter anderem auch aggregierte Verhaltensweisen. Ebenfalls können mikroökonomische Bereiche, wie etwa die Preisbildung auf den Kapitalmärkten, nicht mehr isoliert von psychologischen Einflußfaktoren analysiert werden. Daher gewinnt die Forderung nach einer stärkeren Einbeziehung psychoökonomischer beziehungsweise, in einer allgemeineren Formulierung, sozialwissenschaftlicher Elemente in die ökonomische Theorie immer mehr an Bedeutung.

Einige Vorbemerkungen seien an dieser Stelle angebracht. Wir wollen in diesem Abschnitt keinesfalls auf die diversen Begriffsdefinitionen und Begriffsabgrenzungen eingehen, da sie zuweilen in der Literatur nicht eindeutig sind. Beispielsweise wird darin unterschieden zwischen Ökonomischer Psychologie und Psychologischer Ökonomik. Beides zusammen ergibt den Teilbereich der Wirtschaftspsychologie.[5] In anderen Veröffentlichungen wiederum wird eine solche Unterscheidung überhaupt nicht vorgenommen,[6] oder aber das gesamte Problemfeld wird einfach als Ökonomische Psychologie bezeichnet.[7] Um keine unnötigen Komplikationen hervorzurufen, wollen wir uns in den folgenden Ausführungen letzterer Bezeichnungsweise anschließen.

---

[4] Strümpel/Pawlowsky (1987), S.243.

[5] Vgl. dazu Wiswede (1991), S.9.

[6] Siehe beispielsweise Pelzmann (1985).

[7] Siehe Frey/Gülker (1988).

1.1 Die Tendenz zur Vernachlässigung sozialwissenschaftlicher Aspekte und zur zunehmenden Entfernung von der Realität in der ökonomischen Theorie

In dem 1992 erschienen Sammelband „Die Zukunft der ökonomischen Wissenschaft: Ansichten führender Ökonomen" der Herausgeber H. Hanusch und H.C. Recktenwald ergreifen über die Hälfte der darin veröffentlichten Ökonomen Partei für eine stärkere Einbeziehung sozialwissenschaftlicher Elemente, Methoden und Erkenntnisse in den Forschungsgegenstand der modernen Volkswirtschaftslehre.[8] So schreibt beispielsweise Malinvaud,[9] daß in den vergangenen Jahrzehnten der ökonomische Denkansatz auf diverse andere sozialwissenschaftliche Teildisziplinen übertragen wurde. Dies war, wie sich herausgestellt habe, mit erheblichem Gewinn für diese Wissenschaftsbereiche verbunden. Nun, so meint er, sei es an der Zeit, daß die Wirtschaftswissenschaft ihr Interesse an dem umgekehrten Transfer bekunden sollte.

Ebenso erwartet Schefold „eine neue Durchdringung von Ökonomie einerseits, den anderen Sozialwissenschaften und der Psychologie andrerseits". Dies soll gewissermaßen „in einer Wechselbeziehung" stattfinden, nämlich in der Form, daß „die Ökonomen Rationalitätsformen und Verhaltensweisen in ihre Modelle einbeziehen, die realistischer sind als das Konstrukt des homo oeconomicus."[10]

Auch Baumol sieht eine große Chance für die zukünftige Entwicklung der Ökonomik in „Ergebnisse aus psychologischen Studien (...) in zentrale Lehrsätze der Wirtschaftswissenschaft einzubringen."[11]

In der Tat sind fast alle gängigen Anschauungen über den Ablauf, die Steuerung und die Entwicklung mikro-, meso- und makroökonomischer Prozesse zumeist ohne die Erkenntnisse der sozialwissenschaftlichen Disziplinen entstanden. Der in diesen Prozessen handelnde Mensch wurde dabei

[8] Siehe Hanusch/Recktenwald (1992).

[9] Siehe Malinvaud (1992), S. 266.

[10] Siehe Schefold (1992), S.351.

[11] Siehe Baumol (1992), S.23.

als anonyme „black box“ weitgehend ausgeblendet.[12]

Wir haben eingangs bereits erwähnt, daß schon in den dreißiger Jahren namhafte Ökonomen wie Schumpeter und Keynes darauf hingewiesen haben, die Wirtschaftswissenschaften wären nur dann imstande ökonomische Zusammenhänge zu erklären, wenn sie dabei auf individualpsychologische, sozialpsychologische und soziologische Forschungsergebnisse Bezug nehmen.

Folgt man jedoch den einführenden Lehrbüchern der Volkswirtschaftslehre[13], so besteht das Erkenntnisobjekt der Ökonomik in allererster Linie aus der wirtschaftlichen Realität. Demnach ist die Volkswirtschaftslehre sowohl Realwissenschaft als auch Sozialwissenschaft und somit wäre diese Forderung nach einer stärkeren Einbeziehung sozialwissenschaftlicher Aspekte überhaupt nicht vonnöten. Dies wird jedoch in der modernen ökonomischen Forschung gerne vernachlässigt.

Im Gegenteil, in den letzten Jahrzehnten hat sich die Ökonomik in eine Richtung hin entwickelt, die sie immer weiter von ihrer empirischen Grundlage entfernt. In ihren formaltheoretischen Modellen zog sie sich auf eine Ebene zurück, die mit der ökonomischen Realität nur noch im entferntesten Maße etwas zu tun hatte. Besonders in der aus den Prämissen der Neoklassik abgeleiteten allgemeinen Gleichgewichtstheorie[14] wurde diese Tendenz immer offensichtlicher.

Selbst der Gleichgewichtstheoretiker Morishima prognostiziert über die zukünftige Entwicklung der allgemeinen Gleichgewichtstheorie: „Sie wird viel zu weit von der eigenen Wirklichkeit entfernt sein und somit lediglich als Instrument dienen, das logische Denkvermögen von Studenten zu trainieren“.[15] Um dem entgegenzuwirken, fordert er eine realitätsnäher ausgerichtete allgemeine Gleichgewichtstheorie. Nach seinen Worten muß darin „eine enge kooperative Beziehung zur Soziologie und zur Sozialpsychologie aufrechterhalten“ werden.[16]

Als Hauptursache für diese Entwicklung gilt allgemein die bedingungslose Annäherung der Volkswirtschaftslehre an die Mathematik. Diese bringe

---

[12]Siehe auch dazu den Übersichtsartikel von Strümpel/Pawlowsky (1987).

[13]Siehe hierzu beispielsweise Hanusch/Kuhn/Greiner/Kugler (1991).

[14]Dies gilt vor allem für die allgemeine Gleichgewichtstheorie im Sinne von Debreu (1959) sowie von Arrow/Hahn (1971).

[15]Siehe Morishima (1992), S.280.

[16]Ebenda S.281.

zwar den Vorteil einer besseren axiomatischen Konstruktion von ökonomischen Modellen mit sich, so der Haupttenor der Kritik, führe aber gleichzeitig zu einem nie vorher erreichten Grad der Abstraktion in dieser Disziplin. Auch ein, sogar auf mathematischem Gebiet, sehr erfolgreicher Ökonom wie Baumol kritisiert die zunehmende und nach seinen Worten übertriebene Mathematisierung der Volkswirtschaftslehre. Er schreibt: „Wir stehen heute vor einer Überfülle an mathematischen Modellen, die meist nur ihre eigene Existenz beweisen wollen, die aus nichtssagenden Gleichungen und Ungleichungen bestehen und keinerlei Schlußfolgerungen zulassen".[17]

Wir haben in der Einleitung bereits angesprochen, daß wir uns, in Bezug auf die Mathematik, der hier geäußerten Kritik nicht ganz so unbedenklich anschließen werden. Wie wir mit Hilfe dieser Arbeit darstellen wollen, besitzt das soeben Gesagte hauptsächlich Geltung für die momentan noch in der Ökonomik vorherrschende restriktive Mathematik linearer Prägung. In den folgenden Kapiteln werden wir aufzeigen, wie durch Verwendung neuerer nichtlinearer mathematischer Theorieansätze sozioökonomische Elemente in die formale Modellbildung einbezogen werden können, die eine mehr an der ökonomischen Realität orientierte Darstellung zulassen.

Neben der zunehmenden Mathematisierung und der daraus resultierenden Abstraktion stellt auch die damit eng im Zusammenhang stehende strenge Rationalitätsannahme einen weiteren Kritikpunkt an der modernen ökonomischen Modellbildung dar. Demgemäß stehe hinter den makroökonomischen Aggregatgrößen wie Konsum- oder Investitionsquoten, deren Veränderungen mit Hilfe der theoretischen Modelle untersucht werden, grundsätzlich die Annahme, daß die wirtschaftenden „Menschen sich mechanistisch verhalten, das heißt auf die gleichen ökonomischen Entwicklungen immer mit den gleichen, unveränderlichen Verhaltensweisen reagieren".[18] Bei Unterstellung des Rationalitätspostulats wird also das ökonomische Verhalten von Menschen als durch äußere Bedingungen vollständig determiniert angesehen, dies widerspreche jedoch den empirischen Erkenntnissen. Sie plädieren deshalb dafür, psychologische Variable, die das menschliche Entscheidungsverhalten beeinflussen können, in die ökonomische Ana-

[17]Siehe Baumol (1992), S.22.

[18]Siehe Frey/Gülker (1988), S.168.

lyse mit einzubeziehen.

Da dieses Rationalitätspostulat die zentrale ökonomische Annahme überhaupt ist, soll es im nächsten Abschnitt etwas ausführlicher dargestellt werden.

1.2 Das Postulat der uneingeschränkten Rationalität sowie das Verhaltensideal des homo oeconomicus

Aus dem englischen Rationalismus des 17. und 18. Jahrhunderts wurde eine fundamentale Prämisse für jegliches zweckgerichtetes menschliches Handeln abgeleitet. Vereinfacht ausgedrückt wird gefordert, daß ein bestimmtes Handlungsziel mit einem möglichst geringen Mitteleinsatz zu erreichen ist. Bezieht man dieses Rational- oder Vernunftprinzip auf die Wirtschaftswissenschaft, so wird daraus das ökonomische Prinzip, welches das Leitmotiv für das wirtschaftliche Handeln darstellt.

Gemäß Wöhe läßt sich das Wirtschaftlichkeitsprinzip, wie es auch genannt wird, mengen- oder wertmäßig formulieren: „Die mengenmäßige Definition besagt, daß mit einem gegebenen Aufwand an Produktionsfaktoren der größtmögliche Gütertrag zu erzielen ist, das heißt der Ertrag soll maximiert werden (Maximalprinzip), oder daß ein gegebener Gütertrag mit geringstmöglichem Einsatz von Produktionsfaktoren zu erwirtschaften ist, das heißt der Mitteleinsatz soll minimiert werden (Minimalprinzip). Die wertmäßige Definition verlangt, so zu handeln, daß mit einem gegebenen Geldaufwand ein maximaler Erlösbetrag oder ein bestimmter Erlös mit einem minimalen Geldeinsatz erwirtschaftet wird“.[19] Daraus ist ersichtlich, daß das ökonomische Prinzip rein formal ist und keinerlei Aussagen über die Motive und Zielsetzungen des wirtschaftlichen Handelns beinhaltet. Zugleich wurde damit der Begriff der Rationalität von der ökonomischen Theorie regelrecht vereinnahmt und die beiden Begriffe „Wirtschaften“ und „rationales Handeln“ gleichgesetzt. Die Gültigkeit dieses Prinzips wurde somit auf alle Handlungsdisziplinen ausgeweitet.[20]

[19] Siehe Wöhe (1981), S.1 ff.

[20] Vgl. Hartfiel (1968), S.112 f.

Das Postulat formaler Rationalität in der Wirtschaftswissenschaft hat zu einem eigenen Menschenbild geführt, dem homo oeconomicus. Dieses theoretische Konstrukt eines, im ökonomischen Sinne „idealen" Menschen, hat sich durch die Wirtschaftsgeschichte hindurch bis zum heutigen Zeitpunkt sowohl in der Theorie als auch in den empirischen Untersuchungen weitestgehend behauptet, obwohl seit jeher der allumfassende Anspruch des Rationalitätsbegriffs Gegenstand hitziger Diskussionen geblieben ist. Hauptdiskussionspunkt ist dabei die Frage, ob die empirische Leere der Verhaltensannahmen des homo oeconomicus als methodologische Notwendigkeit um den Preis einer wirklichkeitsnahen Theorie in Kauf zu nehmen sei oder nicht.

Der homo oeconomicus ist definiert als Individuum, dessen Aktivitäten rein durch positive beziehungsweise negative Anreize bestimmt wird, und dessen Reaktionen auf Veränderung dieser Anreize stabil, systematisch und aus diesem Grunde prognostizierbar sind.[21] Seine Fähigkeiten werden durch die folgenden drei Axiome geprägt:[22]

- Das Rationalitätsaxiom,
- das Informationsaxiom,
- das Reaktionsaxiom.

Das Rationalitätsaxiom legt als Handlungsmaxime das streng rationale Handeln fest. Die vollkommene Transparenz einer Situation wird durch das Informationsaxiom beschrieben. Das Reaktionsaxiom schließlich umfaßt die vollständige und unendlich schnelle Anpassungsfähigkeit an veränderte Situationen.

Mit der Person des homo oeconomicus gelang es der Wirtschaftstheorie, die komplexe menschliche Verhaltensstruktur relativ einfach zu beschreiben und folglich konkrete Aussagen über das richtige Verhalten des Menschen im Wirtschaftsprozeß zu treffen. Dort tritt der homo oeconomicus nämlich in verschiedenen Rollen auf und richtet sein Verhalten hierbei einzig und allein nach dem ökonomischen Prinzip aus.[23] Als gewinnmaximierender

[21] Siehe auch Frey/Stroebe (1980), S.82.

[22] Vgl. Hartfiel (1968), S.109.

[23] Siehe zum folgenden auch Haubl et al. (1986), S.133.

Unternehmer ist er ständig bestrebt sein, Angebot so auszurichten, um den größtmöglichen Profit zu erzielen. Demgegenüber verwendet er als Konsument sein Einkommen so, daß sein Nutzen maximal wird. Als Arbeitnehmer wiederum sucht er sich die Beschäftigung aus, bei der, zur Erreichung eines bestimmten Einkommens, das „Arbeitsleid" minimiert beziehungsweise bei konstantem „Arbeitsleid" das Arbeitseinkommen maximiert wird. Als Politiker schließlich wird er nur die politischen Entscheidungen treffen, die ihm die Anzahl der maximalen Stimmen für die Wiederwahl garantieren. Das rationale Individuum versucht somit als Gewinn-, Nutzen-, Einkommens- und Stimmenmaximierer seine Ziele, mit Hilfe der ihm zur Verfügung stehenden Mitteln, auf bestmögliche Art und Weise zu realisieren.

Wie bereits angedeutet wurde, ist das theoretische Konstrukt des homo oeconomicus und mit ihm das uneingeschränkte Rationalitätspostulat aufgrund der fundamentalen Bedeutung für die Wirtschaftswissenschaft Gegenstand einer andauernden Diskussion geblieben. Im folgenden wollen wir die wichtigsten Argumente in diesem Meinungsstreit kurz darstellen.

Patzak kritisiert an den oben beschriebenen drei Axiomen hauptsächlich ihren entpersönlichenden Charakter. Demgemäß wird durch das Rationalitätsaxiom das Verhalten des homo oeconomicus normiert und er degeneriert zur reinen Entscheidungsmaschine. Moral, Gewissen, Empfindungen, Gefühle und Stimmungen sind zur Beurteilung einer Entscheidungssituation nicht notwendig, im Gegenteil, sie würden im Widerspruch zum formalen Charakter des Rationalprinzips stehen. Die vollkommene Informiertheit des Informationsaxioms setzt eine unendliche und maschinengleiche Informationsverarbeitungsfähigkeit voraus. Dies stehe aber im krassen Widerspruch zum menschlichen Leistungsvermögen. Eine unendlich schnelle und vollständige Anpassung, wie sie im Reaktionsaxiom festgelegt wurde, deute darauf hin, daß der Mensch lediglich auf exogen vorgegebene Bedingungen reagieren könne. Ein gewisse kreative Aktivität bleibe dadurch außer Betracht. Zusammengefaßt beschreiben alle drei Axiome das Bild eines perfekten „Reaktionsmechanismus".[24]

Haubl et al. teilen die Kritikpunkte in die folgenden drei theoretischen Bereiche ein:[25]

---

[24]Vgl. Patzak (1983), S.59 ff.

[25]Siehe dazu Haubl et al. (1986), S.136 ff.

- Die Einwände der subjektiven Wertlehre,
- die Einwände der ökonomischen Verhaltensforschung,
- die Einwände der kognitiven Psychologie.

Nach der subjektiven Wertlehre wird der Wert eines Gutes nicht durch den individuellen Nutzen, sondern durch die für das Individuum gegebene aktuelle Knappheit bestimmt. Somit ist der zustandekommende subjektive Wert durch äußere Umstände und nicht durch innere psychische Bedingungen determiniert. Deshalb können unterschiedliche Knappheitsbedingungen die Ergebnisse rationaler Entscheidungen so verändern, daß die getroffenen Entscheidungen am Ende im Widerspruch zu den rationalen Entscheidungen stehen. Im Ansatz der subjektiven Wertlehre ist zwar, nach Meinung von Haubl et al., eine gewisse Distanz zur Unfehlbarkeit des homo oeconomicus zu erkennen, im Kern ist er aber noch zu sehr dem Modell der rationalen Entscheidungen verhaftet.

Ausgangspunkt für die ökonomische Verhaltensforschung ist das empirische Verhalten. So unterscheidet beispielsweise G. Katona in Entscheidungssituationen zwischen echten, habituellen und impulsiven Entscheidungen.[26] Nur die echten Entscheidungen werden nach den rationalen Entscheidungsregeln getroffen. Wir werden werden diesen Ansatz im Rahmen des Abschnittes 1.3 noch gesondert beschreiben.

Die Einwände der kognitiven Psychologie betreffen primär das konkrete Entscheidungsverhalten, welches das ökonomische Verhalten determiniert. Sie lehnt die Prämissen der Rationaltheorie vor allem aus zwei Gründen ab: Zum einen seien die Informationen für das Entscheidungsproblem nie vollständig und zum anderen erfolge die Anpassung an veränderte Informationen zu träge. Dies habe zur Folge, daß Entscheidungen in der Realität nie optimal im objektiven Sinne sein können. Auf die einzelnen Modifizierungen, die der Ansatz der kognitiven Psychologie vor allem an der ökonomischen Entscheidungstheorie bewirkt hat, werden wir in Abschnitt 1.4 eingehen.

Trotz der verschiedensten zum Teil schwerwiegenden Kritikansätze besitzt das Rationalitätspostulat immer noch eine fundamentale Bedeutung

[26] Vgl. Katona (1960).

für die ökonomische Theorie. In einer gewollt überspitzten Formulierung vertritt Stiglitz sogar die Meinung, daß viele Theoretiker am Modell des rational handelnden Wirtschaftssubjektes nur deshalb festhalten, weil es ein schönes Spiel ist. Denn es bietet für den Analytiker wohldefinierte Voraussagen, wohingegen die Realität durch unendlich viele irrationalen Verhaltensweisen geprägt wird. Glücklicherweise, so Stiglitz, zeigen die neueren Forschungsergebnisse „der Soziologie und der Psychologie (...), daß individuelles Verhalten systematischen Mustern folgen kann, selbst wenn es irrational ist."[27]

Die Befürworter des Konzepts des homo oeconomicus, vor allem amerikanische Ökonomen, bestreiten nicht, daß ihr Menschenbild nicht den Erkenntnissen der modernen Sozialwissenschaften entspricht. Jedoch liegt darin für sie gerade der entscheidende Vorteil des ökonomischen Modells. Indem der homo oeconomicus als das, im Sinne der Theorie, idealtypische Exemplar des wirtschaftenden Menschen anzusehen sei, werden damit Verhaltensvorhersagen erst möglich gemacht. Im Gegensatz zur Psychologie, die von irrationalem Verhalten ausgehe und somit solche Vorhersagen unmöglich mache. Demzufolge sei eine Einführung psychologischer beziehungsweise soziologischer Faktoren in die ökonomische Theorie nicht vonnöten.[28]

Wir wollen es an dieser Stelle bei der Darlegung der gegensätzlichen Grundpositionen belassen und, nach einer kurzen Darstellung des ökonomischen Menschenbildes der Psychologie, diese Problematik unter dem Gesichtspunkt von Gemeinsamkeiten und Konvergenztendenzen wieder aufgreifen.

1.3 Das ökonomische Menschenbild der Psychologie

Obwohl namhafte Vertreter des Genre es fordern oder in der Vergangenheit gefordert haben, ist es jedoch nur eine Minderheit innerhalb der öko-

[27] Siehe Stiglitz (1992), S.398.

[28] Siehe dazu auch die Ausführungen und die Literaturangaben in Frey/Stroebe (1980), S.83.

nomischen Profession, die in ihren Beiträgen eine Kooperation zwischen Ökonomik und Psychologie anstreben. Die Mehrheit begegnet leider immer noch diesen Ansätzen mit Zurückhaltung, Argwohn oder sogar mit strikter Ablehnung.[29]

Letzteres Verhalten hat vor allem zwei Ursachen. Zum einen erweist sich die Psychologie wegen ihrer mangelnden theoretischen Geschlossenheit für den Ökonomen als ein abschreckendes Sammelsurium heterogener Erklärungsansätze. Zum anderen sind einige Ökonomen der Ansicht, der ökonomische Ansatz benötige keine Hilfestellung durch andere Sozialwissenschaften, da er imstande ist, jegliches menschliche Verhalten erklären zu können.[30]

Auch in der Psychologie existieren Berührungsängste mit verschiedenen Theoriebereichen der Ökonomik. Dies läßt sich sehr gut am Beispiel des Aktienmarktes beobachten. So vertritt man in der Psychologie schon länger die Meinung, daß Aktienkursschwankungen weniger die tatsächliche ökonomische Situation widerspiegeln, sondern vor allem Hoffnungen und Befürchtungen der Marktteilnehmer ausdrücken.[31] Obwohl, aus dieser Sicht heraus, der Aktienmarkt eigentlich ein umfangreiches Betätigungsfeld für Psychologen darstellen müßte, haben sich diese, von einzelnen Ausnahmen abgesehen, in ihrem Interesse bis vor kurzem relativ zurückgehalten.[32] Ein Grund dafür könnte wohl sein, daß der Aktienmarkt traditionell zu den Forschungsobjekten der Wirtschaftswissenschaften zählt und somit für die Psychologie eine Art Tabu darstellt.[33] Jedoch, mit den neueren Arbeiten, vor allem amerikanischer Psychologen, die unter anderem die Motivation, die Beeinflußbarkeit sowie die Erwartungsbildung von Börsenakteuren theoretisch, empirisch und experimentell untersucht haben, findet auch in diesem Wissenschaftsbereich ein gewisses Umdenken statt.[34]

Gegenstand der Psychologie im allgemeinen ist die Lehre vom Erleben

---

[29]Siehe dazu auch Schlotthauer (1981), S.128 f.

[30]Ebenda, S.129.

[31]Vgl. Maas/Weibler (1988).

[32]Siehe auch Bungard/Schultz-Gambard (1990), S.142.

[33]Siehe Wiendieck (1990), S.48.

[34]Als Beispiele wären hier die Beiträge von Maital/Filer/Simon (1986), Schachter/Hood/Andreassen/Gerin (1986), Schachter/Quellette/Whittle/Gerin (1987) und von Andreassen (1987) anzuführen.

und Verhalten des Menschen. Demnach ist es Ziel der wissenschaftlichen Psychologie, empirisch nachprüfbare Aussagen und Theorien zu entwickeln, die es erlauben, menschliches Erleben und Verhalten vorauszusagen und zu erklären.[35] Die Psychologie, als sozialwissenschaftliche Disziplin, teilt man üblicherweise in die folgenden vier „klassischen Bereiche" ein:[36]

Die Persönlichkeitspsychologie befaßt sich mit der Struktur und der empirischen Messbarkeit der individuellen Persönlichkeit. Die Anwendungsgebiete dieses Teilbereichs der Psychologie liegen vor allem im Durchführen psychologischer Testverfahren sowie in der Untersuchung und Behandlung abnormalen Verhaltens.

In der Entwicklungspsychologie werden Einflüsse der Geburt und der Erziehung auf die Persönlichkeitsbildung und auf das Verhalten analysiert. Haupttätigkeitsfelder sind unter anderem die Erziehungsberatung sowie die Entwicklung von Lernhilfen.

Forschungsgegenstand der Sozialpsychologie ist das individuelle menschliche Verhalten in seiner sozialen Umgebung. Die Studien beziehen sich hauptsächlich auf soziale Interaktion, auf die Folgen von Machtausübung und Machtstreben, auf die Effizienz von Gruppenverhalten sowie auf die Entstehung und Behandlung sozialer Dilemmata.

Die Experimentalpsychologie untersucht primär das kognitive Verhalten, insbesondere die Wahrnehmung, das Lernen, das Denken und die Sprache, mit Hilfe von realitätsnahen Versuchen. Die wichtigsten Forschungsbereiche liegen hierbei in den Mensch-Maschine Beziehungen, in den Problemlösungstechniken sowie in den Untersuchungen zur künstlichen Intelligenz.

Aus diesen vier Teildisziplinen hat sich in den letzten Jahrzehnten ein zusätzlicher Spezialbereich entwickelt, die sogenannte Ökonomische Psychologie.[37] Hauptgegenstand der Forschung in dieser noch relativ jungen Teildisziplin liegt in der Erklärung wirtschaftlichen Verhaltens nicht nur durch

[35] Siehe Frey/Gülker (1988), S.168.

[36] Siehe auch dazu Antonides (1991), S.10.

[37] Dieser Bereich wird auch ökonomische Verhaltensforschung genannt, vgl. als Beispiel Strümpel/Pawlowsky (1987), S.244. Zur Begriffsdiskussion siehe die Enführung zu diesem Kapitel.

rein ökonomische, sondern auch durch außerökonomische Faktoren. Dabei ist sie darauf ausgerichtet, ökonomische Prozesse nicht in erster Linie aufgrund rationaler Annahmen, sondern mit Hilfe einer Verhaltensanalyse der Menschen in ihrer spezifischen räumlichen beziehungsweise zeitlichen Situation zu erklären. Sie führt daher das Verhalten der Wirtschaftsakteure primär auf Werthaltungen (Normen), Einstellungen und Erwartungen zurück. Frey/Gülker behaupten, daß kognitive und affektive Variablen „den Einfluß objektiver ökonomischer Parameter auf wirtschaftliche Vorgänge wie Sparen, Konsumieren, Investieren etc. modifizieren".[38] Ökonomen gehen zumeist davon aus, daß solche Variablen so gut wie nie die Aggregatebene beeinflussen; die Anhänger des Ansatzes der Ökonomischen Psychologie behaupten jedoch genau das Gegenteil. „Dabei gleicht sich der Einfluß nicht (...) nach dem Gesetz der großen Zahlen aus, sondern es kann zu systematischen Effekten z.B. von Erwartungen auf das Handeln von Wirtschaftssubjekten kommen."[39]

Leider verfügt die Ökonomische Psychologie über kein einheitliches Verhaltensbild des wirtschaftenden Menschen. So nennen Frey und Gülker nur die wichtigsten psychologischen Variablen, die über die Beeinflussung von Urteils- und Entscheidungsprozesse auch auf Aggregatebene Relevanz für das ökonomische Verhalten besitzen. Diese sind:[40]

- Begrenzte Informationsverarbeitungskapazität,
- Urteilsheuristiken beziehungsweise einfache Entscheidungsregeln,
- Kognitive Schemata zur Steuerung der Informationsverarbeitung,
- Gruppenprozesse und Meinungsführer,
- Affekte und Stimmungen,
- Motive, Normen, Werthaltungen und Lebensstile,
- Kausalattributionen zur Schaffung einer erklärbaren Umwelt.

---

[38] Siehe Frey/Gülker (1988), S.169.

[39] Ebenda.

[40] Ebenda.

Prinzipiell zu ähnlichen Ergebnissen gelangen Strümpel und Pawlowsky. Sie gehen von vier psychologischen Determinanten aus, die neben den quantifizierbaren ökonomischen Rahmenbedingungen das Verhalten des Wirtschaftsakteurs bestimmen:[41]

- Information,
- Habitualisierung,
- Gruppenprozesse,
- Bedarfe, Lebensstile.

Die zunehmende Informationsvielfalt zwingt den ökonomisch handelnden Menschen zu einer selektiven Auswahl. Dabei ist zu beachten, daß oft ein und dieselbe Information in verschiedenen Situationen genau entgegengesetzt interpretiert werden. Wie später noch ausgeführt wird, ist dieses Verhalten insbesondere auf Aktienmärkten im besonderen Maße präsent.[42]

Die ökonomische Theorie geht, wie im vorherigen Abschnitt dargelegt wurde, immer noch primär vom rationalen Verhalten der Wirtschaftsakteure aus. Dabei wird keine Unterscheidung vollzogen, die echte Entscheidungen von verkürzten Handlungsabläufen trennt. Letztere beruhen meist auf impulsivem oder habitualisiertem Verhalten. Diese Gewohnheiten spielen im Wirtschaftsablauf eine bedeutende Rolle.[43] Zum Teil werden solche Gewohnheiten bereits in der ökonomischen Theorie berücksichtigt, man denke in diesem Zusammenhang nur an die permanente Einkommenshypothese von Friedman oder an die Habit-Persistence-Hypothese von Brown.[44]

Auch werden in der ökonomischen Theorie die Kaufentscheidungen der Konsumenten als voneinander unabhängig angesehen. In der Realität werden diese jedoch durch soziale oder kulturelle Normen und durch Vergleichsbeziehungsweise Imitationsprozesse stark beeinflußt. Real bedeutende Phänomene wie die Entwicklung von Geschmacksrichtungen oder die Verbreitung einer bestimmten Modeerscheinung finden bis heute wenig Berücksichtigung in der Ökonomik. In Abschnitt 5.2 werden wir am Beispiel der Ag-

[41]Siehe Strümpel/Pawlowsky (1987), S.245.

[42]Vgl. dazu die Ausführungen auf S.151.

[43]Vgl. die Ausführungen zu Katona (1960) im vorherigen Abschnitt.

[44]Siehe dazu Friedman (1957) und Brown (1952).

gregation von Erwartungen zeigen, wie solche Verhaltensweisen in ökonomischen Modellen berücksichtigt werden können.

Eng damit verbunden ist die Präferenz- oder Bedarfsstruktur. Gemäß der ökonomischen Theorie ist sie während der Analyse exogen gegeben und wird zumeist als konstant angenommen. Die psychologische Verhaltensforschung hat jedoch herausgestellt, daß Präferenzen veränderlich und verformbar sind. Sie werden sowohl durch Erfahrungen als auch durch gezielte Manipulation geformt und verändert.

Analog zu den Entscheidungen unterscheidet Katona ebenfalls rationales und habituelles beziehungsweise traditionelles Verhalten. Das ökonomische Verhalten ist, nach seinem Ansatz, die Aggregation dieser beiden Verhaltensweisen.[45]

Das rationale Verhalten entspricht weitgehend der bereits besprochenen ökonomisch rationalen Verhaltensweise. In seinem Verhalten muß demnach der Mensch nicht nur entscheiden, ob sich das Ziel unter Ausschöpfung der ihm bekannten Naturgesetze überhaupt verwirklichen läßt, sondern auch, ob er über die geeigneten Mittel verfügt, sein Vorhaben zu realisieren.

Charakteristisch für das traditionelle Verhalten ist, daß der Mensch aufgrund einer eingelebten Einstellung auf bekannte Situationen immer gleich reagiert. In einer internalisierten Situation wiederholt er zumeist unbewußt ein bestimmtes Verhalten, mit dem er früher einmal ökonomisch oder außerökonomisch Erfolg gehabt hat. Dieser Verhaltensweise kommt besonders im alltäglichen ökonomischen Handeln eine große Bedeutung zu. So wird beispielsweise an der Börse häufig nach, im gewissen Sinne, mechanistischen Entscheidungsschemata entschieden. Ebenso halten Anleger gern an einer bestimmten Strategie fest, mit der in der Vergangenheit gewisse Erfolge erzielt wurden, obwohl die veränderte aktuelle Situation eine Revision der Entscheidung nahelegen würde.[46]

Die Entwicklung hin zu einem sozialpsychologischen Verhaltensmodell beschreiben Frey/Stroebe in den folgenden vier Stufen:[47]

---

[45] Siehe Katona (1946).

[46] Siehe Frey/Stahlberg (1990), S.118.

[47] Siehe Frey/Stroebe (1980), S.84 ff. Die Sozialpsychologie ist nach deren Auffassung dasjenige Teilgebiet der Psychologie, das sich mit den Verhaltensbereichen befaßt, mit denen sich auch die Ökonomik beschäftigt.

In der ersten Stufe, der sogenannten Frühphase sozialpsychologischer Verhaltensforschung, war man der Auffassung, das Verhalten eines Menschen lasse sich direkt aus dessen Einstellung (attitude) bestimmen. Unter der Einstellung versteht man die positive oder negative Bewertung eines Einstellungsobjektes, das eine Person, eine Gruppe, ein Verhalten oder ein Gegenstand sein kann. Durch den engen Zusammenhang von Einstellung und Verhalten genüge somit die Kenntnis der individuellen Einstellung, um das Verhalten prognostizieren zu können.

In einer zweiten Stufe, ab Mitte der sechziger Jahre, wurde der vorher vermutete enge Zusammenhang zwischen Einstellung und Verhalten aufgrund empirischer Forschungsergebnisse wieder in Frage gestellt. So wurde beispielsweise in einer Vielzahl von Labor- und Felduntersuchungen nachgewiesen, daß sich beobachtbares Verhalten nicht zwangsläufig aus der Einstellung heraus ergibt.

Infolge der Ergebnisse der zweiten Stufe wurden in der dritten Stufe eine Reihe von ad hoc-Modellen entwickelt, die sich in der ex post Betrachtung im Großen und Ganzen als äußerst unbefriedigend erwiesen haben. Gemeinsam war diesen Verhaltensmodellen, daß sie entweder den Einstellungsbegriff erweiterten oder aber zusätzliche Verhaltensdeterminanten einführten, um eine Annäherung an die empirischen Ergebnisse zu erreichen.

Arbeiten mit den nicht gerade überzeugenden ad hoc-Modellen hatten zur Folge, daß in einer vierten Stufe ein einheitlicher Erklärungsansatz gesucht wurde, der insbesondere die soziale Situation des Handelns stärker berücksichtigen sollte. Zum erstenmal hat man eine Trennung vorgenommen zwischen den Einstellungen einerseits und den Einschränkungen andrerseits, die exogen vorgegeben sind. Ajzen und Fishbein haben ein solches allgemeines Modell entwickelt, das explizit eine solche Trennung berücksichtigt.[48] Darin werden zwei Verhaltensdeterminanten unterschieden, nämlich die Einstellung und die normativen Faktoren. Das beabsichtigte Verhalten VA ergibt sich somit als gewichtete Summe dieser beiden Determinanten, das heißt:

$$VA = (EH)w_0 + (NA \cdot M)w_1, \;\; w_0, w_1 \in \mathbb{R}_+,$$

mit EH als Einstellung zu einer Handlung, NA als Annahmen über das

[48] Siehe dazu Ajzen/Fishbein (1973).

Bestehen einer normativen Erwartung, und M als Motivation, sich nach der normativen Erwartung zu richten. Die Parameter w_0 beziehungsweise w_1 stellen die eindimensionalen Gewichte dar, die empirisch ermittelbar sind. Zwischen dem beobachteten und dem beabsichtigten Verhalten besteht nun eine sehr hohe Korrelation, wie Ajzen und Fishbein herausgefunden haben. Mit Hilfe dieses Modells gelang es ihnen sogar, nach Erfassung des Einstellungs- und des normativen Parameters konkrete Verhaltensweisen korrekt zu prognostizieren.

Als Ergebnis dieses Abschnittes läßt sich festhalten, daß der Psychologie und hier insbesondere der Ökonomischen Psychologie kein eindeutig definiertes und einheitliches Verhaltensmodell des wirtschaftenden Menschen zugrundeliegt. Es sind lediglich gemeinsame Kriterien erkennbar, nach denen ökonomisches Verhalten beschrieben werden kann. Nichtsdestoweniger wurde auch hier die Frage nach einer gewissen Rationalität im psychoökonomischen Menschenbild gestellt. So entwarfen Nisbett und Ross das Bild eines Menschen, der nach einer möglichst ökonomischen Bewältigung des Alltags innerhalb einer angemessenen sozialen Koexistenz strebt.[49] In diesem Zusammenhang präsentieren sie einen homo heuristicus, der mit allgemeinen Heuristiken und schematisiertem Alltagswissen auskommt, welche ihm beide gute Dienste erweisen, ihn aber auch manchmal in die Irre führen.[50]

Im folgenden Abschnitt wollen wir Gemeinsamkeiten zwischen der ökonomischen Theorie einerseits und der psychologischen Verhaltensforschung andrerseits aufzeigen und eventuell vorhandene Konvergenztendenzen beschreiben.

1.4 Gemeinsamkeiten sowie Tendenzen zur Konvergenz

Zu Beginn sollte noch einmal explizit darauf hingewiesen werden, daß zwischen dem psychologischen und dem (modell-)ökonomischen methodolo-

[49] Vgl. Nisbett/Ross (1980).

[50] Siehe dazu auch Schwarz (1982), S.346, oder Pelzmann (1985), S.14.

gischen Vorgehen ein fundamentaler Unterschied besteht.[51] Infolge der strikten Anlehnung an das Rationalprinzip erfolgt das ökonomische Denken nicht realwissenschaftlich, sondern im weiteren Sinne formalwissenschaftlich. Indem die Modellökonomik primär die Logik wirtschaftlicher Entscheidungen behandelt und somit einem Unterfall der Logik zuzuordnen ist, ist sie im engeren Sinne nicht als empirische Wissenschaft zu bezeichnen.[52]

Dennoch kann man einige Gemeinsamkeiten ausmachen, die eine Synthese ökonomischer und psychologischer Ansätze ermöglichen würden:[53]

- In beiden Wissenschaftsdisziplinen steht primär das Wirtschaftssubjekt und sein Verhalten im Mittelpunkt. Der Erklärungsansatz ist somit in beiden Fällen individualistischer Natur.
- Auch die ökonomische Theorie besitzt im gewissen Sinne eine kognitive Struktur.
- Ökonomische und psychologische Nutzentheorien weisen gewisse strukturelle Parallelen auf.
- Einige ökonomische theoretische Grundannahmen beziehungsweise Ergebnisse scheinen mit psychologischen Erkenntnissen durchaus kompatibel zu sein. Als Beispiele könnte man in diesem Zusammenhang einige Elemente der Konsumtheorie anführen.

Es gab zu jeder Zeit Ökonomen, die sich die Frage gestellt haben, inwieweit kann die Ökonomik von der Einbeziehung psychologischer Faktoren profitieren.[54] So fanden demnach auch in der Vergangenheit bestimmte Annäherungen statt, indem die rein ökonomischen Prämissen schrittweise durch die Berücksichtigung psychologischer Variablen revidiert wurden.[55] Beispielsweise wurde die Theorie des reinen Wettbewerbs durch Theorien ergänzt, die monopolistische beziehungsweise quasi-monopolistische Verhaltensweisen zulassen. Auch wurden statische Relationen zunehmend durch

[51]Siehe dazu auch Wiswede (1991), S.18

[52]Ebenda S.19.

[53]Ebenda S.18.

[54]Pelzmann (1985) nennt in diesem Zusammenhang die Namen Marchal, Schmölders, Myrdal, Scitovsky und Katona.

[55]Vgl. dazu auch Pelzmann (1985), S.2.

dynamische ersetzt.[56] Besonders die Einführung von Unsicherheit, Risiko und unvollständiger Information in die ökonomischen Entscheidungsmodelle sind in Annäherung an die Einwände der kognitiven Psychologie entstanden.[57] Jedoch haben sich daraus zwei gegensätzliche Richtungen entwickelt:

Zum einen die Entscheidungstheorie, welche sich dennoch auf ein Menschenbild konzentriert, das in seinen Basisannahmen den homo oeconomicus übernimmt. So hat das Entscheidungssubjekt gemäß dem normativen Charakter der Entscheidungsrationalisierung die zur Verfügung stehenden Alternativen nach ihrer Nutzenstiftung zu ordnen. Dies bewerkstelligt es mittels einer Nutzenfunktion, welche die Alternativen der Präferenzordnung, die der Psyche des Individuums entsprechen soll, in eine eindeutige Rangordnung bringt. Das Entscheidungsproblem ist in dem Moment gelöst, sobald alle Alternativen mit Nutzenwerten belegt sind. Selbst im Falle der risikobehafteten Entscheidung soll das Individuum im gewissen Sinne „mit Gewalt“ eine Alternativenbewertung herbeiführen. Die Entscheidungslogik gibt somit an, wie man von einem Input aus Zielen, Alternativen und Umweltzuständen zu einem Output in Form der optimalen Handlung gelangt. Der eigentliche Entscheidungsprozeß, mit allen seinen psychologischen Komponenten, bleibt dabei weitgehend verborgen.

Von solcher Denkweise distanziert sich die andere Richtung, die durch den sogenannten Bounded Rationality-Ansatz vertreten wird. H.A. Simon, der Begründer dieses Ansatzes, geht hierbei von einem beschränkten Problemlösungsvermögen des Individuums aus. Durch Beobachtung realer Unternehmensentscheidungen ist er nämlich zur Erkenntnis gelangt, daß das der Entscheidungstheorie zugrundeliegende Maximierungskalkül in einer komplexen wirtschaftlichen Realität, die durch Unsicherheit und mangelnde Transparenz gekennzeichnet ist, das Entscheidungssubjekt überfordert.[58] Demzufolge kann das Individuum im zeitlich beschränkten Umfang nur Teile der Realität aufnehmen und zu Entscheidungen verarbeiten.[59] Um eine Annäherung an den realen Optimierungsprozeß zu erreichen, müßten

[56] Ebenda.

[57] Siehe Haubl et al. (1986), S.139.

[58] Vgl. Simon (1957), S.198.

[59] Siehe Pelzmann (1985), S.11.

somit diese Beschränkungen bei der Analyse und Erklärung von Entscheidungsprozessen berücksichtigt werden.[60] Anstelle des Maximierungskalküls wird eine Satisficing-Strategie verfolgt, mit der das Entscheidungssubjekt eine Handlungsalternative wählt, die einfach nur gewissen Mindestanforderungen genügt.[61]

Möglichkeiten einer gegenseitigen Bereicherung der Wissenschaften Ökonomik und Psychologie werden von Frey und Stroebe aufgezeigt.[62] Demnach kann, insbesondere im Hinblick auf das Verhaltensmodell von Ajzen und Fishbein,[63] die Psychologie von der Ökonomik vor allem auf den folgenden drei Gebieten profitieren:

- In der Allgemeinheit des Ansatzes, da die Psychologie über kein allgemeines Verhaltensmodell verfügt.
- In der strikten Trennung von Präferenzen und Einschränkungen, da oben beschriebenes Verhaltensmodell nur unzureichend zwischen beiden trennt.
- In dem Spektrum der Einschränkungen, da in psychologischen Verhaltensmodellen primär normative Forderungen berücksichtigt werden. Monetäre oder zeitliche Restriktionen werden hingegen kaum beachtet.

Umgekehrt wiederum kann die Ökonomik von der Psychologie auf folgenden drei Gebieten profitieren:

- In der Bedeutung von Lernprozessen, die insbesondere im Zusammenhang mit der Erwartungsbildung für vielerlei Verhaltenskonsequenzen enorm wichtig sind. So benötigt die Ökonomik dringend eine Theorie über die Angleichung von der subjektiven Wahrnehmung zum objektiven Zustand.
- In der Identifikation von Kosten und Nutzen, da bis heute in weiten Bereichen der wirtschaftswissenschaftlichen Forschung beide Begriffe noch nicht inhaltlich determiniert sind.

---

[60] Ebenda.

[61] Vgl. Simon (1957), S.204 f.

[62] Siehe zum folgenden auch Frey/Stroebe (1980), S.87 ff.

[63] Siehe Abschnitt 1.3, S.22 f.

- In der Akzeptanz von Labor-Experimenten, die in der ökonomischen Forschung bisher eine relativ geringe Rolle gespielt haben.

Allgemein haben sie hinsichtlich der in der Ökonomik und in der Psychologie verwendeten Methodik eine gewisse Konvergenz festgestellt. Ihrer Ansicht nach bewegen sich beide Wissenschaften aufeinander zu, da einerseits das sozialpsychologische Verhaltensmodell in Richtung des ökonomischen Verhaltensmodell entwickelt wird und andrerseits die Ökonomik experimentelle Methoden der Psychologie aufgreift. Über den ersten Punkt kann man jedoch aufgrund der in diesem Kapitel dargestellten Ausführungen geteilter Meinung sein. Vielmehr kann man sich der Meinung von Pelzmann anschließen, welche trotz einer stärkeren zunehmenden Berücksichtigung subjektiver und psychologischer Elemente bis heute kaum Verbindungen zwischen der Ökonomik und der Psychologie sieht.[64]

Im Bereich der Ökonomischen Psychologie wird vielfach für eine ökonomische Modellbildung plädiert, in der psychologische Variable und Parameter mit einfließen.[65] Jedoch müßten dann die „auf exakten mathematischen Modellen beruhenden Theorien aufgegeben werden zugunsten komplexerer, theoretisch bisher nicht präzise ausformulierter Konzepte."[66]

Der im Rahmen dieser Arbeit entwickelte Ansatz versucht jedoch, genau den entgegengesetzten Weg zu gehen. Er bedient sich in erster Linie der in der heutigen theoretischen Ökonomik vorherrschenden formalen Darstellung. Jedoch lassen sich durch die nichtlineare Ausrichtung des formalen Instrumentariums in den traditionellen Modellstrukturen solche Veränderungen vornehmen, die im verstärkten Maße einer psychologischen Interpretation zugänglich sind.

Da dies alles vor dem Hintergrund der spekulativen Märkte geschieht, werden wir im nächsten Abschnitt kurz auf solche Märkte in Theorie und Empirie eingehen.

---

[64]Vgl. Pelzmann (1985), S.2.

[65]Vgl. als Beispiel Frey/Gülker (1988) und Strümpel/Pawlowsky (1987).

[66]Frey/Gülker (1988), S.188.

Kapitel 2

Spekulative Märkte in Theorie und Empirie

Im Mittelpunkt dieses Kapitels stehen Märkte, auf denen Spekulationsgeschäfte getätigt werden. Für eine nähere Bestimmung des Begriffs der Spekulation schließen auch wir uns der Definition Kaldors an, die lautet:

> „*Eine Spekulation im engeren Sinne liegt vor, wenn Güter, Devisen oder andere Objekte in der Absicht gekauft (verkauft) werden, sie zu einem späteren Zeitpunkt wieder zu verkaufen (kaufen) und die Transaktion nur vorgenommen wird, weil man eine Preisänderung erwartet, nicht dagegen, weil man aus dem Besitz der Objekte einen Nutzen ziehen, sie bearbeiten oder in einen anderen Markt transferieren will.*"[1]

Zuallererst wollen wir jedoch der Frage nach den Beweggründen für spekulatives Verhalten nachgehen. Allgemein werden zwei Motive angeführt:[2]

Zum einen bewirken unterschiedliche Informationsstände der Akteure das spekulative Verhalten. Die besser Informierten unter ihnen ordnen zukünftigen Ereignissen andere Wahrscheinlichkeiten zu und hegen dabei die Hoffnung, durch den Informationsvorsprung Gewinne zu erzielen.[3]

Das andere Motiv hat seine Ursache im Versicherungsbedürfnis der Individuen, die sich in ihrer Einstellung zum Risiko unterscheiden. Die Existenz

[1] Vgl. Kaldor (1939), zitiert nach Steinmann (1970), S.4.

[2] Vgl. Buttler/Heinlein (1985), S.493.

[3] Diese Sichtweise wird vor allem mit Working (1953) in Verbindung gebracht.

spekulativer Märkte ermöglicht ihnen ein optimales Verhältnis aus Risiko und Ertrag.[4]

Ob allerdings das Versicherungsbedürfnis im vorhergehenden Motiv heutzutage noch die dominierende Rolle spielt, dürfte dahingestellt bleiben. Betrachtet man das reale Geschehen auf spekulativen Märkten, so kommt man eher zu der Ansicht, daß spekulative Exzesse solche Märkte in Zukunft noch stärker beherrschen werden, da extreme Preisschwankungen auch extreme Gewinne ermöglichen.[5] Solch eine Konstellation fordert, zusammen mit der global ansteigenden Menge spekulativen Geldes, geradezu die Spekulation heraus. Aus diesen Gründen dürfte eine insgesamt gestiegene Risikobereitschaft, in der die Spekulation als eine Art modernes Gesellschaftsspiel angesehen wird, auch als alleiniges Motiv eine nicht geringe Bedeutung besitzen. In der Literatur hat sich dafür die Notation des weltweiten „Casino Capitalism" eingebürgert.[6]

In der Ökonomik jedenfalls besteht nun schon seit Jahren Uneinigkeit darüber, ob das Phänomen der Spekulation eigentlich sozial erwünscht sei. Von den Klassikern ausgehend, wurde, bis in die fünfziger Jahre hinein, einhellig die Meinung vertreten, die Spekulation stabilisiere die Preise, da Spekulanten, wenn sie Gewinne erzielen wollen, gezwungen sind, bei niedrigem Preis zu kaufen und bei hohem Preis zu verkaufen.[7]

Diese Argumentation wurde später von einigen Modellen widerlegt, die gezeigt haben, daß destabilisierende Spekulation ebenfalls durchaus gewinnträchtig sein kann. Demnach ist es beispielsweise nicht sicher, ob Spekulanten sich immer an den höchsten beziehungsweise niedrigsten Preisen orientieren. Sie könnten beispielsweise kurz vor dem Höchstpreis noch kaufen und daher die Entwicklung des Preises destabilisieren.

Welche Auswirkung die Spekulation nun letztendlich besitzt, kann jedenfalls nicht generell gesagt werden, da stabilisierende oder destabilisierende Tendenzen ausschließlich von den Preiserwartungen der Spekulanten

[4] Dieses Motiv geht vor allem auf Keynes (1930) und Hicks (1939) zurück.

[5] Diese Ansicht teilt u.a. auch Stöttner (1987).

[6] Vgl. dazu Strange (1986).

[7] Vgl. Buttler/Heinlein (1985). Zur ausführlicheren Darstellung stabilisierender beziehungsweise destabilisierender Wirkung der Spekulation siehe Steinmann (1970), S.32 ff.

abhängen.[8] Jedoch entzünden sich an diesen gegensätzlichen Meinungen auch die politischen Empfehlungen. So treten die Verfechter der einen Theorie vehement für eine drastische Liberalisierung der Kapitalmärkte ein, während die Anhänger der kontroversen Ansicht für stärkere Regulierungsmechanismen plädieren. Diese Diskussion jedoch wird die Problemstellung dieser Arbeit nur am Rande tangieren.

Generell sind zwei Arten von spekulativen Märkten zu unterscheiden:[9]

- Die Kapitalmärkte und
- die Warenmärkte.

Zu den Kapitalmärkten gehören vor allem die Aktienmärkte, die Optionsmärkte sowie die Finanzmärkte. Letztere bestehen beispielsweise aus den Märkten für Devisen, Obligationen und Schatzanweisungen.

Die Warenmärkte kann man wiederum in Spotmärkte und Terminmärkte unterteilen. In obiger Unterscheidung müßten aber nach jüngsten Erkenntnissen auch die Immobilienmärkte mit aufgenommen werden.[10] Solche Unterscheidungen sollen aber auch für die nachfolgenden Ausführungen keine große Rolle spielen, da es uns primär auf die strukturellen Ähnlichkeiten ankommt.

Standen früher noch die Warenmärkte im Brennpunkt des Interesses, so hat sich heute die Bedeutung eindeutig zu den Kapitalmärkten und darin insbesondere zu den Aktienmärkten hin verschoben. Dies vor allem wegen ihres beispielhaften Charakters und ihres Übergewichts in der empirischen Literatur.[11]

Im folgenden gehen auch wir primär auf den Aktienmarkt ein. Wir betrachten dabei zuerst die beiden fundamentalen ökonomischen Theorieansätze: Die Portfoliotheorie zur Erklärung des Anlegerverhaltens sowie die Theorie effizienter Märkte zur Erklärung des Marktverhaltens. Eine Betrachtung des Aktienmarktes in der Realität, speziell im Hinblick auf das Anlegerverhalten sowie auf die Ereignisse der jüngsten Vergangenheit, schließt dieses Kapitel ab.

---

[8] Vgl. Steinmann (1970), S.43.

[9] Wir schließen uns hier der Unterscheidung von Buttler/Heinlein (1985) an, obwohl diese in der Literatur nicht allgemeingültig ist. Vgl. dazu Baxmann/Weichsler (1991).

[10] Vgl. auch die Untersuchung von Shiller (1990).

[11] Vgl. Buttler/Heinlein (1985), S.494.

2.1 Die Theorie optimaler Portfolioentscheidungen

Die Portfoliotheorie gehört allgemein zur Modellfamilie der risikobehafteten Investitionsentscheidungen. Im speziellen jedoch liefert sie eine theoretische Verhaltensempfehlung für die Anlage von Geld an der Börse. Dadurch wiederum gibt sie in theoretischen ökonomischen Modellen eine Verhaltensbeschreibung der Investoren an den Kapitalmärkten ab.

Im folgenden Abschnitt wollen wir zuerst kurz auf die Entscheidung bei Risiko eingehen. Von besonderem Interesse hierbei ist für uns die Form der Risikonutzenfunktion, die für die Entscheidungsfindung von großer Wichtigkeit ist. Im nächsten Abschnitt beschreiben wir dann das Vorläufermodell der modernen Portfoliotheorie, nämlich das sogenannte Zustands-Präferenz-Modell. Daran anschließend erläutern wir das klassische Portfolio-Modell für die optimale Vermögensanlage.

2.1.1 Entscheidungsfindung bei Risiko

Wir werden uns in diesem Zusammenhang mit Risikosituationen befassen, bei denen für die Zustände der Welt gewisse subjektive oder objektive Wahrscheinlichkeiten ihres Eintretens vorliegen, die dem Entscheidungsträger bekannt sind.[12] Das Entscheidungskriterium, das in den portfoliotheoretischen Ansätzen zur Anwendung kommt, ist das Bernoulli- oder Erwartungsnutzenkriterium. Dieses Kriterium, das von J. v.Neumann und von O. Morgenstern[13] formalisiert und axiomatisch begründet wurde, lautet:[14]

Für den Entscheidungsträger existiert eine reellwertige kardinale Nutzenfunktion $u : \mathbb{R} \rightarrow \mathbb{R}$ mit der Eigenschaft, daß die verschiedenen Handlungsalternativen allein aufgrund des dazugehörigen Nutzenerwartungswertes beurteilt werden.

[12] Wir verwenden hier die allgemein übliche Sichtweise von Schneeweiß (1967). In der Literatur findet man gelegentlich auch andere Sichtweisen wie beispielsweise die von Knight (1921), der den Begriff Risiko mit objektiven und den Begriff Unsicherheit mit subjektiven Wahrscheinlichkeiten verbindet.

[13] Siehe v.Neumann/Morgenstern (1944).

[14] Vgl. zum folgenden auch Bamberg/Coenenberg (1985), S.68.

Sei nun Y_a, das mit der Handlungsalternative a ereichbare zufallsabhängige Einkommen, und Y_b, das mit Alternative b erreichbare zufallsabhängige Einkommen und sei E der mathematische Erwartungswert, so lautet dieses Prinzip in seiner formalen Form:

$$a \succeq b \iff E\,u(Y_a) \geq E\,u(Y_b). \tag{2.1}$$

Für die optimale Entscheidung gilt somit

$$v = \max_{\{Y\}} \; E\,u(Y). \tag{2.2}$$

Wir wollen an dieser Stelle weder auf die dahinterstehenden Axiome noch auf die zahlreichen Kritikpunkte an diesem Entscheidungsprinzip näher eingehen.[15] Unser Interesse gilt vielmehr der Nutzenfunktion u, die innerhalb der Entscheidungstheorie synonym für die psychologischen Vorgänge in der Entscheidungsfindung steht. Diese Funktion wird zuweilen auch als Bernoulli-Nutzen- beziehungsweise als Risikonutzenfunktion bezeichnet. Als Argument findet man statt dem Einkommen auch häufig die Endvermögensposition vor.

Von besonderer Bedeutung ist nun die Form dieser Funktion. In der Entscheidungstheorie gibt sie die individuelle Einstellung des Individuums zum Risiko an. Formal ist dies durch die zweite Ableitung der Nutzenfunktion darstellbar. In Abbildung 2.1 sind die drei gängigen Risikoeinstellungen und die entsprechenden Nutzenfunktionen aufgezeichnet:

Abbildung 2.1

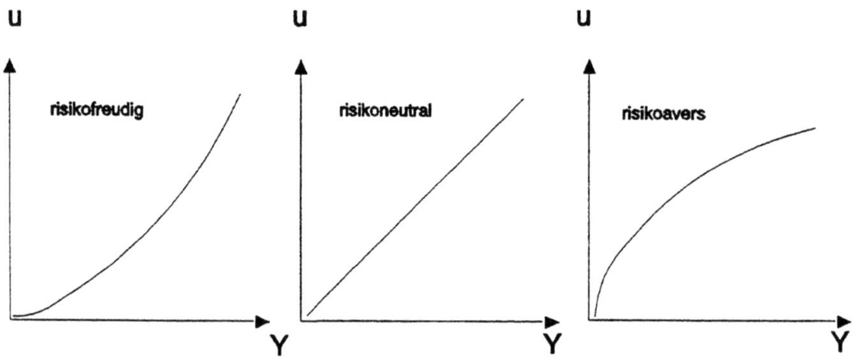

[15]Hierzu verweisen wir auf die zahlreiche entscheidungstheoretische Literatur, z.B. Schneeweiß (1967) oder Bamberg/Coenenberg (1985).

Im linken Teil von Abbildung 2.1 besitzt die Funktion einen zunehmenden Grenznutzen. Dies weist auf ein risikofreudiges Individuum hin.

Der konstante Grenznutzen im mittleren Teil entspricht der Nutzenfunktion eines risikoneutralen Entscheidungsträgers.

Der für die Maximierung (2.2) äußerst günstige konkave Funktionstyp im rechten Teil steht für risikoaverses Verhalten. Wegen seiner für die mathematische Analyse optimalen Eigenschaften, findet fast ausschließlich dieser Funktionstyp in den entscheidungstheoretischen Modellen Verwendung.

Bereits im Jahre 1948 haben jedoch M. Friedman und L.J. Savage darauf hingewiesen, daß eine konkave Risikonutzenfunktion die Risikoeinstellungen der Entscheidungsträger nur sehr realitätsfern wiedergibt. Sie haben demzufolge einen alternativen Risikonutzenansatz entwickelt, den wir im folgenden kurz darstellen wollen.

Anstoß zu diesem Ansatz gaben reale Beobachtungen, daß die Entscheidungsträger zwischen Alternativen wählen, die sich unter anderem auch in den Risikostufen unterscheiden. Um dies zu verdeutlichen, wird von Friedman und Savage das Beispiel des Abschließens einer Feuerversicherung und der gleichzeitigen Teilnahme an einem Lotteriespiel herangezogen. Im ersten Fall wird die Sicherheit gegenüber dem Risiko präferiert, im zweiten Fall verhält es sich dagegen gerade umgekehrt. Ihrer Ansicht nach ist diese Wahl zwischen den verschiedenen Risikostufen in vielen ökonomischen Entscheidungsvorgängen beobachtbar. Geht man zusätzlich davon aus, daß, wie üblich, das Einkommen im Versicherungsfall ohne Prämienzahlung über und im Lotteriefall ohne Kauf des Loses unter dem jeweiligen mathematischen Erwartungswert liegt, so verhält sich der Entscheidungsträger sowohl risikoscheu als auch risikofreudig. Dieses Phänomen steht aber im krassen Widerspruch zu einer Theorie, die sich ausschließlich auf die Maximierung konkaver Risikonutzenfunktionen gründet. Beispielsweise würde ein risikoaverses Individuum nicht einmal an einer Lotterie teilnehmen, bei der die Chance, einen bestimmten Geldbetrag zu gewinnen, gleich der Wahrscheinlichkeit des Verlustes dieses Betrages ist.

Unter Beibehaltung sämtlicher entscheidungstheoretischer Axiome schlagen Friedman und Savage eine Risikonutzenfunktion vor, die sich sowohl aus konkaven als auch aus konvexen Teilstücken zusammensetzt. In Abbildung 2.2 haben wir solch eine Funktion, die auch als Friedman-Savage-Nutzenfunktion (FSN) bezeichnet wird, dargestellt:

Abbildung 2.2

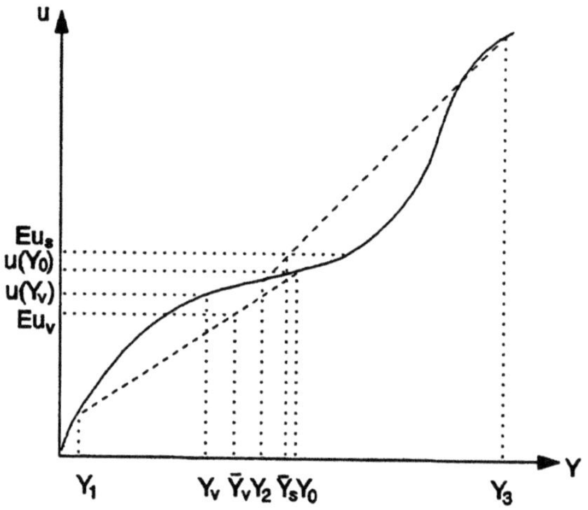

Wenn wir nun wieder zu dem obigen Beispiel der Feuerversicherung und der Lotterie zurückkehren, so können wir anhand von Abildung 2.2 zeigen, wie dieses scheinbar widersprüchliche Verhalten mit Hilfe der FSN darstellbar ist.

Dazu nehmen wir an, das betrachtete Individuum besitzt ein laufendes Einkommen von Y_0. Es sieht sich gleichzeitig mit zwei Situationen, nämlich mit einer Versicherungssituation und mit einer Spielsituation konfrontiert.

In der Versicherungssituation tritt mit der Wahrscheinlichkeit $\alpha \in [0, 1]$ ein Schaden in Höhe von $Y_0 - Y_1$ auf. Mit der Gegenwahrscheinlichkeit $1 - \alpha$ kann es somit über sein gesamtes Einkommen Y_0 verfügen. Zu einer Prämie von $Y_0 - Y_V$ kann es sich gegen diesen Schaden versichern, sein sicheres Einkommen beläuft sich in diesem Fall auf Y_V. Das erwartete Einkommen ohne Versicherung beträgt $\bar{Y}_V = \alpha Y_1 + (1 - \alpha)Y_0$. Da bei Anwendung des Bernoulli-Kriteriums in der Situation von Abbildung 2.2 gilt:

$$Eu(Y_V) = u(Y_V) > Eu_V = \alpha u(Y_1) + (1 - \alpha)u(Y_0), \qquad (2.3)$$

wird sich das Individuum für den Versicherungsabschluß entscheiden.

Genau umgekehrt verhält es sich in der Spielsituation. Wir nehmen dazu an, der vorher beschriebene Schaden kann nicht eintreten. Somit bezeichnet Y_0 das sichere Einkommen. Dem Individuum wird nun für den Preis von $(Y_0 - Y_2)$ ein Lotterielos angeboten, mit dem es mit der relativ geringen Chance $(1 - \beta) \in [0, 1]$ einen sehr großen Betrag $Y_3 - Y_0$ gewinnen, aber mit relativ großer Wahrscheinlichkeit β seinen Einsatz verlieren kann. Der Erwartungswert des Einkommens bei Teilnahme am Spiel beträgt $\bar{Y}_S = \beta Y_2 + (1 - \beta)Y_3$. Obwohl der erwartete Gewinn $\bar{Y}_S$ in der Situation von Abbildung 2.2 kleiner ist als sein Einkommen ohne Spiel Y_0, wird das Individuum am Spiel trotzdem teilnehmen, denn es gilt:

$$Eu(Y_0) = u(Y_0) < Eu_S = \beta u(Y_2) + (1 - \beta)u(Y_3). \tag{2.4}$$

Friedman und Savage haben nun die beiden konkaven Teilstücke der FSN als unterschiedliche sozioökonomische Einkommensklassen interpretiert. Der konvexe Bereich wird als Übergang von der einen Klasse in die andere angesehen. Demzufolge unterscheiden sie zwischen einer „low-income“, einer „intermediate-income“ sowie einer „high-income“ Schicht und leiten aus der FSN schichtenspezifische Risikoverhaltensweisen ab.

Diese Interpretation ist jedoch im Laufe der Zeit nicht unbestritten geblieben. So hat beispielsweise H.M. Markowitz eine noch komplexere Risikonutzenfunktion entwickelt, die, seiner Meinung nach, besser mit der Interpretation übereinstimme und daher realitätsnäher sei.[16] Jedoch wird auch hier prinzipiell die Argumentation von Friedman/Savage beibehalten.

Wie dem auch sei, für die hier verfolgten Zwecke ist es ausreichend zu wissen, daß eine rein konkave Nutzenfunktion, wie sie in der Portfoliotheorie üblicherweise verwendet wird, auf keinen Fall die Realität auch nur annähernd trifft.

Der aus Beobachtungen entstandene Ansatz von Friedman/Savage stellt, nach deren Worten, eine grobe empirische Arbeit dar. Ebenso ist die Erweiterung von Markowitz aus dem beobachteten Verhalten von Entscheidungsträgern hervorgegangen. Im nächsten Abschnitt wollen wir eine theoretische Fundierung dazu vornehmen. In einer produktdifferenzierten Ökonomie werden wir eine FSN formal ableiten, um zu demonstrieren, daß solch eine Risikonutzenfunktion durchaus mit den gängigen mikroökonomischen Ansätzen kompatibel ist.

---

[16] Siehe Markowitz (1952).

Theoretische Begründung einer Friedman-Savage-Nutzenfunktion

G.D. Myles hat den Ansatz von Friedman/Savage aufgegriffen und mit mikroökonomischen Methoden fundiert.[17] Zu diesem Zweck leitet er unter Zuhilfenahme des Konzepts der indirekten Nutzenfunktion (der eine FSN im heutigen Sprachgebrauch entspricht) eine FSN für eine Ökonomie, in der lediglich ein Konsumgut existiert, formal ab.

Im folgenden wollen wir diese Vorgehensweise im Prinzip beibehalten, sie jedoch, als Modellerweiterung, auf eine Ökonomie mit mehreren Konsumgütern und unterschiedlichen Finanzanlagen ausweiten. Wir werden sehen, daß die Ergebnisse sich durchaus im Sinne von Friedman/Savage interpretieren lassen. Darüberhinaus zeigen wir interessante Zusammenhänge mit dem Entwicklungsstand in der Ökonomie auf.

Im Rahmen dieses formalen Modells betrachten wir eine Ökonomie in der m Individuen, n Konsumgüter und l Finanzanlagebereiche[18] existieren. Dabei sei jedes Gut und jeder Finanzanlagebereich gleich oft vertikal differenziert. Vertikale Produktdifferenzierung bedeutet im folgenden, daß dasselbe Gut beziehungsweise derselbe Finanzanlagebereich aufgrund mehr oder weniger umfangreicher Änderungen für verschiedene Preisklassen verwendet werden kann.

Sei nun $q \in I = [q^L, q^H]$, $I \subset \mathbb{R}_{++}$, eine qualitative Niveauzahl für die vertikale Produktdifferenzierung, so wird der Entwicklungsgrad der Ökonomie folgendermaßen definiert:

Land A besitzt einen höheren Entwicklungsgrad (LS) als Land B, falls gilt:

$$LS^A > LS^B \iff \left[(q_A^H - q_A^L) > (q_B^H - q_B^L) \text{ und } I_A \supset I_B\right]. \tag{2.5}$$

Unter der Annahme, daß eine geeignete Maßgröße für alle Güter existiert, beträgt der reale Konsum sowie das Portefeuille von Individuum k:

$$C_k = \sum_{i=1}^{n} X_i \text{ beziehungsweise } B_k = \sum_{j=1}^{l} Q_j,\ Q_j \in \{0,1\}. \tag{2.6}$$

[17]Siehe auch Myles (1990).

[18]Je nach Aggregatstufe kann ein Finanzanlagebereich beispielsweise die Gesamtheit aller börsennotierten Aktien bezeichnen.

Hierin bezeichnet $X = (X_1, \ldots, X_n)$ den Gütermengenvektor und $Q = (Q_1, \ldots, Q_l)$ einen Vektor, der die Investition in den Finanzanlagebereich symbolisiert.[19]

Sei nun $P(q) = (P_1(q), \ldots, P_n(q))$ der Güterpreisvektor und $S(q) = (S_1(q), \ldots, S_l(q))$ ein Vektor preisähnlicher Eintrittsbarrieren zu den einzelnen Finanzanlagebereichen mit:

$$\begin{gathered} P_i'(q) > 0,\ S_j'(q) > 0,\ P_i'' \leq 0,\ S_j'' \leq 0, \\ 0 < P_i(q^L) \leq P_i(q^H) < \infty,\ 0 < S_i(q^L) \leq S_i(q^H) < \infty, \end{gathered} \tag{2.7}$$

$i = 1, \ldots, n,\ j = 1, \ldots, l$, so lautet nach geeigneter Normierung[20] die Budgetgerade für Individuum k:[21]

$$Y = p(q)C + s(q)B, \tag{2.8}$$

mit $p(.)$ als Konsumpreis- und $s(.)$ als Wertpapierpreisindex. Obige Budgetbedingung gibt an, wieviel von seinem nominalen Einkommen das Individuum in Finanzanlagen anlegt beziehungsweise für Güterkäufe ausgibt.

Das Individuum besitzt eine reellwertige, streng konkave Nutzenfunktion $u : \mathbb{R}^2 \to \mathbb{R}$ mit $u = u(C, q)$, wobei zusätzlich zur Konkavität gilt:[22]

$$u_{Cq} \geq 0 \text{ sowie } u_{CC}u_{qq} - u_{Cq}^2 > 0. \tag{2.9}$$

Ziel des Individuums ist die Maximierung seines Nutzens unter Beachtung seiner Budgetrestriktion, das heißt:

$$\max_{\{C,q\}} u = u(C, q) \text{ unter } Y = p(q)C + s(q)B. \tag{2.10}$$

Hierbei ist zu beachten, daß für das Individuum auf dieser aggregierten Ebene die Zusammensetzung von C unbedeutend ist. Die qualitative Struktur von B wird sowieso in einer anderen Entscheidung bestimmt.[23]

Bei eingesetzter Nebenbedingung lautet die Nutzenfunktion nunmehr:

$$u = u\left(\frac{1}{p(q)}(Y - s(q)B); q\right),\ q \in I. \tag{2.11}$$

---

[19] Investiert das Individuum in den Finanzanlagebereich j, so gilt $Q_j = 1$.

[20] Dies kann beispielsweise durch geeignete Preisindices geschehen.

[21] Der Index k wird in Zukunft weggelassen.

[22] Die Indices bezeichnen die Ableitung nach den jeweiligen Argumenten.

[23] Beispielsweise in der Portfolio-Analyse.

Betrachtet man in (2.11) zusätzlich zum Differenzierungsniveau auch noch das Einkommen als variabel, so erhält man für ansteigende Differenzierungsniveaus mehrere solcher Nutzenfunktionen (im (Y, u)-Raum) in aufsteigender Reihenfolge (bezüglich Y). Die folgende Annahme

$$\left.\frac{du}{dY}\right|_{q''} > \left.\frac{du}{dY}\right|_{q'}, \ \forall\, q'',\, q' \in I \wedge q'' > q', \tag{2.12}$$

falls $u(C'', q'') = u(C', q')$, soll sicherstellen, daß jede der aufsteigenden Nutzenfunktionen die vorhergehende von unten schneidet.

Die Bedingung erster Ordnung für ein Nutzenmaximum des Individuums bei Maximierung von (2.11) lautet:

$$u_C\left(\frac{p'}{p^2}(sB - Y) - \frac{s'}{p}B\right) + u_q = 0. \tag{2.13}$$

Unter der Annahme, daß ein $q^* = q(Y, B)$ als innere Lösung von (2.11) beziehungsweise (2.12) existiert, so folgt aus der strengen Konkavität von u und Konvexität der Nebenbedingung bezüglich q, daß ein eindeutiges Maximum vorliegt. Somit muß für die Bedingung zweiter Ordnung gelten:

$$\begin{aligned} &u_{qq} + u_{CC}\left(\tfrac{p'}{p^2}(sB - Y) - \tfrac{s'}{p}B\right)^2 + 2u_{Cq}\left(\tfrac{p'}{p^2}(sB - Y) - \tfrac{s'}{p}B\right) + \\ &+u_C\left(\tfrac{p''}{p^2}(sB - Y) + \tfrac{2s'p'}{p^2}B - \tfrac{2p'^2}{p^3}(sB - Y) - \tfrac{s''}{p}B\right) =: K < 0. \end{aligned} \tag{2.14}$$

Um jetzt aber die Existenz von Einkommenshöhen zu sichern, die mit den Rändern von I korrespondieren, wird für $i \in \{L, H\}$ angenommen, es existiere ein $0 < Y^i < \infty$ derart, daß q^i Bedingung (2.11) erfüllt. Folglich gilt:

$$\left.\left\{u_C\left(\frac{p'}{p^2}(sB - Y) - \frac{s'}{p}B\right) + u_q\right\}\right|_{(Y^i, q^i)} = 0. \tag{2.15}$$

Im Prinzip wird nachstehend das Konzept der indirekten Nutzenfunktionen verwendet, das heißt $\tilde{u}(Y) = u(1/p(q^*)(Y - s(q^*)B); q^*)$ mit $q^* \in I$. Es wird nun gezeigt, daß unter den bisher getroffenen Annahmen eine indirekte Nutzenfunktion existieren kann, die ceteris paribus die Friedman-Savage-Form besitzt, das heißt es existiert eine Funktion $\tilde{u} : \mathbb{R} \to \mathbb{R}$ mit $\tilde{u} = \tilde{u}(Y)$, wobei $\tilde{u}'(Y) > 0$ und

$$\tilde{u}''(Y) \begin{cases} < 0 & \text{für } 0 < Y < Y^L \text{ und } Y^H < Y < \infty \\ > 0 & \text{für } Y^L < Y < Y^H \\ = 0 & \text{für } Y = Y^L \text{ und } Y = Y^H\,. \end{cases} \tag{2.16}$$

Das Nachstehende ist gedanklich in mehrere Teilstücke untergliedert. Zuerst wird abgeleitet, daß für alle $0 < Y < \infty$ gilt $dq/dY > 0$, das heißt das gewählte Differenzierungsniveau nimmt mit steigendem Einkommen zu.

Eine komparativ statische Analyse von (2.12) ergibt:

$$\frac{dq}{dY} = -\frac{L}{K} \text{ mit } L := \left(u_{CC}\frac{p'}{p^3}(sB - Y) - u_C\frac{p'}{p^2} - u_{CC}\frac{s'}{p^2}B + u_{Cq}\frac{1}{p} \right). \tag{2.17}$$

Für ein positives Vorzeichen muß gelten $L > 0$. Eine Neuformulierung von (2.15) ergibt:

$$\frac{u_C}{p(q^{**})} > \frac{u_C}{p(q^*)}. \tag{2.18}$$

Sei nun $q^{**} = q^* + dq$, wobei dq eine marginale positive Änderung von q bezeichnet, so ergibt eine Taylorreihenentwicklung 1. Ordnung an der Stelle q^{**}:

$$\frac{u_C}{p(q^{**})} \approx \left\{ \frac{u_C}{p(q^*)} + dq \left(u_{CC}\frac{p'}{p^3}(sB - Y) - u_C\frac{p'}{p^2} + u_{Cq}\frac{1}{p} \right) \right\} \Bigg|_{q=q^*}. \tag{2.19}$$

Aufgrund der Beziehung in (2.18) gilt:

$$\frac{u_C}{p(q^*)} + dqM > \frac{u_C}{p(q^*)} \text{ mit } M := \left(u_{CC}\frac{p'}{p^3}(sB - Y) - u_C\frac{p'}{p^2} + u_{Cq}\frac{1}{p} \right) \Bigg|_{q=q^*}. \tag{2.20}$$

Offensichtlich folgt aus $L > M > 0$ sofort $dq/dY > 0$ für alle $0 < Y < \infty$.

Desweiteren wird nun gezeigt, daß für $0 < Y < Y^L$ das Differenzierungsniveau q^L, und für $Y^H < Y < \infty$ das Differenzierungsniveau q^H die direkte Nutzenfunktion maximiert.

Aus (2.13) ist bekannt, daß q^i eine Lösung von (2.10) bei korrespondierendem Y^i, $i \in \{L, H\}$, ist. Nun sei angenommen, es existiere jeweils ein $q', q'' \in (q^L, q^H)$ derart, daß für jeweils ein korrespondierendes $Y' < Y^L$ beziehungsweise $Y'' > Y^H$ gilt:

$$\begin{aligned} u\left(\tfrac{1}{p(q')}(Y' - s(q')B); q'\right) &> u\left(\tfrac{1}{p(q^L)}(Y^L - s(q^L)B); q^L\right), \\ u\left(\tfrac{1}{p(q'')}(Y'' - s(q'')B); q''\right) &> u\left(\tfrac{1}{p(q^H)}(Y^H - s(q^H)B); q^H\right). \end{aligned} \tag{2.21}$$

Beide Ungleichungen in (2.21) implizieren ein fallendes Differenzierungsniveau bei steigendem Einkommen und stehen somit im Widerspruch zum vorherigen Ergebnis.

Zusammenfassend ergibt sich:

$$\begin{aligned} \tilde{u}(Y) &= u\left(\tfrac{1}{p(q^L)}(Y - s(q^L)B); q^L\right), \text{ für } 0 < Y < Y^L, \\ \tilde{u}(Y) &= u\left(\tfrac{1}{p(q^H)}(Y - s(q^H)B); q^H\right), \text{ für } Y^H < Y < \infty. \end{aligned} \tag{2.22}$$

Daraus folgt:

$$\frac{d\tilde{u}}{dY} = \frac{u_C}{p} > 0 \text{ sowie } \frac{d^2\tilde{u}}{dY^2} = \frac{u_{CC}}{p^2} < 0 \tag{2.23}$$

und somit $\tilde{u}'(Y) > 0$ sowie $\tilde{u}''(Y) < 0$ für $0 < Y < Y^L$ und $Y^H < Y < \infty$.

Der möglicherweise konvexe Teilabschnitt läßt sich folgendermaßen begründen: Solange I nicht einelementig ist, existiert (je nach Anpassungsgeschwindigkeit des Individuums an die Veränderung seiner Einkommensposition) eine Einkommensklasse, die mit einem ganz bestimmten Differenzierungsniveau korrespondiert. Im Extremfall gibt es für den Bereich $Y^L \leq Y \leq Y^H$ zu jedem Y ein korrespondierendes $q(Y)$. Die indirekte Nutzenfunktion verändert sich demnach zu:

$$\tilde{u}(Y) = u\left(\frac{1}{p(q(Y))}(Y - s(q(Y)B); q(Y)\right), \text{ für } Y^L \leq Y \leq Y^H. \tag{2.24}$$

Wir differenzieren (2.24) nach Y und erhalten:

$$\frac{d\tilde{u}}{Y} = \frac{u_C}{p} + \left\{u_C\left(\frac{p'}{p^2}(sB - Y) - \frac{s'}{p}B\right) + u_q\right\}\frac{dq}{dy} = \frac{u_C}{p}. \tag{2.25}$$

Dies ergibt sich aus der Identität des Ausdrucks in geschweiften Klammern mit der Bedingung 1.Ordnung in (2.12). Eine nochmalige Differentiation führt zu:

$$\frac{d^2\tilde{u}}{dY^2} = \frac{u_{CC}}{p^2}\left(1 - s'B\frac{dq}{dY}\right) + M\frac{dq}{dY}. \tag{2.26}$$

Obiger Ausdruck kann positiv, negativ oder gleich Null sein. Er ist auf jeden Fall positiv, falls die hinreichende Bedingung $s'B(dq/dY) > 1$ erfüllt ist. Vorhergehende Ungleichung ist für eine (oder Kombinationen) der folgenden Voraussetzungen immer erfüllt:

- eine genügend hohe Qualitätselastizität der Eintrittsbarrieren zu den Finanzanlagebereichen,
- eine genügend diversifizierte Portefeuillestruktur,
- eine genügend schnelle Anpassung des Differenzierungsniveaus an das gestiegene Einkommen,

In Abbildung 2.3 haben wir das soeben formal Abgeleitete graphisch veranschaulicht.

Bis zu der Einkommensgrenze Y^L beziehungsweise ab der Einkommensgrenze Y^H hat die indirekte Nutzenfunktion die in den Lehrbüchern dargestellte konkave Form. Zwischen diesen Einkommensgrenzen liegt der konvexe Bereich, und zwar als Enveloppe der einzelnen indirekten Nutzenfunktionen (bei unterschiedlichen Differenzierungsniveaus).

Abbildung 2.3

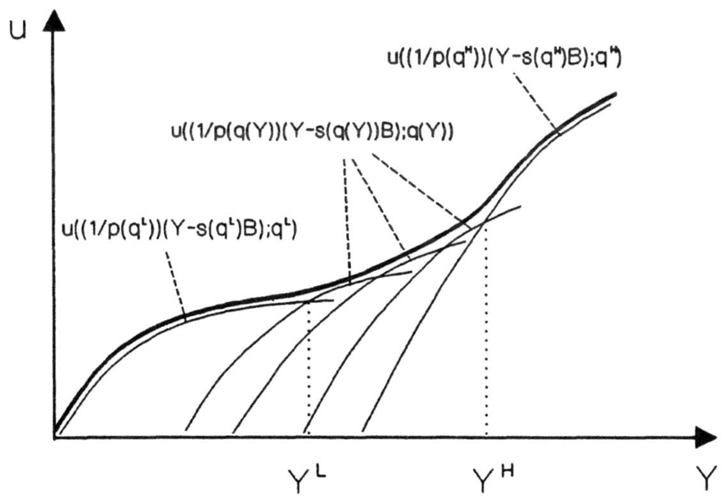

Dabei ist der Grad der Konvexität (beziehungsweise die Konvexität selbst) ursächlich abhängig von den oben erwähnten drei Voraussetzungen. Ebenso ergibt sich aus dem Dargestellten, daß die Länge des konvexen Teilstückes in unmittelbarem Zusammenhang mit dem Entwicklungsgrad in der Ökonomie steht. Interpretiert man die drei Bereiche analog zu Friedman/Savage als sozioökonomische Einkommensklassen, so läßt sich in ihrer Notation folgende Zuordnung durchführen:

- $0 < Y < Y^L$ entspricht der „low-income"-Klasse,
- $Y^L \leq Y \leq Y^H$ entspricht der „intermediate-income"-Klasse und
- $Y^H < Y < \infty$ entspricht der „high-income"-Klasse.

Bei einem hohen Entwicklungsgrad beispielsweise ist, bei Erfüllung der oben genannten Voraussetzungen, die „intermediate-income"-Klasse die dominierende Einkommensgruppe.

Allgemein gilt, je größer der Entwicklungsstand in der Ökonomie beziehungsweise je länger das Intervall I der einzelnen Differenzierungsniveaus ist, desto größer ist der Teilbereich, in dem die Enveloppe der einzelnen indirekten Nutzenfunktionen eine zunehmende Steigung aufweist.

Nach diesen Ausführungen über die Risikonutzenfunktion kehren wir im nächsten Abschnitt wieder zur Portefeuilleentscheidung zurück.

2.1.2 Das Zustands-Präferenz-Modell

Die Zustands-Präferenz-Analyse[24] beschreibt die Entscheidung eines Individuums über die Zusammenstellung seines Portefeuilles bei mehreren möglichen Umweltzuständen. Dabei wird angenommen, die Entscheidung beziehe sich nur auf die nächste Periode und dort existieren n sich gegenseitig ausschließende Umweltzustände.

Seien π_z die Eintrittswahrscheinlichkeiten der jeweiligen Zustände $z = 1, \ldots, n$, so lautet der Nutzenerwartungswert des Anlegers:

$$E\,u(Y) = N(Y) = \sum_{z=1}^{n} \pi_z u(Y_z), \; Y = (Y_1, \ldots, Y_n). \tag{2.27}$$

Ziel des Anlegers ist es, unter Beachtung seiner Restriktionen, diesen Nutzenerwartungswert zu maximieren.

Aus Gründen der Übersichtlichkeit werden wir künftig nur zwei Zustände betrachten. Im Y_1, Y_2-Raum wird N durch Indifferenzkurven repräsentiert, die folgende Steigungen besitzen:

$$\frac{dY_2}{dY_1} = -\frac{\pi_1 u'(Y_1)}{\pi_2 u'(Y_2)} \,. \tag{2.28}$$

Unter den üblichen Annahmen, daß der Nutzen mit steigendem Einkommen zunimmt, ist der Ausdruck in (2.28) negativ.

Um nun die Aussagen des Zustands-Präferenz-Ansatzes in seiner ursprünglichen Form herauszuarbeiten, unterstellen wir üblicherweise eine

[24] Siehe dazu Arrow (1964). Die folgende Art der Darstellung lehnt sich sehr stark an Sargent (1979), S.137 ff., an.

Risikonutzenfunktion u, die eine konkave Form besitzt. Der Entscheidungsträger verhält sich somit ausschließlich risikoavers. In Abschnitt 3.2.1 werden wir dann diese Prämisse aufgeben und die vorher besprochene FSN in diesen Ansatz einbringen.

Durch nochmaliges Differenzieren von (2.28) erhalten wir die Krümmung der Indifferenzkurven

$$\frac{d^2Y_2}{dY_1^2} = -\frac{\pi_1 u''(Y_1)}{\pi_2 u'(Y_2)} + \frac{\pi_1 u'(Y_1) u''(Y_2)}{\pi_2 u'(Y_2)^2} \frac{dY_2}{dY_1} . \tag{2.29}$$

Da u annahmegemäß einen abnehmenden Grenznutzen aufweist, ist Ausdruck (2.29) positiv, das heißt die Steigung der Indifferenzkurven ist zunehmend.

Für den Fall $Y_1 = Y_2$ weisen die Einkommen, ungeachtet des jeweiligen Umweltzustandes, die gleiche Höhe auf. Diese Situation wird geometrisch im Y_1, Y_2-Raum durch die 45°-Linie repräsentiert. In der Literatur wird diese Gerade auch als Sicherheitsgerade bezeichnet, da unabhängig vom jeweiligen Umweltzustand, ein konstantes und somit sicheres Einkommen erzielt wird.

Im folgenden betrachten wir eine Entscheidungssituation, in der ein Investor in einer bestimmten Periode einen Anfangsbetrag Y_0 in Finanzanlagen anlegt. In der darauffolgenden Periode bezieht er, je nach Umweltzustand, ein Einkommen Y_1 beziehungsweise Y_2. In der betrachteten Ökonomie existieren nur zwei Anlagemöglichkeiten: die unsichere Aktienanlage M sowie die sichere Anlage O. Hierbei bezeichnet m (o) den ursprünglichen Bestand an Alternative M (O). Beide Preise sollen im Anlagezeitpunkt 1 betragen. Da der Anleger definitionsgemäß sein gesamtes Einkommen anlegt, ergibt sich folgende Budgetrestriktion:

$$Y_0 = m + o. \tag{2.30}$$

Während der Preis für O in der nächsten Periode unverändert bleibt, variiert der Preis für M je nach Umweltzustand. Dabei soll Zustand 1 eine Gewinnsituation und Zustand 2 eine Verlustsituation repräsentieren. Sei S_i der Preis der Anlage M bei Zustand $i = 1, 2$, so gilt demnach:

$$1 < S_1 < \infty \text{ und } 0 \leq S_2 \leq 1. \tag{2.31}$$

Da sämtliche Erträge von M in S_i enthalten sind, ergibt sich im Zustand i folgende Einkommenssituation:

$$Y_i = S_i m + o, \quad i = 1, 2. \tag{2.32}$$

Das Entscheidungsproblem des Investors für ein optimales Portefeuille lautet nunmehr gemäß (2.2)[25]

$$v = \max_{\{Y_1, Y_2\}} N(Y_1, Y_2) = \max_{\{Y_1, Y_2\}} [\pi_1 u(Y_1) + \pi_2 u(Y_2)] \tag{2.33}$$

unter der Nebenbedingung

$$Y_2 = \frac{S_1 - S_2}{S_1 - 1} Y_0 + \frac{S_2 - 1}{S_1 - 1} Y_1. \tag{2.34}$$

In Verbindung mit (2.31) ist ersichtlich, daß die Nebenbedingung im Y_1, Y_2-Raum geometrisch eine Gerade mit positivem Achsenabschnitt und nicht positiver Steigung ist.

Als Lösung von (2.33) ergibt sich folgende Optimalbedingung:

$$-\frac{\pi_1 u'(Y_1)}{\pi_2 u'(Y_2)} = \frac{S_2 - 1}{S_1 - 1} =: T. \tag{2.35}$$

Geometrisch ist das Optimum dort erreicht, wo die Restriktionsgerade die höchste Indifferenzkurve tangiert. Dies wird in Abbildung 2.4 veranschaulicht.

Abbildung 2.4

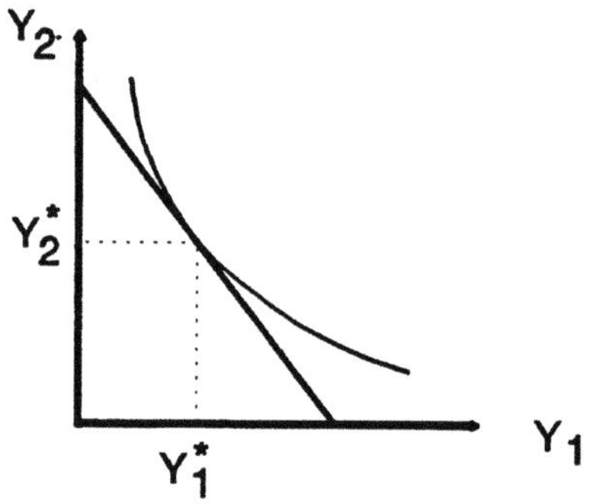

Ökonomisch wird durch diese Bedingung ein Ausgleich zwischen den Wahrscheinlichkeiten auf der einen und den Renditeforderungen auf der anderen Seite geschaffen.

[25] Auch in unserem Fall sind Selbstemissionen und Leerverkäufe zugelassen, vgl. Sargent (1979), S.142.

Die geränderte Hesse-Matrix von (2.33) lautet:

$$H = \begin{bmatrix} \pi_1 u''(Y_1) & 0 & -T \\ 0 & \pi_2 u''(Y_2) & 1 \\ -T & 1 & 0 \end{bmatrix}. \qquad (2.36)$$

Da für die Determinante gilt:

$$det\ H = -(\pi_1 u''(Y_1) + \pi_2 u''(Y_2) T^2) > 0, \qquad (2.37)$$

liegt aufgrund der Konkavität der Risikonutzenfunktion ein eindeutiges Maximum vor.

Der Investor bildet nun für jede Umweltsituation seine optimale Kombination aus sicherer und unsicherer Anlage. Jedoch kann sich die jeweilige Umweltsituation verändern. Diese Veränderungen können zum einen die allgemeinen Rahmenbedingungen betreffen und beeinflussen somit die Zustandswahrscheinlichkeiten. Zum anderen kann sich der zukünftige Aktienkurs ändern und dies wiederum tangiert den Parameter T. In beiden Fällen muß der Investor durch Variation seiner Nachfrage die optimale Kombination seiner Anlageformen umschichten.

Ändern sich jetzt beispielsweise sukzessive die Rahmenbedingungen bezüglich des Parameters π_1, so nehmen die Steigungen der Indifferenzkurven ab. Mit Hilfe der komparativen Statik ergibt sich:

$$\begin{aligned} \frac{\partial Y_1}{\partial \pi_1} &= \frac{1}{det\ H}(u'(Y_1) - Tu'(Y_2)) > 0 \\ \frac{\partial Y_2}{\partial \pi_1} &= \frac{1}{det\ H}(Tu'(Y_1) - T^2 u'(Y_2)) < 0. \end{aligned} \qquad (2.38)$$

Bei einer für die Aktienanlage günstigeren Wahrscheinlichkeit π_1 steigt das Einkommen Y_1 und sinkt das Einkommen Y_2, das heißt der Anleger wird im ersten Fall ceteris paribus seine Nachfrage nach der Aktie steigern und im zweiten Fall diese Nachfrage reduzieren.

Ähnlich verhält sich das Modell bei sukzessiver Variation der zweiten Komponente. Veränderungen von Verkaufskursen, Renditen, Gewinnbeteiligungen etc., schlagen sich in den Preisen S_1 beziehungsweise S_2 nieder. Diese Werte beeinflussen die Steigung T der Restriktionsgeraden. So wird bei einer hohen zukünftige Rendite der risikoreichen Finanzanlage ceteris paribus die Steigung zunehmen, und somit die Restriktionsgerade flacher verlaufen. Dies hat zur Folge, daß sich diese Gerade bei sukzessiver Variation der Steigung um einen festen Punkt dreht. Bei Anwendung der komparativen Statik ergibt sich:

$$\begin{aligned} \frac{\partial Y_1}{\partial T} &= \frac{1}{det\ H}\left[(Y_1 - Y_0)\pi_2 u''(Y_2)T - \lambda\right] > 0 \\ \frac{\partial Y_2}{\partial T} &= \frac{1}{det\ H}\left[-T\lambda - (Y_1 - Y_0)\pi_1 u''(Y_1)\right] \lesseqgtr 0\,. \end{aligned} \tag{2.39}$$

Die negative Variable λ bezeichnet den Lagrange-Multiplikator des Entscheidungsproblems (2.33). Das Vorzeichen des ersten Ausdrucks in (2.39) ist positiv, das des zweiten Ausdrucks dagegen unbestimmt.[26]

Die Vorzeichen spielen jedoch in unserer Betrachtung nur eine sekundäre Rolle. Wichtiger ist die Tatsache, daß in beiden Fällen die Anpassung des Optimums an die Situationsveränderungen mit Hilfe stetiger Funktionen erfolgt. Als Ergebnis dieses Modells ergeben sich also lediglich kontinuierliche Portfolioumschichtungen.

Erschütterungen der Kapitalmärkte freilich, wie beispielsweise im Oktober 1987 durch den sogenannten Aktiencrash geschehen, werden verursacht durch plötzliche, diskontinuierliche Portefeuilleumschichtungen der Anleger, obwohl sich die Rahmenbedingungen nur geringfügig verändert haben.[27] Die Nachfrage nach risikobehafteten Wertpapieren (Aktien) nimmt zu einem gewissen Zeitpunkt - trotz relativ geringer Umweltveränderungen, die an und für sich kein derartiges Verhalten rechtfertigen - abrupt und unstetig ab. In Kapitel 3 werden wir solch ein Verhalten mit Hilfe der Katastrophentheorie zu erklären versuchen.

2.1.3 Die Wahl eines optimalen Portefeuilles

Der Unterschied zum Zustands-Präferenz-Modell besteht darin, daß anstatt der n sich gegenseitig aussschließenden Umweltzustände ein Kontinuum von möglichen Zuständen unterstellt wird.[28] Der erwartete Nutzen aus (2.27) wird somit zu

$$E\,u = E\,u(P) = \int_{-\infty}^{\infty} u(Y)f(Y;P)dY. \tag{2.40}$$

Bei gegebenem $u(Y)$ ist der Erwartungsnutzen somit nur noch abhängig von den Parametern $P = (P_1, \ldots, P_n)$ der Wahrscheinlichkeitsverteilung f.

[26] Da sich zusammen mit T auch der Achsenabschnitt der Restriktionsgeraden verändern kann.

[27] Vgl. Dennig (1989), S.158.

[28] Zum folgenden siehe Sargent (1979), S.148 ff., Copeland/Weston (1980), S.119 ff. und Schmidt (1986), S.143 ff.

Wir behalten die Annahme der Portfoliotheorie bei, daß f eine Normalverteilung mit dem Mittelwert μ_Y und der Varianz σ_Y^2 darstellt. Für den erwarteten Nutzen aus (2.40) erhalten wir

$$E\,u = E\,u(\mu_Y, \sigma_Y) = \int_{-\infty}^{\infty} u(Y) f(Y; \mu_Y, \sigma_Y) dY. \tag{2.41}$$

Bei Rücktransformation auf die Standardnormalverteilung mit Hilfe von $Z = (Y - \mu_Y)/\sigma_Y$ ergibt sich für die Funktion N:

$$N(\mu_Y, \sigma_Y) = \int_{-\infty}^{\infty} u(\mu_Y + \sigma_Y Z) f(Z; 0, 1) dZ \tag{2.42}$$

mit Z als standardisiertem Einkommen und $f(Z; 0, 1)$ als Standardnormalverteilungsdichte.

Abbildung 2.5

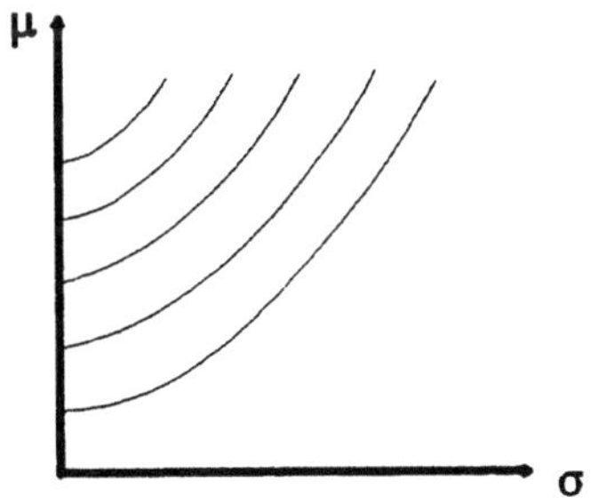

Im (μ_Y, σ_Y)-Raum läßt sich N ebenfalls durch Indifferenzkurven darstellen. Für deren Steigung gilt:

$$\frac{d\mu_Y}{d\sigma_Y} = -\frac{\int_{-\infty}^{\infty} Z u'(.) f(.) dZ}{\int_{-\infty}^{\infty} u'(.) f(.) dZ} > 0. \tag{2.43}$$

Das positive Vorzeichen ergibt sich aus der Tatsache, daß bei konkaver Nutzenfunktion die negativen Z-Werte mit höheren u'-Werten gewichtet werden. Für die Krümmung der Indifferenzkurven ergibt sich

$$\frac{d^2\mu_Y}{d\sigma_Y^2} = -\frac{\int_{-\infty}^{\infty} (Z + d\mu_Y/d\sigma_Y)^2 u''(.) f(.) dZ}{\int_{-\infty}^{\infty} u'(.) f(.) dZ} > 0. \tag{2.44}$$

Die Indifferenzkurven haben somit die Form wie sie in Abbildung 2.5 dargestellt sind.

Um die Restriktion des Entscheidungsproblems abzuleiten, nehmen wir an, ein Investor besitzt zwei Aktien mit den normalverteilten Renditen A und B. Sei nun γ der investierte Anteil in Aktie 1, so beträgt seine Durchschnittsrendite R:

$$R = \gamma A + (1 - \gamma)B. \tag{2.45}$$

Die erwartete Durchschnittsrendite des Portfolios beträgt somit

$$E\,R = \gamma E\,A + (1 - \gamma)E\,B, \tag{2.46}$$

und die Varianz

$$var\,R = E[R - E\,R]^2 = E[(\gamma(A - E\,A) + (1 - \gamma)(B - E\,B)]^2. \tag{2.47}$$

Bezeichnen wir Erwartungswert und Varianz einer Größe X mit μ_X beziehungsweise σ_X^2 so wird (2.46) zu

$$\mu_R = \gamma\mu_A + (1 - \gamma)\mu_B, \tag{2.48}$$

und (2.47) nach einigen Umformulierungen zu

$$\sigma_R^2 = \gamma^2\sigma_A^2 + (1 - \gamma)^2\sigma_B^2 + 2\gamma(1 - \gamma)\sigma_{AB}. \tag{2.49}$$

Hierbei bezeichnet $\sigma_{AB} := E[(A - \mu_A)(B - \mu_B)]$ die Kovarianz zwischen der Rendite der Aktie 1 und der Rendite der Aktie 2. Diese Kovarianz ist nun ein Maß dafür, wie sehr die beiden Renditen sowohl in gleicher Richtung als auch in gleicher Stärke von ihren Erwartungswerten abweichen. Nützlich in diesem Zusammenhang ist auch die Definition des Korrelationskoeffizienten $\rho_{AB} = \sigma_{AB}/\sigma_A\sigma_B$ für den gilt: $-1 \leq \rho_{AB} \leq 1$. Ist ρ_{AB} gleich 1 (-1), so sind beide Aktienrenditen perfekt korreliert (unkorreliert). Unter Verwendung des Korrelationskoeffizienten wird Gleichung (2.49) zu

$$\sigma_R^2 = \gamma^2\sigma_A^2 + (1 - \gamma)^2\sigma_B^2 + 2\gamma(1 - \gamma)\sigma_A\sigma_B\rho_{AB}. \tag{2.50}$$

In der Portfoliotheorie wird nun μ_R als Maßzahl für die Rendite und σ_R als Maßzahl für das Risiko des Portefeuilles herangezogen. Wir betrachten nun den Anteil γ im Intervall $[0, 1]$ als veränderlich und können nun für jeden Wert von γ in der μ, σ-Ebene eine Rendite-Risiko-Kombination einzeichnen. Dabei erhalten wir die Kurve, die in Abbildung 2.6 aufgezeichnet ist. Man kann beispielsweise zeigen, daß sich solch eine konkave Linie auch für den Fall von mehr als zwei Aktien ergibt.[29]

Abbildung 2.6

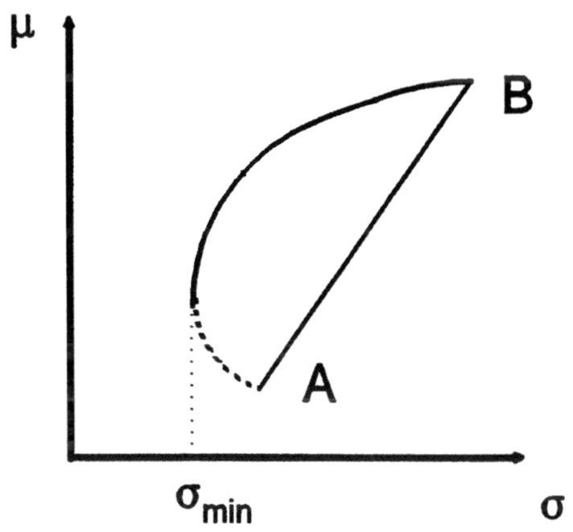

Quelle: Schmidt (1986), S.153.

Falls beide Aktien vollkommen positiv korreliert sind, ergibt sich in dieser Abbildung die gerade Linie AB. Bei nicht vollkommener Korrelation beschreiben die Rendite-Risiko-Kombinationen die rechtsgekrümmte konkave Linie. Die rechts von σ_{min} liegende gestrichelte Linie stellt die Menge aller ineffizienten Portefeuilles bei nicht vollkommener Korrelation dar, da bei gleichem Risiko Portefeuilles mit einer höheren Rendite existieren.

Das Entscheidungsproblem des Investors vollzieht sich nun in zwei Schritten:

- Zuerst muß er aus der Gesamtheit der möglichen Portefeuilles die effizienten aussondern,
- danach hat er gemäß seiner Risikoneigung das optimale unter den effizienten Portefeuilles auszuwählen.

Der letzte Schritt wird in Abbildung 2.7 verdeutlicht:

[29] Diese Kurve wird dann als „efficient frontier" bezeichnet. Siehe Schmidt (1986), S.156/157.

Abbildung 2.7

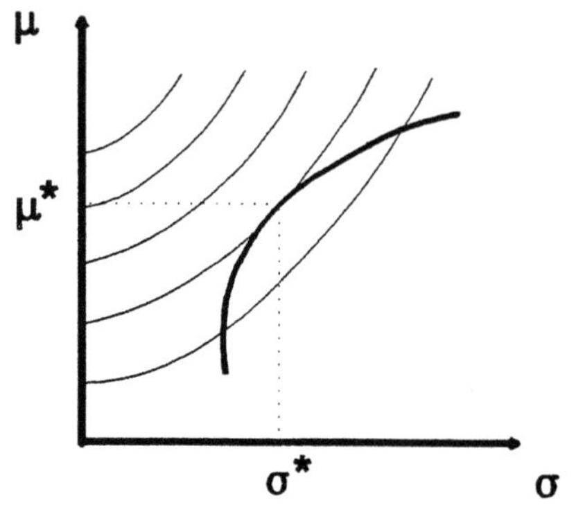

Quelle: Schmidt (1986), S.159.

Das optimale Portfolio liegt dort, wo die höchste der in (2.43) abgeleiteten Indifferenzkurven die Kurve der effizienten Portefeuilles gerade noch tangiert.

Ergänzend zum Zustands-Präferenz-Ansatz fließt hier der Gedanke der Risikodiversifikation mit ein. Jedoch folgen, wie oben ausgeführt wird, auch in diesem Ansatz auf kontinuierliche Veränderungen der Modellparameter kontinuierliche Veränderungen im Anlageverhalten der Investoren. Aus diesem Grunde werden wir im nächsten Kapitel auch kurz auf die Verwendung einer FSN in der Portfolio-Theorie eingehen.

Der zweite große Theoriebereich, der sich unter anderem auch mit spekulativen Märkten befaßt, ist die Hypothese der Markteffizienz, die im nächsten Abschnitt dargestellt wird.

2.2 Die Theorie der effizienten Märkte und ihre empirische Bestätigung

Von einem ganz allgemeinen Standpunkt aus betrachtet, ist die Theorie der effizienten Märkte die konsequente Übertragung des Gleichgewichts bei vollkommenem Wettbewerb auf die Sphäre der Kapitalmärkte. Diese Theorie dominiert die akademische Literatur seit den sechziger Jahren in den unterschiedlichsten Ausprägungen. Um effiziente Kapitalmärkte näher zu beschreiben, ist es zuallererst sinnvoll, perfekte Kapitalmärkte zu charakterisieren. Die nachstehenden Voraussetzungen müssen dafür erfüllt sein:[30]

- Die Märkte sind friktionslos, das heißt es existieren weder Transaktionskosten noch Steuern, alle Wertpapiere sind vollständig teil- und handelbar und es gibt keine Eingriffe regulatorischer Art,
- auf den Güter- und Kapitalmärkten herrscht vollkommener Wettbewerb, insbesondere sind auf den Kapitalmärkten alle Marktteilnehmer Preisnehmer,
- alle Märkte sind informationseffizient in der Form, daß die relevanten Informationen kostenlos sind und alle Akteure zum selben Zeitpunkt erreichen,
- alle Marktteilnehmer sind Nutzenmaximierer und besitzen rationale Erwartungen.

Sind auf den Märkten obige Voraussetzungen erfüllt, so werden die Märkte als allokations sowie als operational effizient bezeichnet. Hierbei stellt die Allokationseffizienz die Eigenschaft dar, daß die knappen finanziellen Ressourcen über die Kapitalmärkte in die produktivsten Investitionen fließen. Demgegenüber hat die operationale Effizienz den optimalen, das heißt kostengünstigsten Transfer dieser Ressourcen zum Ziel. Da bei perfekten Kapitalmärkten die Transferkosten gleich Null sind, ist somit die operationale Effizienz per definitionem immer erfüllt.

Im Gegensatz dazu können für die Theorie der effizienten Kapitalmärkte einige dieser strengen Annahmen gelockert werden. Beispielsweise kann unvollkommener Wettbewerb herrschen, und der Kapitalmarkt dennoch effizient sein. Ein effizienter Kapitalmarkt zeichnet sich lediglich dadurch aus, daß er jede relevante Information vollständig in den Wertpapierpreisen reflektiert. Alle zu diesem Zeitpunkt existierenden Informationen sollten also bereits in den Preisen verarbeitet sein.[31]

Für die Effizienz eines Marktes müssen folgende Voraussetzungen erfüllt sein:[32]

[30] Vgl. dazu auch Copeland/Weston (1980), S.197.

[31] Siehe auch Fama (1976), S.133.

[32] Vgl. dazu Fama (1970), S.387.

- Es existieren keine Transaktionskosten,
- jede verfügbare Information ist allen Marktteilnehmern kostenlos zugänglich,
- alle Marktteilnehmer stimmen in Bezug auf Implikationen der gegenwärtigen Informationen für die gegenwärtigen Kurse sowie in Bezug auf die Verteilung der zukünftigen Kurse überein.

Die letzten beiden Bedingungen garantieren die Bildung von rational homogenen Erwartungen, wie wir sie in Abschnitt 4.1.2 näher kennenlernen werden. Dort ist auch der Zusammenhang zwischen effizienten Märkten und rationalen Erwartungen aufgezeigt.

Formal läßt sich die Theorie effizienter Märkte wie folgt darstellen:[33]

In einer deterministischen Welt, in der annahmegemäß keine Transaktionskosten existieren, ist der heutige Preis des Wertpapiers i, $p_{i,t}$, mit dem zukünftigen Preis, $p_{i,t+1}$, über die Periodenrendite $R_{i,t+1}$ wie folgt verknüpft:

$$p_{i,t} = \frac{p_{i,t+1}}{1 + R_{i,t+1}}. \tag{2.51}$$

Hierbei ist die Periodenrendite definiert als

$$R_{i,t+1} := \frac{p_{i,t+1} - p_{i,t}}{p_{i,t}}. \tag{2.52}$$

In einer stochastischen Welt ergibt sich aus (2.51) die Grundgleichung für den effizienten Markt bei Risikoneutralität der Anleger:[34]

$$p_{i,t} = \frac{E^m(p_{i,t+1}|I_t^m)}{1 + E^m(R_{i,t+1}|I_t^m)}, \tag{2.53}$$

mit $E^m(.)$ als bedingten Erwartungswert einer von den Marktteilnehmern angenommenen Wahrscheinlichkeitsverteilung mit Dichte $f^m(p_{i,t+1}|I_t^m)$ und mit I_t^m als dem heutigen (subjektiven) Informationsstand der Marktteilnehmer.

Ist nun ein Kapitalmarkt im oben genannten Sinne effizient, so setzt dies voraus, daß der subjektive Informationsstand dem objektiv gegebenen Informationsstand entspricht. Folglich impliziert $I_t^m = I_t$ die Gleichung

$$f^m(p_{i,t+1}|I_t^m) = f(p_{i,t+1}|I_t) \tag{2.54}$$

[33] Vgl. zum folgenden auch Neumann/Klein (1982), S.166 ff.

[34] Vgl. Fama (1970), S.18.

und somit wird (2.53) zu

$$p_{i,t} = \frac{E(p_{i,t+1}|I_t)}{1 + E(R_{i,t+1}|I_t)}. \tag{2.55}$$

Bei gegebener objektiver Verteilungsfunktion ergibt sich aus (2.55) gleichzeitig der markträumende Preis des Wertpapiers. Da in diesem bereits alle in I_t enthaltenen Informationen eingegangen sind, kann somit logischerweise kein Investor eine Anlagestrategie entwickeln, die dauerhaft zu überdurchschnittlichen Erträgen führt.[35]

Dieser Rückschluß von subjektiver zur objektiven Wahrscheinlichkeitsverteilung, der in ähnlicher Form bei der rationalen Erwartungsbildung stattfindet, ist seit jeher Gegenstand heftigster Diskussionen über die empirische Relevanz der Theorie effizienter Märkte. Bevor wir jedoch auf die Empirie zu sprechen kommen, wollen wir kurz auf die beiden wichtigsten Kritikpunkte an dieser Theorie eingehen.

Da (2.53) nichts anderes als die mit Erwartungswertgrößen beschriebene Definition der Periodenrendite (2.52) darstelle, sei der tautologische Charakter dieser Theorie offensichtlich.[36] Die Aussage der formalen Beschreibung laute genaugenommen: Wenn der Markt effizient ist, ist er effizient. Nach dieser Definition wäre eigentlich ein jeder Markt effizient, da überhaupt keine besonderen stochastischen Restriktionen auf dem Prozeß liegen würden.

Ein anderer Kritikpunkt argumentiert mit dem sogenannten Informationsparadoxon.[37] Gehe man von einem effizienten Markt aus, der alle Informationen widerspiegele, so sei es für einen Investor nicht rational, aktiv nach Informationen zu suchen. Wenn nun die Anleger sich der Effizienz des Marktes bewußt sind und nach Voraussetzung rational handeln, werden sie nicht versuchen, sich Informationen zu beschaffen. Somit sehe sich kein Marktteilnehmer dazu veranlaßt, diese Aufgabe zu übernehmen. Aber, wie werden dann die Informationen verarbeitet und in den Kursen zum Ausdruck gebracht? Wenn also der Anreiz für die Anleger fehle, wie soll dann der Preis alle relevanten Informationen reflektieren? Vereinfacht ausgedrückt bemühe sich keiner mehr um die Effizienz des Marktes, wenn

[35] Siehe Neumann/Klein (1982), S.168.

[36] Siehe LeRoy (1989).

[37] Siehe Neumann/Klein (1982), S.169.

der Markt effizient ist. In diesem Zusammenhang wäre ein Einwand anzuführen, der unterstreichen soll, wie das Konstrukt des effizienten Marktes von der Realität auf den Kapitalmärkten abweicht. Der reale Widerspruch gegen die Effizienz liegt in der Existenz der Wertpapieranalysten und in den großen Summen, die für deren Dienste ausgegeben werden, begründet. Diese Ausgaben wären reine Verschwendung, wenn die Preise alle Informationen widerspiegeln würden. Wenn also unentdeckte Preismuster existieren, die eine Analyse lohnend machen, sind die Märkte nicht effizient. Wenn aber die Marktteilnehmer für zusätzliche Informationen Geld ausgeben, obwohl doch überhaupt keine Überrenditen zu erzielen sind, so handeln diese nicht rational. Beide Möglichkeiten lassen sich demnach nicht mit der Realität vereinbaren[38]

Während der erste Kritikpunkt lediglich besagt, daß der effiziente Markt nur eine Definition, das heißt ein Konstrukt analytischen Ursprungs darstellt, bestreitet Kritikpunkt zwei jegliche direkte empirische Relevanz.[39] Jedoch stellen beide Einwände in keiner Weise die logische Plausibilität dieser Theorie in Frage.

Nichtsdestoweniger war und ist dieses Konzept Gegenstand unzähliger empirischer Untersuchungen, die allesamt gewisse Abstriche von der strengen Theorie zulassen.

Die obigen Voraussetzungen müssen hierbei nicht in voller Absolutheit erfüllt sein. So reicht es beispielsweise aus, wenn eine genügend große Anzahl von Martktteilnehmern kostenlosen Zugriff auf die verfügbaren Informationen hat.[40]

Auch ist, analog zur Informationsmenge, die im jeweiligen Markt vorhanden ist, zwischen drei unterschiedlichen Formen der Markteffizienz zu differenzieren:[41]

Die <u>schwache (weak-form efficiency) Effizienz</u> bezieht sich nur auf Informationen, die in den Preisen der Vergangenheit enthalten sind. In schwach effizienten Kapitalmärkten kann somit kein Investor überdurchschnittliche Gewinne erzielen, der seine Entscheidungen auf der Basis vergangener Kurs-

---

[38] Siehe auch dazu LeRoy (1989), S.1588.

[39] Ebenda S.168 f.

[40] Siehe auch Fama (1970), S.388.

[41] Ebenda S. 383.

bewegungen trifft.

Die halbstrenge (semistrong-form efficiency) Effizienz umfaßt zusätzlich die öffentlich zugänglichen Informationen. Diese können beispielsweise Artikel in Fachzeitschriften oder Datenmaterial von statistischen Ämtern sein.

Die strenge (strong-form efficiency) Effizienz beinhaltet jegliche Informationen, egal ob privater (Insiderinformation) oder öffentlicher Art. Für die Akteure eines, in der strengen Form, effizienten Kapitalmarktes ist es somit unmöglich, durch irgendwelche Informationen Überrenditen zu erzielen.

Anhand der Definitionen ist es offensichtlich, daß die strenge Form der Effizienz die halbstrenge Form impliziert und diese wiederum die schwache Form.

Die Strategie in den empirischen Untersuchungen zur Kpitalmarkteffizienz kann generell wie folgt beschrieben werden:[42]

- Zuerst wird die Hypothese formuliert, ein bestimmter Markt sei nicht effizient im Sinne der Theorie der effizienten Märkte.
- Dadurch wird impliziert, man könne nachweisen, daß es in der Vergangenheit Informationen gegeben habe, die zu einem überdurchschnittlichen Ertrag geführt haben.
- Anhand ausgewählter Daten wird diese empirische Implikation dann getestet.

Analog zu obigen Informationsunterscheidungen differenziert man in den Untersuchungen zwischen schwachen, strengen und halbstrengen Tests zur Markteffizienz.

Die Implikation, daß die tatsächliche Periodenrendite $R_{i,t+1}$ von der erwarteten Periodenrendite $E(R_{i,t+1}|I_t^m)$ nur zufällig abweicht, ist grundlegender Bestandteil sämtlicher Tests.[43] Dabei wird erwartet, daß diese zufälligen Abweichungen durch neue Informationen verursacht werden, die in $t+1$ eintreffen und in I_t^m noch nicht enthalten sind. Formal kann man das folgendermaßen darstellen:

$$E[R_{i,t+1} - E(R_{i,t+1}|I_t^m)|I_t] = 0. \tag{2.56}$$

[42] Vgl. Neumann/Klein (1982), S.168.

[43] Ebenda, S.175.

In den Tests hat man nun die beobachteten Periodenerträge um die erwarteten Periodenerträge zu bereinigen, das heißt:[44]

$$R_{i,t} - E(R_{i,t}|I^m_{t-1}) = \varepsilon_t. \qquad (2.57)$$

Im weiteren Verlauf werden dann diese Residuen ε_t auf Zufälligkeiten untersucht. Es muß also gelten:

$$E\varepsilon_t = 0 \quad \text{und} \quad cov(\varepsilon_t, \varepsilon_\tau) = 0, \quad \tau \neq t, \qquad (2.58)$$

mit $cov(.)$ als Kovarianz der einzelnen Residuen.

Bei der empirischen Überprüfung der Effizienzhypothese ergibt sich nun die Schwierigkeit, daß die erwartete Periodenrendite nicht beobachtbar ist. Man behilft sich damit, daß für diese empirischen Untersuchungen ein Marktgleichgewichtsmodell herangezogen wird, anhand dessen die erwarteten Periodenrenditen festgelegt werden können. Für dieses Gleichgewichtsmodell eignen sich mehrere Alternativmodelle. So wurde in der Vergangenheit häufig das Martingal-, das Submartingal- sowie das Random Walk-Modell verwendet.[45] Inzwischen finden auch das sogenannte Markt-Modell sowie das Capital Asset Pricing Model (CAPM) Anwendung.[46]

In Bezug auf obige Testformulierung, die auf zwei verbundene Hypothesen, nämlich der Testhypothese einerseits und der Hypothese des Gleichgewichtsmodells andrerseits, zurückgreift, läßt sich ein fundamentaler Kritikpunkt anbringen, der unter dem Stichwort „joint hypothesis problem“ in die empirische Literatur Eingang gefunden hat.[47] Diese Problematik läßt sich wie folgt darstellen: Ergibt obiger Test keine Bestätigung für das zufällige Abweichen der Periodenrenditen, so kann das infolge der beiden Hypothesen zwei Ursachen haben. Entweder wurde das richtige Gleichgewichtsmodell zur Bestimmung der erwarteten Periodenrenditen gewählt und der Markt ist somit ineffizient, oder aber der Markt ist effizient und es wurde ein falsches Gleichgewichtsmodell unterstellt. Beim gegenwärtigen

---

[44]Die Zahl t bezieht sich hierbei auf die untersuchten Zeitperioden.

[45]Siehe auch Fama (1970), S.384 ff.

[46]Für eine nähere Beschreibung dieser Marktgleichgewichtsmodelle siehe Neumann/Klein (1982), S.177 ff.

[47]Siehe Fama (1976) beziehungsweise Neumann/Klein (1982).

Stand der Theorie besteht jedoch keine Möglichkeit, diese Problematik durch verbesserte empirische Methoden aus dem Weg zu räumen.[48]

Weitere empirische Entdeckungen, die gegen die Effizienzhypothese zu sprechen scheinen, sind die sogenannten Anomalien. Darunter fallen der Januar-, der Weekend- und der Small Firm-Effekt. Diese Abweichungen sind wegen ihres immer wiederkehrenden Charakters nicht mit der Effizienzmarkthypothese vereinbar. Jedoch muß in diesem Zusammenhang angeführt werden, daß diese Anomalien noch umstritten sind und große Teile dieses Bereichs noch im Unklaren liegen.[49]

Würde das Konzept der effizienten Märkte auch für die Realität Gültigkeit besitzen, so ein weiterer empirischer Einwand, so ergäbe sich als logische Konsequenz für die Investoren eine einfache „Kauf und Halten“ Strategie. Dem gegenüber stehe aber das hohe Handelsvolumen an den Börsen. Dies scheint darauf hinzudeuten, daß viele Anleger daran glauben, aufgrund ihrer Informationen gegenüber anderen Marktteilnehmern einen Vorsprung zu besitzen. Solch ein Verhalten spreche dann eindeutig gegen die Effizienz.[50] Es gibt aber auch eine modelltheoretische Erklärung für dieses Phänomen.[51] Demnach seien rationale Anleger wegen ihrer Informationen nicht bereit, sich am Kapitalmarkt zu engagieren. Jedoch sind die Informationen asymmetrisch verteilt. Somit ergeben sich diese Transaktionen nur, weil ein zweiter Anleger bereit wäre, den Gegenpart des Geschäfts zu übernehmen. Dieses Modell steht aber im Widerspruch zu den Annahmen der homogenen Präferenzen sowie der pareto-optimalen Allokation vor dem Handel. Darüberhinaus könnte dieses Modell immer nur einen kleinen Teil der Finanzmarktaktivitäten erklären, so daß eigentlich das Problem des hohen Handelsvolumens an den Börsen für die Theorie der effizienten Märkte bestehen bleibt.[52]

An den bisher angeführten Kritikpunkten läßt sich bereits erkennen, daß das logische Konzept der Effizienztheorie eigentlich nicht zu Fall zu bringen ist. Die Probleme entstehen somit erst bei Übertragung dieser

---

[48]Dies wurde von Neumann/Klein im Jahre 1982 festgestellt. Bis heute hat sich jedoch nichts an dieser Aussage verändert.

[49]Siehe LeRoy (1989), S.1609.

[50]Ebenda, S.1611.

[51]Siehe Milgram/Stokey (1982), S.17 ff.

[52]Siehe LeRoy (1989), S.1611.

Theorie auf die Realität sowie bei der empirischen Überprüfung. Aus dieser logischen Unverwundbarkeit heraus folgt wahrscheinlich die Weigerung vieler Anhänger der Effizienzmarkthypothese, diese zu verwerfen, trotz der vielen empirischen Ergebnisse, die dagegen sprechen, . Aus diesen Gründen scheint die Hypothese der effizienten Märkte nicht falsifizierbar zu sein.[53] Im folgenden wollen wir nun exemplarisch zwei dieser empirischen Untersuchungen näher betrachten.

Eine der ersten empirischen Arbeiten zur Theorie der effizienten Märkte war diejenige von Fama, Fisher, Jensen und Roll über die Informationsverarbeitung und Preisanpassung.[54] Im Zentrum dieser Untersuchung stand die Frage, inwieweit sich die Renditen einer gesplitteten Aktie[55] in der Umgebung des Splitdatums ungewöhnlich verhalten und falls dies der Fall ist, in welcher Größenordnung sind dafür Änderungen in den Fundamentaldaten verantwortlich? Desweiteren war es natürlich interessant zu wissen, ob mit dieser Erkenntnis Überrenditen zu erzielen waren? Zu diesem Zweck wurden 940 Aktienteilungen untersucht, die in den Jahren zwischen 1927 und 1959 stattfanden. Die Renditen der einzelnen Aktien wurden hierbei über einen Zeitraum von 60 Monaten beobachtet. Jeweils 30 Monate vor und nach dem Ereignis.

Die Autoren stellten die Hypothese auf, daß nicht die Aktienteilung an sich die Rendite beeinflußt, sondern die Erwartung einer Dividendenerhöhung, die in den meisten Fällen mit einem Aktiensplit verbunden ist, da eine Unternehmensleitung sich normalerweise nur dann zu einer Ausgabe von Gratisaktien entschließen wird, wenn sich die Ertragslage entscheidend und dauerhaft gebessert hat.

Bei der Untersuchung wurden die relevanten Wertpapiere in zwei Gruppen eingeteilt und zwar in Aktien, bei denen nach dem Split die Dividenden gestiegen sowie in Aktien, bei denen die Dividenden gefallen sind. Die empirischen Daten haben gezeigt, daß die erste Gruppe nach der Teilung mit leicht positiven, die zweite Gruppe mit leicht negativen Ertragsraten rea-

---

[53]Ebenda, S.1613 ff.

[54]Vgl. Fama/Fisher/Jensen/Roll (1969).

[55]Ein Aktiensplit ist eine einfache Aktienteilung, zuweilen spricht man auch von einer Ausgabe von Gratisaktien. Der Aktionär erhält beispielsweise anstatt einer alten Aktie vier neue Aktien.

giert haben. Die Autoren sahen somit ihre Hypothese bestätigt, daß der Aktiensplit per se keinen anhaltenden Einfluß auf die Kurse ausübt. Entscheidender Einfluß ging vielmehr von den Fundamentaldaten aus und somit schien für sie die Hypothese der erwarteten Dividendenerhöhung bestätigt zu sein, zumal sich in der zweiten Gruppe die Enttäuschung der Anleger in negativen Renditen niederschlug.

Zusätzlich sahen sie auch die Effizienzmarkthypothese als erfüllt an, da die Preise sich sofort an die neue Information angepaßt haben und den Untersuchungen zufolge auch keine Möglichkeit bestand, mit der Ankündigung des Aktiensplits Überrenditen zu erzielen. Demnach schien die Studie die halbstrenge Form der Marteffizienz zu bestätigen.[56]

Jedoch könnte diese historische Untersuchung heutigen Maßstäben nicht mehr gerecht werden. So wurden beispielsweise gleichgewichtete Marktportfolios als Vergleichsgrundlage verwendet und nicht die relevanteren marktwertgewichteten Portfolios. Zudem wurde für die Renditebeobachtungen als Zeitpunkt Null nicht der Ankündigungstag des Splittings, sondern der Tag der Durchführung verwendet. Für die Untersuchung der Informationsverarbeitung wäre jedoch der Ankündigungstag entscheidend gewesen.

Empirische Untersuchungen obiger Art verloren im Lauf der Zeit immer mehr an Bedeutung. Ab Mitte der siebziger Jahre gewannen die sogenannten „Variance Bounds Tests" oder „Volatility Tests" an Bedeutung.[57] Die Grundgedanken dieses Ansatzes lassen sich formal wie folgt darstellen:[58]

Der ex post rationale Aktienkurs p_t^r wird sich als abdiskontierte Summe der zukünftigen Dividenden d_t einstellen, das heißt es gilt:

$$p_t^r = \sum_{i=0}^{\infty} \frac{d_{t+i}}{(1+r)^i}, \tag{2.59}$$

mit r als dem konstanten realen Zinssatz. Entsprechend der Effizienzmarkthypothese lassen sich die tatsächlichen Aktienkurse p_t in einer stochastischen Welt ermitteln als

$$p_t = E(p_t^r | I_t). \tag{2.60}$$

[56] Siehe Fama/Fisher/Jensen/Roll (1969).

[57] Die Formulierung von sogenannten „Variance Bounds Models" geht in erster Linie auf Shiller (1979)/(1981) sowie auf LeRoy/Porter (1981) zurück.

[58] Vgl. zum folgenden Shiller (1981) sowie Jüttner (1987).

Dies bedeutet, daß p_t die optimale Prognose von p_t^r sein muß. Aus diesem Zusammenhang ergibt sich für den Prognosefehler $u_t = p_t^r - p_t$ die statistische Anforderung:

$$cov(u_t, p_t) = 0. \tag{2.61}$$

Dies bedeutet, wenn p_t die optimale Prognose für p_t^r darstellt, dann darf u_t nicht mit der Prognose, also p_t, korreliert sein. Denn ist die Bedingung in (2.61) nicht erfüllt, dann kann die Prognose noch verbessert werden.

Aus der Definition des Prognosefehlers ergibt sich $p_t^r = p_t + u_t$ und somit folgt wegen (2.61) nach einem elementaren Satz aus der Statistik:

$$var(p_t^r) = var(p_t) + var(u_t) \quad \text{und somit} \quad var(p_t^r) \geq var(p_t). \tag{2.62}$$

Im Hinblick auf empirische Untersuchungen wird nun klar, daß durch die Varianz von p_t^r eine obere Grenze für die Varianz von p_t gefunden wurde. Obige Bedingung (2.62) impliziert somit einen glatteren Verlauf für die tatsächlichen Kurse als für die „wahren" fundamentalen Kurse. Ist nun die Varianz von p_t größer als die von p_t^r, so ist die Hypothese der Effizienz verletzt, da sich die tatsächlichen Kurse nach anderen Kriterien richten als nach neuen Informationen.

Exemplarisch für diese Art von Effizienztests soll an dieser Stelle die Untersuchung von Shiller kurz skizziert werden, ohne dabei auf die speziellen Annahmen und Probleme näher einzugehen.[59]

Für seine Studie benutzte Shiller zwei verschiedene Aktienindices der New York Stock Exchange (NYSE). Zum einen den „Standard &.Poor's Monthly Composite Stock Price Index" (S&P)[60] im Zeitraum von 1871 bis 1979 und zum andern den „Dow Jones Industrial Average Index" (DJIA)[61] der Jahre 1928 bis 1979. Beide Zeitreihen wurden durch einen langfristigen Wachstumsfaktor bereinigt, so daß es sich um reale Preise handelte. Für jeden Index wurden die entsprechenden jährlichen realen Dividendenströme berechnet. Als Abdiskontierungsrate wurde das Verhältnis von mittlerer Dividende zum mittleren Preis verwendet. Danach wurden die Standardabweichungen der beiden Aktienindices und der dazugehörigen Dividendenzahlungen berechnet. Im Falle der Gültigkeit der Theorie der effizien-

---

[59] Siehe auch dazu Shiller (1981).

[60] Ein Index bestehend aus 500 Industriewerten.

[61] Dieser besteht aus dreißig börsennotierten Standardwerten.

ten Märkte müßte die Standardabweichung der Aktienkursverläufe kleiner oder gleich derjenigen der Dividendenströme sein. Die empirischen Daten zeigten jedoch genau das Gegenteil. So betrug die Standardabweichung der Kurse bei der S&P-Zeitreihe etwa das Fünffache der Standardabweichung der Dividendenströme und bei dem DJIA etwa das Dreizehnfache. Shiller war aufgrund dieser Studie für die Ablehnung der Effizienzmarkthypothese: „The failure of the efficient markets model is thus so dramatic that it would seem impossible to attribute the failure to such things as data errors, price index problems, or changes in tax laws.“

Diese „Variance Bounds Tests“ zogen ihrerseits wiederum eine Reihe von kritischen Untersuchungen nach sich, auf die wir im einzelnen nicht eingehen wollen.[62]

Wir haben bereits erwähnt, daß die Diskussion pro und contra der Theorie der effizienten Märkte bis zum heutigen Zeitpunkt unvermindert anhält. Allerdings häufen sich die Stimmen, die von einem Scheitern der Effizienzhypothese als Erklärungsansatz von Aktienkursschwankungen sprechen.[63]

2.3 Aktienmärkte in der Realität

Nachdem wir in den vorangegangenen Abschnitten zwei der wichtigsten ökonomischen Theorieansätze zum Anlegerverhalten auf der einen und zum Marktverhalten auf der anderen Seite kennengelernt haben, wollen wir hier den realen Aspekt in Betracht ziehen. Bei der Theorie des effizienten Marktes sind wir bereits ausgiebig auf die Empirie des Marktverhaltens eingegangen, daher werden wir im folgenden primär zum einen das Anlegeverhalten der Investoren betrachten und zum anderen kurz die turbulenten Ereignisse der jüngsten Vergangenheit beschreiben.

Besonders nach den Geschehnissen im Oktober 1987, auf die wir weiter unten noch näher eingehen werden, erscheint es immer zutreffender, die Rationalität auf den Aktienmärkten als eine Fiktion zu bezeichnen. Demzufolge verlaufen dann auch die jeweiligen Kursentwicklungen weitgehend außerhalb der rationalen Bahnen.

Bereits im Jahre 1978 hat C.P. Kindleberger darauf hingewiesen, daß

[62] An erster Stelle stehen hierbei die Studien von Flavin (1983) sowie Kleidon (1986).

[63] Siehe Jüttner (1987), S.5.

die Rationalität auf spekulativen Märkten mehr eine a priori-Annahme als eine Beschreibung der Realität darstelle.[64] Auch versucht man in neueren ökonomischen Ansätzen das strenge Rationalitätspostulat, das besonders in den Kapitalmarkttheorien unterstellt wird, nach und nach aufzulockern. So existieren bereits Modelle, worin sogenannte naive Marktteilnehmer für starke Kursschwankungen der Aktien verantwortlich sind. Jene erzeugen durch ihr irrationales Verhalten ein zusätzliches Risikopotential für die rationalen Marktteilnehmer, das sich dann in extremen Kursausschlägen bemerkbar macht.[65] In einem anderen Ansatz wiederum wird zwar weiterhin auf rationale Erwartungen abgestellt, wie sie üblicherweise den Anlegern unterstellt werden. Jedoch wird dabei aber von einer strengen und von einer lockeren Form rationaler Erwartungen ausgegangen, die sich in der Mächtigkeit der Informationsmengen unterscheiden, die für die Erwartungsbildung zur Verfügung stehen.[66] Durch das Zusammenspiel dieser beiden Erwartungsformen kann es ebenfalls zu starken Kursschwankungen kommen.

Mittlerweile existiert eine breite Akzeptanz für die Ansicht, daß das Verhalten der Anleger nicht allein durch ökonomische Verhaltenskalküle sinnvoll beschrieben werden kann. Wie im vorherigen Kapitel dargelegt wurde, wird ja nicht allein auf dem Gebiet der spekulativen Märkte eine engere Zusammenarbeit mit den Sozialwissenschaften gefordert. Wir haben bereits in Abschnitt 1.3 ausgeführt, daß man in der Psychologie schon länger die Meinung vertritt, die Aktienkursschwankungen reflektieren weniger die tatsächliche ökonomische Situation, sondern vor allem Hoffnungen und Befürchtungen der Marktteilnehmer. Demzufolge haben sich auch, gegen Mitte der achtziger Jahre, Psychologen in ihren Studien verstärkt den Geschehnissen auf Aktienmärkten angenommen.[67]

Im Mittelpunkt solcher psychologischen Studien steht nun die Frage, aufgrund „welcher Entscheidungsheuristiken und Informationsverarbeitungsprozesse Individuen Aktien kaufen und verkaufen, wobei des öfteren ökono-

---

[64]Siehe auch Kindleberger (1978), S.26.

[65]Siehe hierzu als Beispiel De Long/Shleifer/Summers/Waldmann (1990).

[66]Siehe auch Topol (1991).

[67]Siehe dazu auch die Ausführungen auf S.17.

misch-sachliche Überlegungen in den Hintergrund zu rücken scheinen."[68] Solche Entscheidungs- oder Urteilsheuristiken lassen oftmals eine rationale Basis vermissen, gerade in Situationen „unter unvollständiger Information, hoher Komplexität und eklatantem Zeitdruck."[69] Auch in dem Prozeß der Informationsverarbeitung ist es von entscheidender Bedeutung, daß neue Informationen aus diversen Gründen[70] nicht einer rationalen Bewertung unterzogen werden. Vielmehr urteilt der Anleger nach einem ihm innewohnenden Situationsbild.[71] Shiller bezeichnet solche Bilder, in Abgrenzung zu den theoretischen Entscheidungsmodellen, als „Popular Models".[72] Obgleich theoretisch eine Vielzahl dieser Situationsbilder innerhalb der Anlegerschar existieren könnten, sind es in der Praxis eigentlich nur sehr wenige. Dies hat seine Ursache vor allem in der starken Präsenz der institutionellen Anleger, die meist über ähnliche Informationen und Analyseinstrumente verfügen. Als Konsequenz ergibt sich zumeist ein gleichgerichtetes Handeln der Akteure.[73]

In der Börsenrealität sind es vor allem drei Komponenten, die das Verhalten der Anleger beinflussen:

- Das Verarbeiten von Informationen,
- das Bilden von Erwartungen,
- die Erwartungen der anderen Marktteilnehmer.

Diese drei Komponenten dürfen jedoch nicht unabhängig voneinander angesehen werden. So steht das Verarbeiten von Informationen am Anfang der Erwartungsbildung, in die auch die Erwartungen der anderen Marktteilnehmer mit einfließen.

In einer Studie der kognitiven Psychologie zur Informationsverarbeitung wurde festgestellt, daß Individuen dazu neigen, die neuesten Informationen gegenüber den älteren überzubewerten.[74] In empirischen Untersuchungen

---

[68]Siehe Bungard/Schultz-Gambard (1990), S.144.

[69]Siehe Maas/Weibler (1990), S.82.

[70]Diese sind hauptsächlich Zeitknappheit, Stimmungen, Imitationseffekte etc.

[71]Ebenda S.81. Wir kommen im Rahmen des Abschnittes 4.3 nochmals darauf zu sprechen.

[72]Vgl. Shiller (1990), S.55.

[73]Siehe Maas/Weibler (1990), S.81.

[74]Vgl. dazu Tversky/Kahneman (1973).

zum amerikanischen und zum deutschen Aktienmarkt wurde dieses Verhalten weitgehend bestätigt.[75] Demzufolge ergeben sich Überreaktionen, die weiter zurückliegende Informationen überragen, aber nach einer gewissen Zeit gegenläufige Entwicklungen auslösen können.

In einer Wechselbeziehung zur Informationsverarbeitung steht die Erwartungsbildung. Diese ist für das Anlegerverhalten und somit für die Kursentwicklung so enorm wichtig, daß wir die Erwartungsbildung auf Aktienmärkten im Abschnitt 4.3 gesondert behandeln werden. Im folgenden wollen wir eine Situationsbeschreibung aufgreifen, die von Frey/Stahlberg in der Börsenrealität als möglich erachtet wird. Hier wird insbesondere das dynamische Zusammenspiel zwischen Erwartungen und Aktienmarktgeschehen beziehungsweise Kursbildung deutlich gemacht:

> „*Voraussetzung für eine Hausse ist naturgemäß die Baisse und umgekehrt. Immer wenn die Aktienkurse eine bestimmte Höhe erreicht haben, die in keinem Verhältnis zu den wirtschaftlich gegebenen Daten mehr steht, steigt die Chance für eine Trendwende. Zuerst zweifeln wenige, dann immer mehr Börsenanleger an der gegebenen Situation. Die Unsicherheit der Erwartungen hinsichtlich der weiteren Entwicklung ist an diesem Punkt besonders hoch. Betrachten wir zum Beispiel die Hausse. Auf ihrem Höhepunkt werden neue Käuferschichten fehlen, da sich ein Teil der Käufer oder Halter von Aktien zu Verkäufen entschließt, um Gewinne zu realisieren oder einer potentiellen Abwärtsbewegung vorzubeugen. Der bis dahin vorherrschende allgemeine Optimismus schwindet und wird abgelöst von einer Stimmung, die von hoher Unsicherheit geprägt ist. In einer solchen Situation kann davon ausgegangen werden, daß sich die Anleger in einem Streß befinden, der in Extremfällen zu Panik führen kann. Viele Anleger glauben, daß aufgrund irgendwelcher negativen Umstände die Kurse fallen werden. Sie verkaufen, wodurch die Kurse tatsächlich fallen. Jetzt werden bisher indifferente Anleger ebenfalls Baissiers (hätten wir doch gestern schon verkauft!) und verkaufen heute, wodurch die Kurse weiter*

[75] Siehe dazu De Bondt/Thaler (1985)/(1987) für den amerikanischen sowie Stock (1990) für den deutschen Aktienmarkt.

fallen. Mit diesen Bestätigungen negativer Erwartungen mehren sich die Antizipationen, daß sich der Markt auch weiterhin negativ entwickeln werde.

Als Folge ist ein Absinken der Börsenkurse in Richtung der wirtschaftlichen Sachgegebenheiten (Angleichsphase) zu beobachten bis hin zu einem Punkt, an dem die Börse wiederum die wirtschaftliche Gesamtsituation adäquat wiederspiegeln wird (Normalphase). Oft werden die Kurse jedoch weiter sinken; es ist keine positive Entwicklung der wirtschaftlichen und politischen Einflußgrößen zu erkennen, die darauf hindeutet, daß sich das Absinken der Kurse verlangsame...

So verkaufen schließlich immer mehr Menschen vielleicht trotz innerer Bedenken lediglich, weil andere verkaufen; Kaufunlust und Kursverläufe ergänzen sich und entfernen sich von den tatsächlichen Gegebenheiten. Es wird solange eine Fortsetzung einer Bewegung - zum Beispiel einer Abwärtsbewegung - erwartet bis die Erwartung sich als falsch erweist. Dazu bedarf es meist einer massiven Gegenerfahrung. Es scheint allein von der Tatsache, daß man bei einem schon niedrigen Kurs verkauft hat, der Kurs aber trotzdem noch weiter sinkt, eine Massensuggestion auszugehen, die ihrerseits den Pessimismus und die negativen Erwartungen verstärkt. Jeder einzelne schließt aus der Tatsache der Niedrigkeit oder Höhe der Kurse, daß dieses Niveau berechtigt ist (entsprechende Überlegungen gelten natürlich auch für die Hausse)... "[76]

Bemerkenswert an dieser Situationsbeschreibung sind vor allem zwei Charakteristiken. Zum einen spielen bei dem beschriebenen Übergang vom Optimismus zum Pessimismus sich sukzessive verschlechternde Rahmenbedingungen überhaupt keine Rolle. Das Zusammenwirken von Kurshöhe mit den optimistischen beziehungsweise pessimistischen Stimmungen sowie den Zweifeln der Marktteilnehmer entwickelt sozusagen eine gewisse Eigendynamik und zwar unabhängig davon, ob es sich um Baisse- oder Hausseperioden handelt. Zum anderen besitzt diese Dynamik, da sie prak-

[76]Siehe Frey/Stahlberg (1990), S.129 ff.

tisch ohne Einflüsse von außen abläuft, ein hohes Potential an Selbstorganisation. Dies trifft einerseits für das soeben beschriebene Szenario eines „normalen" Börsenzyklus und andrerseits, wie wir im folgenden darlegen werden, für sogenannte „Börsenkrisen"[77] zu. So machten beispielsweise in jüngster Vergangenheit die Kurszusammenbrüche im Oktober 1987 sowie im Oktober 1989 von sich reden. Da letzterer Crash alles in allem von geringerem Ausmaß war, soll nachstehend kurz auf die „Börsenkrise" vom 19./20. Oktober 1987 eingegangen werden.

Gleichsam einer Kettenraktion, ausgelöst von der NYSE, stürzten an diesen Tagen die Aktienkurse an verschiedenen Finanzplätzen der Welt steil nach unten. Der DJIA verlor am 19. Oktober 508 Punkte. Dies entsprach einem Tagesverlust von 22,6 Prozent.[78] Da die NYSE als Leitbörse der Welt anzusehen ist, fielen auch in Tokio die Kurse um 15, in Sydney um 25 und in Singapur um 20 Prozent. In Europa verlief der Kursrutsch etwas milder. So fielen in London die Kurse im Schnitt um 10, in Zürich um 11, in Paris und Frankfurt jeweils um 5 Prozent. Man kann diesen Aktiencrash nicht beschreiben, ohne auf die vorhergehende Entwicklung der wichtigsten Börsen der Welt kurz einzugehen. Seit August 1982 befanden sich viele Aktienmärkte mehr oder weniger in einem Haussetrend. An den 19 größten Börsen der Welt gab es im Zeitraum 1982 bis 1987 Kurssteigerungen von ungefähr 300 Prozent. So kletterten beispielsweise in Amerika die Kurse so rasant, daß sie weder durch eine gesamtwirtschaftliche noch durch eine einzelwirtschaftliche Begründung zu fundieren waren. Dabei erreichte sowohl der DJIA als auch der S&P ein Rekordhoch, das allen wirtschaftlichen Begründungen völlig entbehrte. Den absoluten Höhepunkt erreichte der DJIA am 25.08.1987 mit einem Stand von 2.722,42 Punkten.[79]

Verantwortlich für diese Entwicklung waren nationale sowie internationale Gründe. Hauptursachen waren, um nur einige zu nennen, wirtschaftliches Wachstum, gestiegene Attraktivität der Aktienanlagen sowie

---

[77] Zum Begriff vgl. die Ausführungen in Dennig (1989), S.158 ff. Eine „Börsenkrise" ist demnach definiert als eine plötzliche und relativ starke Angebots- oder Nachfrageänderung am Kapitalmarkt.

[78] Statistisch betrachtet war dieser Kursverfall schlimmer als der im Jahre 1929, wo der DJIA um „nur" 12,8 Prozent gefallen war. Aus diesem Grunde gilt der 87er Aktiencrash als der größte Crash aller Zeiten.

[79] Zum Vergleich: 776,93 Punkte am 12.08.1982.

vermehrte Anwendung von Instrumenten zur Risikoabsicherung.[80] Doch das absolute Mißverhältnis zu den fundamentalen Gegebenheiten konnte auch dadurch nicht restlos geklärt werden.

Ebensowenig stellten die von Wissenschaft und Praxis für schuldig befundenen fünf exogenen Begebenheiten eine befriedigende Erklärung für die Auslösung des Crashs dar. Als Anlässe für den Börsenkursverfall wurden demnach Zinserhöhungen, unbefriedigende Handelsbilanzdaten, Ankündigungen von Steueränderungen mit negativen Auswirkungen, politische Unstimmigkeiten zwischen den USA und Deutschland sowie kriegerische Auseinandersetzungen im persischen Golf angesehen. Mit jedem einzelnen dieser Anlässe kann man zwar gewisse kurzfristige Kurssenkungen erklären, aber keiner davon kann als wirklich außergewöhnlich angesehen werden.[81] „Auch das unglückliche Zusammentreffen aller fünf dürfte zu einem anderen Zeitpunkt kaum eine Börsenkrise ausgelöst, geschweige denn verursacht haben."[82]

Weder die von den amerikanischen Behörden sofort eingeleiteten Untersuchungen noch sonstige von Wissenschaftlern, Finanzfachleuten und Börsenpraktikern durchgeführten Analysen konnten die Ursachen des Kursverfalls befriedigend klären. So versteift man sich heute in den theoretischen Erklärungen primär auf drei Ansätze:[83]

- Die Kaskadentheorie, welche den Programmhandel, die Index Arbitrage sowie die Portfolio Insurance dafür verantwortlich macht.
- Die Theorie spekulativer Blasen behauptet, der Aktiencrash sei das Ergebnis des Platzens einer riesigen Spekulationsblase gewesen. Wir kommen im Rahmen der Kapitel 4 und 5 nochmals auf diese Thematik zu sprechen.
- Der Minsky-Ansatz untersucht den Kursverfall von der Angebotsseite her. Demnach beeinflusse vor allem das Finanzierungsverhalten der Unternehmen das Geschehen auf den Aktienmärkten.

[80] Insbesondere bei Portfolio-Anlagestrategien.

[81] Siehe Dennig (1989), S.162.

[82] Ebenda.

[83] Für eine kritische Darstellung dieser Ansätze sei auf Dennig (1989) verwiesen.

Eine interessante Alternative zu obigen Erklärungsansätzen wurde von Shiller aufgezeigt.[84] Dieser hatte bereits in seinen empirischen Studien zur Effizienzmarkthypothese generell große Zweifel an rein ökonomischen Theorien zur Erklärung von Aktienkursschwankungen angeführt.[85] Bereits den Kurseinbruch im Jahre 1929 führte er auf den abrupten Wechsel von Optimismus zu Pessimismus in der Einschätzung der Ertragsaussichten von Unternehmen zurück.[86] Demnach erhofft er sich von einer mehr marktpsychologisch angelegten Forschung einen weitaus größeren Erklärungswert. Um dies zu fundieren, hatte er in der Woche nach dem Börsenkrach bei amerikanischen und japanischen Investoren eine Fragebogenaktion durchgeführt, in der er nach den persönlichen Erfahrungen, Meinungen und Beobachtungen gefragt hat. Nach der Auswertung kam er zu dem Ergebnis, daß kein negatives exogenes Ereignis diesen Crash ausgelöst habe. Vielmehr werde durch die oben erwähnten „Popular Models" und durch die Interaktionen der Anleger ein kompliziertes dynamisches System generiert, dessen Verhalten schließlich für solche Kurszusammenbrüche verantwortlich sei. Auch sein Ansatz bestätigt also die bereits vorher angesprochene Sichtweise, den Aktienmarkt als selbstorganisierendes dynamisches System aufzufassen.

---

[84]Vgl. zum folgenden auch Shiller (1990).

[85]Siehe dazu einzelne Beiträge in Shiller (1989).

[86]Siehe Shiller (1984) sowie Jüttner (1987).

Kapitel 3

Nichtlineare mathematische Theorieansätze und ihre Bedeutung für die Ökonomik

Im vorherigen Kapitel haben wir eine Sichtweise angesprochen, die das Geschehen auf Aktienmärkten als Verhalten eines selbstorganisierenden dynamischen Systems interpretiert. Dabei interagieren ökonomische und sozioökonomische Elemente so miteinander, daß geringe Veränderungen in den interdependenten Beziehungen, unter bestimmten Umständen, große Wirkungen hervorrufen können.

Eine mathematische Formulierung derartiger Phänomene ist mit den herkömmlichen linearen mathematischen Ansätzen nicht möglich. Somit hat sich in den letzten Jahren, ausgehend von den Naturwissenschaften, eine Forschungsrichtung herausgebildet, die verstärkt die nichtlinearen Strukturen von Systemen zu analysieren versucht. Kennzeichnend für solche mathematischen Systeme ist zum einen die Eigenschaft, bei relativ geringer Veränderung der Systemumgebung das Verhalten rapide und abrupt zu ändern, zum andern die Fähigkeit, sich ohne regulierende Einwirkungen von außen selbst zu organisieren.

Da diese neuen Ansätze in der Ökonomik noch relativ unbekannt sind, jedoch für das weitere Verständnis dieser Arbeit eine essentielle Bedeutung besitzen, haben wir in diesem Kapitel eine breitere Darstellung vorgenommen. Wir gehen hierbei in erster Linie auf die beiden wichtigsten Vertreterinnen der nichtlinearen Theorieansätze ein, die elementare Katastrophentheorie zum einen, die Theorie der nichtlinearen Dynamik zum anderen. Auch wird in diesem Zusammenhang verstärkt die Bedeutung dieser mathematischen Modellierungsansätze für die Wirtschaftswissenschaften diskutiert.

Bei der Darstellung beider Theorieansätze wird bewußt, wenn irgendwie möglich, auf eine exakt formal mathematische Darstellungsweise zugunsten eines verständlicheren Überblicks verzichtet. Ferner gehen wir nur auf die notwendigsten Inhalte ein, die für das Verständnis der Ausführungen in den nachfolgenden Abschnitten unbedingt nötig sind. Eine weitergehende Beschäftigung mit diesem umfangreichen Theorienkomplex würde auch den Rahmen und die Intention dieser Arbeit sprengen.[1]

3.1 Die elementare Katastrophentheorie

Die Katastrophentheorie (KT) ist ein Werkzeug der angewandten Mathematik, das von den ersten Anwendungen in den siebziger Jahren bis zum heutigen Zeitpunkt relativ umstritten geblieben ist. Jedoch, von der anfänglichen Euphorie und anschließend ebenso heftiger Kritik, haben sich die Wogen inzwischen etwas geglättet, und die KT hat sich eine gefestigte Position innerhalb der Mathematik erobert.[2]

Als mathematische Disziplin befaßt sich die KT mit der topologischen Struktur der Singularitäten differenzierbarer Funktionen. Sie ist somit Teilgebiet der Differentialtopologie, die sich im wesentlichen mit den qualitativen Eigenschaften multidimensionaler Oberflächen beschäftigt.

Der französische Mathematiker und Naturphilosoph R. Thom gilt mit seinem 1972 erschienenen Werk über strukturelle Stabilität und Morphogenese als Begründer der KT. Ursprünglich untersuchte er in dieser Arbeit biologische Fragestellungen.[3] Eine breitere Anwendung dieser Theorie, unter anderem auf die Wissenschaftsbereiche Physik, Medizin, Ökonomik und Psychologie, geht vor allem auf den amerikanischen Mathematiker E.C. Zee-

[1]Der mancherorts an einer tieferen und umfangreicheren Darstellung interessierte Leser sei an die diesbezügliche Literatur in den einzelnen Abschnitten verwiesen.

[2]Für eine Übersicht über die Diskussion siehe Kosch (1990), S.4 ff.

[3]Siehe Thom (1972).

man zurück.[4]

3.1.1 Grundlagen und Definitionen

Das Kernstück der KT besteht aus der endogenen Erklärung sprunghafter Vorgänge, sogenannter Diskontinuitäten, die etwas unglücklich als Katastrophen bezeichnet werden.[5] Eine Katastrophe im Thomschen Sinne ist definiert als eine Veränderung in der Struktur der kritischen Punkte einer parametrisierten Funktion aufgrund einer infinitesimalen Parametervariation.[6]

Um das bisher Gesagte zu verdeutlichen, werden wir nun die formalen Grundgedanken der KT kurz darstellen:

Ausgangspunkt ist eine Funktion $f : \mathbb{R}^n \to \mathbb{R}$ mit

$$f = f(x, \alpha), \; x \in \mathbb{R}^n, \; \alpha \in \mathbb{R}^k. \tag{3.1}$$

Durch den Parametervektor α definiert f eine Funktionenfamilie in n Variablen, die von k Parametern abhängt. Ferner soll f eine glatte Funktion sein, das heißt sie soll stetig und beliebig oft differenzierbar sein, so daß sie sich in jedem beliebigen Punkt durch eine Taylorreihenentwicklung approximieren läßt.

Die Aufgabe der elementaren KT besteht nun unter anderem darin, das Aussehen von solch glatten Funktionen lokal zu beschreiben.[7]

Sei x^o ein beliebiger Punkt von f, so bezieht sich die katastrophentheoretische Analyse nur auf die Funktion in einer beliebig kleinen Umgebung von x^o, die mit $U(x^o) \subset \mathbb{R}^n$ bezeichnet wird. Das Verhalten von f außerhalb von $U(x^o)$ ist somit gänzlich ohne Bedeutung. Man könnte sogar eine von f völlig verschiedene Funktion g betrachten, wenn beide nur auf $U(x^o)$ übereinstimmen. Diese lokale Übereinstimmung zwischen Funktionen wird als Keimäquivalenz bezeichnet, die im folgenden, zusammen mit dem Begriff Keim, präzise definiert wird:

[4]Siehe Zeeman (1977a).

[5]In der deutschen Sprache wird mit dem Ausdruck Katastrophe nicht nur eine sprunghafte, sondern auch eine verhängnisvolle Veränderung assoziiert.

[6]Siehe auch v. Natzmer (1985).

[7]Vgl. auch dazu Ursprung (1982), S.47.

Definition: Keimäquivalenz, Keim[8]

Es seien $f : \mathbb{R}^n \to \mathbb{R}$ und $g : \mathbb{R}^n \to \mathbb{R}$ zwei glatte Funktionen. f und g heißen keimäquivalent an der Stelle $x^o \in \mathbb{R}^n$, falls x^o eine Umgebung $U(x^o) \subset \mathbb{R}^n$ aufweist, in der f und g übereinstimmen: $f|_{U(x^o)} = g|_{U(x^o)}$. Die der Keimäquivalenz entsprechenden Äquivalenzklassen nennt man Keime von differenzierbaren $\mathbb{R}^n \to \mathbb{R}$-Abbildungen an der Stelle x^o.

Sind die Funktionen f und g an einem Punkt keimäquivalent, so sind selbstverständlich auch alle partiellen Ableitungen identisch und man kann daher von den Ableitungen des Funktionskeims selbst sprechen. Sind nun diese partiellen Ableitungen bekannt, so können wir über eine Taylorreihenentwicklung an dieser Stelle Rückschlüsse auf die Form des Funktionskeims selbst ziehen. Insbesondere kann er lokal, in der Umgebung des Ursprungs, durch die nicht verschwindenden Anfangsglieder der Taylorreihe approximiert werden.

Der Punkt x^o dieser Funktion wird als kritisch bezeichnet, wenn gilt

$$grad\, f = \left[\frac{\partial f}{\partial x_1}(x^o), \ldots, \frac{\partial f}{\partial x_n}(x^o)\right] = 0. \tag{3.2}$$

Dieser kritische oder singuläre Punkt kann entweder ein lokales Minimum, ein lokales Maximum oder ein Sattelpunkt sein. Bekanntlich ergibt sich die Natur des kritischen Punktes aus der Hesse-Matrix. Diese lautet für die Funktion f an der Stelle x^o:

$$H(x^o) = \begin{pmatrix} f_{11} & f_{12} & \cdots & f_{1n} \\ f_{21} & f_{22} & \cdots & f_{2n} \\ \vdots & \vdots & \ddots & \vdots \\ f_{n1} & f_{n2} & \cdots & f_{nn} \end{pmatrix}, \text{ mit } f_{ij} = \frac{\partial^2 f}{\partial x_i x_j}(x^o),\ i,j = 1,\ldots,n. \tag{3.3}$$

Ist die Hesse-Matrix ebenfalls singulär, so wird der kritische Punkt als degeneriert bezeichnet.

Die oben erwähnte Veränderung in der Struktur bezieht sich in diesem Zusammenhang auf den qualitativen Aspekt des „Verschwindens“ und „Auftauchens“ von kritischen Punkten.

[8] Ebenda.

Im Mittelpunkt der KT steht nun die Klassifikation dieser degenerierten kritischen Punkte (Katastrophenpunkte) und der dahinter stehenden Funktionen nach Anzahl der wesentlichen, das heißt von der Katastrophe betroffenen Variablen und nach Anzahl der Parameter.

Man kann nun zwischen verschiedenen Arten der Degeneration unterscheiden. Eine vollständige Degeneration liegt vor, wenn der Rang $h < n$ der Hesse-Matrix gleich Null ist.[9] Die Differenz zwischen n und h wird als Korang h' der Hesse-Matrix bezeichnet. Für $h' < n$ liegt Degeneration nur bei einigen x_i, $i \in \{1, 2, \ldots, n\}$, vor. Durch eine geeignete Koordinatentransformation können diese isoliert werden. Das geschieht mit Hilfe des Spaltungslemmas, das wiederum auf das Morse-Lemma Bezug nimmt. Im folgenden wollen wir beide Lemmata kurz darstellen:

Morse-Lemma:[10]

Sei x^o ein nichtdegenerierter kritischer Punkt der glatten Funktion $f: \mathbb{R}^n \rightarrow \mathbb{R}$. Dann existiert ein lokales Koordinatensystem $(y_1, y_2, \ldots, y_n)$ in einer Umgebung U von x^o mit der Eigenschaft $y_i(x^o) = 0$, $\forall i$, so daß gilt:

$$f = f(x^o) - y_1^2 - y_2^2 - \ldots - y_l^2 + y_{l+1}^2 + y_{l+2}^2 + \ldots + y_n^2,$$

für alle $x^o \in U$.

Das Morse-Lemma besagt im wesentlichen, daß eine Funktion, deren kritischer Punkt in den Ursprung verlegt wurde, durch eine umkehrbare Koordinatentransformation, in einer beliebig kleinen Umgebung dieses Punktes, in eine kanonische Form überführt werden kann. Dieses Funktional

$$y_1^2 + y_2^2 + \ldots + y_{n-l}^2 - y_{n-l+1}^2 - y_{n-l+2}^2 - \ldots - y_n^2 \qquad (3.4)$$

wird als Morse-l-Sattel bezeichnet. Hierbei gibt der Parameter l über die qualitativen Eigenschaften des kritischen Punktes Auskunft. Im Fall $l = 0$ liegt ein lokales Minimum, im Fall $l = n$ ein lokales Maximum vor.

Zur Verdeutlichung betrachten wir eine beliebige glatte Funktion $f: \mathbb{R}^2 \rightarrow \mathbb{R}$, die im Ursprung einen kritischen Punkt besitzt. Eine Taylorrei-

[9] Somit wären alle partiellen Ableitungen zweiter Ordnung in der Hesse-Matrix gleich Null.

[10] Vgl. dazu Poston/Stewart (1978), S.54, Beweis siehe ebenda S.55.

henentwicklung um diesen Punkt ergibt:

$$f(x_1, x_2) = \frac{1}{2}(ax_1^2 + 2bx_1x_2 + cx_2^2) + O(x_1, x_2). \tag{3.5}$$

Hierbei gilt: $a = f_{11}, b = f_{12}, c = f_{22}$ mit $f_{ij} = \frac{\partial^2 f}{\partial x_i \partial x_j}(0,0),\ i, j = 1, 2.$

Für eine qualitative Analyse in der Umgebung des kritischen Punktes ist es nun ausreichend, die Funktionskeimrekonstruktion ohne die Terme höherer Ordnung $O(x_1, x_2)$ näher zu untersuchen. Dazu nehmen wir an, der kritische Punkt sei nicht degeneriert, das heißt es gilt: $ac > b^2$, ferner sei $b \neq 0$.

Mit Hilfe der Koordinatentransformation

$$(y_1(x_1, x_2); y_2(x_1, x_2)) = (x_1 + \frac{b}{a}x_2; x_2) \tag{3.6}$$

überführen wir f in die Funktion

$$\frac{a}{2}y_1^2 + (\frac{c}{2} - \frac{b^2}{2a})y_2^2 . \tag{3.7}$$

Durch die Normierungstransformation

$$(\tilde{y}_1, \tilde{y}_2) = \left(\frac{y_1}{\sqrt{|\frac{a}{2}|}}, \frac{y_2}{\sqrt{|(\frac{c}{2} - \frac{b^2}{2a})|}} \right) \tag{3.8}$$

können wir dann diese Funktion in die Form des Morse-l-Sattels bringen.

Jedoch ist die Natur des kritischen Punktes bereits aus (3.7) ersichtlich. Demnach ergibt sich für $a > 0$ ein lokales Minimum und für $a < 0$ ein lokales Maximum.

Weitaus interessanter ist jedoch der Fall $ac = b^2 \neq 0$. Hier besitzt die Hesse-Matrix den Korang $h' = 1$, und folglich liegt eine Degeneration in nur einer Achsenrichtung vor.

Das bereits erwähnte Spaltungslemma ermöglicht es nun, bei beliebigen glatten Funktionen, die Achsenrichtung der Degeneration festzustellen.

Spaltungslemma:[11]

Sei $f : \mathbb{R}^n \to \mathbb{R}$ eine glatte Funktion mit einem kritischen Punkt im Ursprung. Die Hesse-Matrix besitze an dieser Stelle den Rang h sowie den

[11] Vgl. dazu Poston/Stewart (1978), S.61, Beweis siehe ebenda.

Korang $h' = n - h$. Dann ist f in einer Umgebung von 0 äquivalent zu einer Funktion der Form:

$$\pm x_1^2 \pm x_2^2 \pm \ldots \pm x_h^2 + g(x_{h+1}, \ldots, x_n).$$

Hierbei ist $g : \mathbb{R}^{n-h} \to \mathbb{R}$ ebenfalls glatt.

Mit Hilfe des Spaltungslemmas können die Funktionsvariablen in wesentliche und unwesentliche Variablen aufgeteilt werden.[12] Als wesentlich werden dabei diejenigen Variablen angesehen, in deren Achsenrichtung der kritische Punkt entartet ist. Die unwesentlichen Variablen sind ohne Bedeutung und brauchen daher für die weitere Analyse nicht beachtet zu werden. Die Anzahl der wesentlichen Variablen ist nun gleich dem Korang h' der Hesse-Matrix. Das Spaltungslemma ermöglicht es also, wie Poston und Stewart bemerken, anstatt einer Funktion mit 2001 Variablen, deren Hesse-Matrix im kritischen Punkt den Korang 3 besitzt, eine Funktion mit 3 Variablen zu analysieren.[13]

Betrachten wir zur Verdeutlichung das obige Beispiel.[14] Für einen Korang von $h' = 1$ gilt die Beziehung $b = \pm ac$. Sei nun $p = \sqrt{|a|}$ und $q = \sqrt{|c|}$, so läßt sich die Funktion in (3.5) nunmehr schreiben als

$$f(x_1, x_2) = \pm\frac{1}{2}(px_1 + qx_2)^2. \tag{3.9}$$

Eine Drehung der Koordinatenachsen mit Hilfe der Variablentransformation

$$y_1 = \frac{px_1 + qx_2}{\sqrt{p^2 + q^2}} \quad \text{sowie} \quad y_2 = \frac{qx_1 - px_2}{\sqrt{p^2 + q^2}} \tag{3.10}$$

ergibt die Funktion:

$$f = \pm\frac{1}{2}(p^2 + q^2)y_2^2. \tag{3.11}$$

Eine Berechnung der partiellen Ableitungen ergibt im Punkt (0,0) die folgenden Werte:

$$\frac{\partial f}{\partial y_1} = \frac{\partial f}{\partial y_2} = \frac{\partial^2 f}{\partial y_1^2} = \frac{\partial^2 f}{\partial y_1 \partial y_2} = 0 \; ; \; \frac{\partial^2 f}{\partial y_2^2} = \pm(p^2 + q^2). \tag{3.12}$$

So besitzt f in y_2-Richtung, je nach Vorzeichen, ein Maximum beziehungsweise ein Minimum. Der kritische Punkt ist somit nur in Richtung der

[12] Siehe Saunders (1986), S.32 ff.

[13] Siehe Poston/Stewart (1978), S.62.

[14] Vgl. dazu auch Saunders (1986), S.32 ff.

y_1-Achse entartet. Saunders zeigt, daß dieses Ergebnis auch bei beliebigen Drehungen des y_1, y_2-Koordinatensystems auftritt.[15] Für die weitere Analyse der Funktion um den kritischen Punkt kann somit die y_2-Richtung vernachlässigt werden. Wesentlich ist somit nur die y_1-Variable. Aus diesem Grunde reduziert sich die Taylorentwicklung zu

$$f = \frac{1}{3!}\frac{\partial^3 f}{\partial y_1^3}(0,0)y_1^3 + \frac{1}{4!}\frac{\partial^4 f}{\partial y_1^4}(0,0)y_1^4 + \ldots \quad (3.13)$$

Die weitere Analyse vereinfacht sich somit zur Untersuchung einer Funktion mit nur einer Variablen.

Dieser rein theoretische Hilfssatz aus der Mathematik besitzt durchaus eine wirtschaftspolitische Implikation.[16] Von neoklassisch ausgerichteten Ökonomen wird oft behauptet, staatliche Interventionen seien auf alle Fälle ineffizient, da es sehr schwierig sei, den äußerst komplexen Markträumungsvektor zu finden. Nun sagt aber dieses Splitting-Lemma aus, daß womöglich nur zwei oder drei Komponenten dieses Vektors für die Markträumung wesentlich sind. Bei Kenntnis dieser wesentlichen Komponenten wäre somit staatlicherseits eine Steuerung des Systems möglich.

Im folgenden wollen wir nun einige Begriffe definieren und erklären, die für die weitere Darstellung der KT von enormer Bedeutung sind.

Aus dem mathematischen Teilgebiet der Differentialtopologie sind ebenfalls die Begriffe singulärer Punkt beziehungsweise Singularität bekannt. Auf unsere Problemstellung bezogen, ergibt sich folgende Definition:

Definition: Singularität, singulärer Punkt[17]

Sei $x^o \in \mathbb{R}^n$ ein singulärer Punkt der glatten Funktion $f : \mathbb{R}^n \to \mathbb{R}$. Der Keim von f an der Stelle x^o wird als Singularität oder singulärer Keim bezeichnet.

Vereinfacht ausgedrückt, versteht man im Rahmen der Differentialtopologie unter einer Singularität die lokale Gestalt einer Funktion in der Umgebung eines kritischen Punktes.

---

[15] Ebenda.

[16] Vgl. zum folgenden auch Schuster (1991), S.28.

[17] Vgl. Chillingworth (1976), S.100.

Man kann nun zwischen regulären und singulären Funktionskeimen unterscheiden. Die regulären Funktionskeime besitzen die unproblematische Eigenschaft: $grad\ f|_{x^o} \neq 0$.[18]

Die Singularität wird bei der KT durch das erste von Null verschiedene Glied der Taylorreihe bestimmt. Liegt bei einer beliebigen Funktion ein n-fach degenerierter kritischer Punkt vor, so kann man die qualitativen Eigenschaften dieses Punktes in einer Umgebung des Ursprungs anhand der Singularität x^{2+n} analysieren.[19] So weist beispielsweise die Singularität x^3 auf einen 1-fach degenerierten kritischen Punkt und die Singularität x^4 auf einen 2-fach degenerierten kritischen Punkt hin.

Ebenso enorm wichtig für die Katastrophentheorie ist das Konzept der strukturellen Stabilität. Die Erklärung dieses Konzeptes erfordert eine etwas breitere Darstellung.

Der Begriff stammt ursprünglich von den russischen Mathematikern A.A. Andronov und L.S. Pontryagin.[20] Demnach wird ein beliebiges, im Gleichgewicht befindliches System von Differentialgleichungen als strukturell stabil bezeichnet, wenn es nach einer exogenen Störung wieder in den Gleichgewichtszustand zurückkehrt. Im mathematischen Sinne ist ein System dann strukturell stabil, wenn seine Lösungskurven bei einer Parametervariation topologisch äquivalent sind.[21]

Bei Anwendung dieses Konzeptes auf andere Wissenschaftsbereiche muß jedoch explizit überprüft werden, wie die Störung letztendlich beschaffen ist und ob nach der Rückkehr Abweichungen vom Ausgangszustand toleriert werden? Grundsätzlich nimmt die Wissenschaft an, daß im Universum eine bestimmte Ordnung existiert und daß Experimente allgemein wiederholbar sind.[22] Dabei sind jedoch nicht nur Wiederholungen unter exakt gleichen Bedingungen von Bedeutung, sondern auch Wiederholungen unter näherungsweise gleichen Bedingungen. Letztere sollen dann auch näherungsweise gleiche Ergebnisse hervorbringen. Diese Eigenschaft wird

---

[18] Vgl. Ursprung (1982), S.70.

[19] Selbstverständlich ist vorher der kritische Punkt mit Hilfe einer Koordinatentransformation in den Ursprung zu verlegen.

[20] Siehe Andronov/Chaikin (1949).

[21] Vgl. dazu Gabisch/Lorenz (1983), S.203. Zum Begriff der topologischen Äquivalenz siehe die nachfolgende Definition.

[22] Vgl. dazu auch Saunders (1986), S.23 ff.

ebenfalls strukturelle Stabilität genannt. Dieses letztere Konzept, das sich vom ursprünglichen Konzept in der Exaktheit deutlich unterscheidet, findet ebenfalls in der Mathematik Anwendung.

Bevor wir jedoch näher darauf eingehen werden, wollen wir den hier in diesem Zusammenhang wichtigen Begriff der topologischen Äquivalenz definieren.

Definition: Topologische Äquivalenz, Homöomorphismus[23]

Es seien A und B topologische Räume. Eine bijektive Abbildung $f : A \rightarrow B$ heißt topologische Abbildung oder Homöomorphismus, wenn f und f^{-1} stetig sind. Zwei topologische Räume beziehungsweise zwei Punktemengen heißen topologisch äquivalent oder homöomorph, wenn sie durch einen Homöomorphismus aufeinander abgebildet werden können.

In diesem Sinne ist jede reversible Koordinaten-, Parameter- oder Variablentransformation eine topologische Abbildung. Die topologische Äquivalenz beschreibt nun die qualitative Ähnlichkeit im Aussehen von Funktionen. So sind beispielsweise die Singularitäten $x^2, x^4, x^6, \ldots$, allgemein x^{2n}, beziehungsweise die Singularitäten $x^3, x^5, x^7, \ldots$, allgemein x^{2n+1}, für $n = 1, 2, \ldots$, jeweils topologisch äquivalent.

3.1.2 Strukturelle Stabilität und Klassifikation der Katastrophenarten

Trotz der jeweiligen topologischen Äquivalenz reagieren die unterschiedlichen Singularitäten verschiedenartig auf Störungen. Für die homöomorphen Singularitäten x^2 und x^4 soll dies anhand des folgenden Beispiels demonstriert werden:[24]

a.) Singularität x^2, Störung $2ax$,

$f(x) = x^2 + 2ax, \; f'(x) = 2x + 2a = 0 \;\Rightarrow\; x = -a,$

das Minimum bleibt trotz der Störung ein Minimum, es wurde lediglich verschoben.

b.) Singularität x^4, Störung $2ax^2$,

[23]Vgl. Ursprung (1982), S.36.

[24]Siehe dazu auch v. Natzmer (1985), S.160 ff.

$f(x) = x^4 + 2ax^2, \; f'(x) = 4x^3 + 4ax = 0 \; \Rightarrow \; x_1 = 0, \; x_{2,3} = \pm\sqrt{-a},$

der Charakter des kritischen Punktes wird durch die Störung verändert und ist nun abhängig von den folgenden drei Fällen:

(i) $a > 0$: es existiert nur ein kritischer Punkt, ein Minimum,

(ii) $a = 0$: die Störung ist nicht vorhanden, es existiert ein degenerierter kritischer Punkt,

(iii) $a < 0$: es existieren nunmehr drei kritische Punkte, zwei Minima, ein Maximum.

Diese drei Fälle haben wir in Abbildung 3.1 graphisch veranschaulicht:

Abbildung 3.1

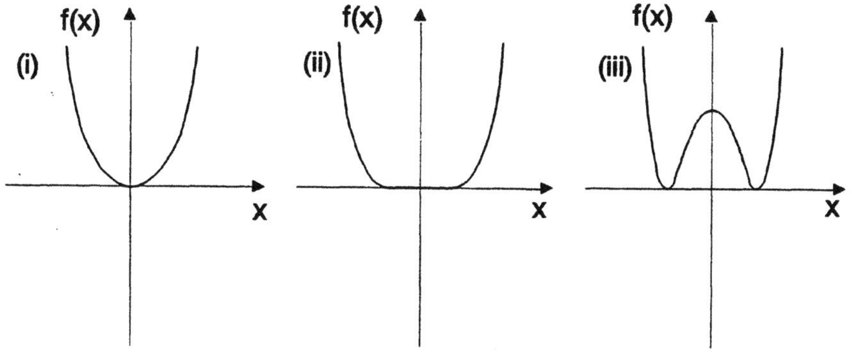

Wichtig für die Katastrophentheorie ist nun eine Untermenge dieser Störungen, die sogenannten <u>zulässigen Störungen</u>. Diese dürfen nur solche x-Potenzen enthalten, deren Hochzahl niedriger ist als die der gestörten Singularität.[25]

Kehren wir nun wieder zum Begriff der strukturellen Stabilität zurück. Diesen kann man im Rahmen unserer Anwendungen näher präzisieren:

[25] Vgl. v. Natzmer (1985), S.162.

Definition: Strukturelle Stabilität von Funktionen[26]

Seien $f: \mathbb{R}^n \to \mathbb{R}$ eine glatte Funktion mit einem kritischen Punkt im Ursprung und die Funktion $g: \mathbb{R}^n \to \mathbb{R}$ eine zulässige Störung. f ist strukturell stabil, wenn f und $f+g$ nach einer Koordinatentransformation keimäquivalent sind.

Eine Funktion beziehungsweise Funktionenfamilie ist demnach strukturell stabil, wenn sich durch Hinzufügen einer zulässigen Störung der Funktionstyp nicht verändert. Es kann gezeigt werden, daß f nur solange strukturell stabil ist, solange der kritische Punkt nicht degeneriert ist.[27]

Addieren wir zu einer Singularität alle zulässigen Störungen, so wird dies als Entfaltung bezeichnet. Da in ihr alle Störterme niedrigerer Ordnung enthalten sind, ist die Entfaltung natürlich strukturell stabil.[28] So ist beispielsweise

$$W(x) = x^4 + ax^3 + bx^2 + cx + d, \; a, b, c, d \in \mathbb{R} \tag{3.14}$$

die Entfaltung der Singularität x^4. Darüberhinaus stellt W eine parametrisierte Funktionenfamilie dar.

Nun sind aber nicht alle zulässigen Störungen notwendig, um die Singularität strukturell zu stabilisieren. Die Entfaltung mit der kleinsten Anzahl an Parametern wird als universelle Entfaltung bezeichnet.[29]

Aus den vorhergegangenen Ausführungen wissen wir, daß die zulässige Störung $2bx^2$ der Singularität x^4 zu der strukturell instabilen Funktionenfamilie

$$V(x) = x^4 + 2bx^2, \; b \in \mathbb{R} \tag{3.15}$$

führt. Erweitert man diese zulässige Störung um den Term $4cx$, so erhält man die Funktionenfamilie

$$\tilde{V}(x) = x^4 + 2bx^2 + 4cx, \; b, c \in \mathbb{R}. \tag{3.16}$$

Im Gegensatz zu $V(x)$ ist $\tilde{V}(x)$ strukturell stabil, denn alle Funktionstypen in der Funktionenfamilie $W(x)$ kommen auch in der Funktionenfamilie $\tilde{V}(x)$

[26] In Anlehnung an Ursprung (1982), S.113.

[27] Siehe Milnor (1963).

[28] Störterme höherer Ordnung würden in einer Umgebung des Ursprungs sowieso nichts am kritischen Punkt verändern.

[29] Siehe Saunders (1986), S.49.

vor. Je nach numerischer Ausgestaltung der Parameter in der kubischen Gleichung

$$x^3 + bx + c = 0 \tag{3.17}$$

können in der Funktionenfamilie (3.16) Funktionen mit 1, 2 oder sogar 3 kritischen Punkten auftreten. Die Funktionenfamilie $\tilde{V}(x)$ stellt somit die universelle Entfaltung der Singularität x^4 dar.

Zwischen den universellen Entfaltungen und der Anzahl der dafür notwendigen Parameter besteht nun eine sehr enge Beziehung. Letztere gibt nämlich an, in wieviele Richtungen die Singularität degeneriert ist. Sie entspricht der Anzahl der Ableitungen, die nötig sind, um die Natur des degenerierten kritischen Punktes zu bestimmen. Diese Zahl nennt man Kodimension der Entfaltung.

In Thoms berühmten Klassifikationstheorem werden nun Korang, Kodimension, Singularitäten,universelle Entfaltungen sowie die wesentlichen Variablen in eine Beziehung gebracht, aufgelistet und geordnet. Das Theorem lautet wie folgt:[30]

Eine k-parametrische Familie von glatten Funktionen $\mathbb{R}^n \rightarrow \mathbb{R}$ ist für beliebige n und $k \leq 4$ an einem beliebigen Punkt strukturell stabil und topologisch äquivalent zu einer der folgenden Formen:

1. Einem regulären Funktionskeim

2. Einem nichtdegenerierten singulären Funktionskeim

3. Einer der folgenden Katastrophen:

   (a) Kuspoide oder Spitzenkatastrophen:[31]

      i. Falte: Singularität x^3, Kodimension $= 1$
         $V(x, a) = x^3 + ax,$

      ii. Kuspe: Singularität x^4, Kodimension $= 2$
         $V(x, a, b) = x^4 + ax^2 + bx,$

      iii. Schwalbenschwanz: Singularität x^5, Kodimension $= 3$
         $V(x, a, b, c) = x^5 + ax^3 + bx^2 + cx,$

[30] Vgl. auch dazu Kosch (1990), S.33.

[31] Korang $= 1$.

iv. Schmetterling: Singularität x^6, Kodimension = 4
$V(x,a,b,c,d) = x^6 + ax^4 + bx^3 + cx^2 + dx,$

(b) Umbiliken oder Nabelschnurkatastrophen:[32]

i. Elliptische U.: Singularität $x^3 - xy^2$, Kodimension = 3
$V(x,y,a,b,c) = \frac{1}{3}x^3 - xy^2 + a(x^2+y^2) - bx - cy,$

ii. Hyberbolische U.: Singularität $x^3 + y^3$, Kodimension = 3
$V(x,y,a,b,c) = x^3 + y^3 + axy - bx - cy,$

iii. Parabolische U.: Singularität $x^2y + y^4$, Kodimension = 4
$V(x,a,b,c,d) = x^2y + y^4 + ax^2 + by^3 - cx - dy.$

In diesem Klassifikationstheorem[33] hat nun Thom gezeigt, daß Funktionen mit einer beliebigen Anzahl von Variablen und höchstens vier Parametern zu den obigen Grundformen topologisch äquivalent sind, und darüberhinaus für degenerierte kritische Punkte dieser Funktionen sieben sogenannte Elementarkatastrophen[34] existieren. Diese können dann sowohl geometrisch als auch algebraisch beschrieben werden.

Die Liste dieser Elementarkatastrophen ist später bis auf die Kodimension von 5 erweitert worden, jedoch ist eine Erweiterung auf eine Kodimension > 5 unter den von Thom gesetzten Bedingungen nicht möglich.[35]

Bevor wir auf einige dieser Elementarkatastrophen näher eingehen werden, wollen wir zwei zur weiteren Darstellung wichtige Definitionen voranstellen:

Definition: Kontrollraum, Katastrophenpunkt[36]

Sei $V : \mathbb{R}^n \rightarrow \mathbb{R}$ mit $V(x, \alpha_1, \ldots, \alpha_k)$, $1 \leq n \leq 2$ und $1 \leq k \leq 4$, eine Katastrophe im Sinne des Thomschen Klassifikationstheorems. Der k-dimensionale Raum $(\alpha_1, \ldots, \alpha_k)$ heißt Parameter- oder Kontrollraum.

Sei ferner x^o ein degenerierter kritischer Punkt von V, so heißt der dazugehörige $(k+n)$-dimensionale Punkt (α^o, x^o) Katastrophenpunkt von V.

[32] Korang = 2.

[33] Eine Skizze des überaus schwierigen Beweises findet man bei Ursprung (1982), S. 153 ff.

[34] Darum auch der Name elementare KT.

[35] Vgl. dazu auch v. Natzmer (1985), S.165.

[36] In Anlehnung an Wieth (1979), S.22.

Wie wir noch sehen werden, sind Katastrophenpunkte durch diskontinuierliche Sprünge der wesentlichen Variablen gekennzeichnet.

<u>**Definition:**</u> Singularitätenmenge, Bifurkationsmenge[37]

Sei $V : \mathbb{R}^n \to \mathbb{R}$ mit $V(x, \alpha_1, \ldots, \alpha_k)$, $1 \leq n \leq 2$ und $1 \leq k \leq 4$, eine Katastrophe im Sinne des Thomschen Klassifikationstheorems und (α^o, x^o) ein Katastrophenpunkt von V. Die Menge aller kritischen Punkte

$$C(V) = \left\{(\alpha, x^o) \in \mathbb{R}^{n+k} : \tfrac{\partial V}{\partial x_i}(x^o) = 0,\ i = 1, 2\right\}$$

heißt kritischer Ort oder Gleichgewichtsfläche von V. Die Menge aller Katastrophenpunkte

$$S(V) = \left\{(\alpha, x^o) \in \mathbb{R}^{n+k} : \tfrac{\partial V}{\partial x_i}(x^o) = 0 \ \wedge\ \tfrac{\partial^2 V}{\partial x_i \partial x_j}(x^o) = 0,\ i, j = 1, 2\right\}$$

heißt Singularitätenmenge von V. Die Menge aller Katastrophenpunkte im Kontrollraum

$$B(V) = \left\{\alpha \in \mathbb{R}^k : \tfrac{\partial V}{\partial x_i}[x^o(\alpha)] = 0 \ \wedge\ \tfrac{\partial^2 V}{\partial x_i \partial x_j}[x^o(\alpha)] = 0,\ i, j = 1, 2\right\}$$

heißt Katastrophen- oder Bifurkationsmenge von V.

3.1.3 Wichtige Katastrophenarten

Wir wollen nun zur Verdeutlichung die Elementarkatastrophe der Falte sowie die beiden im Rahmen dieser Arbeit äußerst wichtigen Elementarkatastrophen Kuspe und Schmetterling näher ausführen und geometrisch darstellen. Die restlichen vier Katastrophenarten haben bisher bei ökonomischen Anwendungen überhaupt keine Rolle gespielt. Wir verweisen daher zur näheren Darstellung auf die bereits vorher erwähnte einschlägige Literatur.

Die Faltenkatastrophe

Die Falte ist die am leichtesten zu analysierende Elementarkatastrophe. Darüberhinaus ist sie die einzige, deren Graph vollständig geometrisch dargestellt werden kann. Die kanonische Form der Falte lautet:

$$V_F(x, a) = x^3 + ax,\ a \in \mathbb{R}. \tag{3.18}$$

[37] Ebenda.

Als kritischer Ort, Singularitäten- und Bifurkationsmenge ergeben sich

$$C(V_F) = \{(a,x) \in \mathbb{R}^2 : 3x^2 + a = 0\}, \; S(V_F) = \{0,0\} \text{ sowie } B(V_F) = \{0\}. \tag{3.19}$$

Abbildung 3.2

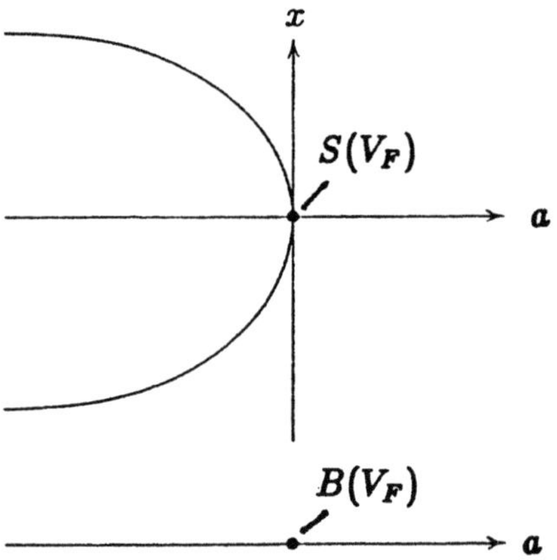

Quelle: Saunders (1986), S.59, mit eigenen Ergänzungen.

In Abbildung 3.2 sind diese 3 Mengen graphisch dargestellt. Durch die Bifurkationsmenge wird der Kontrollraum in zwei Bereiche eingeteilt. Für $a > 0$ existiert kein kritischer Punkt. Aus dem oberen Teil von Abbildung 3.2 ist ersichtlich, daß V_F für $a < 0$ jeweils 2 kritische Punkte besitzt. Hierbei handelt es sich um ein Minimum beziehungsweise um ein Maximum. Für $a = 0$ besitzt V_F einen Katastrophenpunkt. Die Katastrophe, die an dieser Stelle stattfindet, ist eine plötzliche Veränderung in der Natur der Extremwerte und somit, falls durch derartige Funktionen ein Systemverhalten beschrieben wird, ein Wechsel zwischen zwei völlig entgegengesetzten Verhaltensweisen.

Die Kuspenkatastrophe

Sie ist die in sämtlichen Wissenschaftsbereichen am häufigsten verwendete Elementarkatastrophe.[38] Die kanonische Form der Kuspenkatastrophe lau-

[38]Siehe dazu beispielsweise die Anwendungen in Zeeman (1977a) oder in Saunders (1986).

tet:

$$V_K(x, a, b) = x^4 + ax^2 + bx, \; a, b \in \mathbb{R}, \tag{3.20}$$

wobei kritischer Ort und Singularitätenmenge sich folgendermaßen beschreiben lassen:

$$C(V_K) = \{(a, b, x) \in \mathbb{R}^3 : 4x^3 + 2ax + b = 0\}, \tag{3.21}$$

sowie

$$S(V_K) = C(V_K) \cap \{(a, b, x) \in \mathbb{R}^3 : 12x^2 + 2a = 0\}. \tag{3.22}$$

Aus obigen Mengen läßt sich durch Elimination von x die Bifurkationsmenge ermitteln. Diese lautet:

$$B(V_K) = \{(a, b) \in \mathbb{R}^2 : 8a^3 + 27b^2 = 0\}. \tag{3.23}$$

In Abbildung 3.3 haben wir $C(V_K)$ und $B(V_K)$ graphisch dargestellt.

Abbildung 3.3

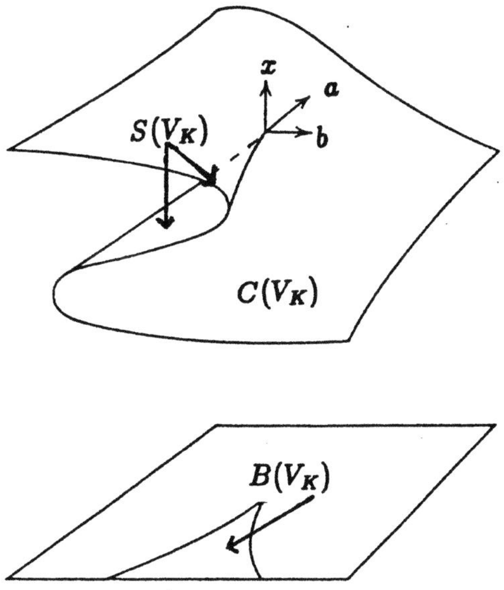

Quelle: Saunders (1986), S.60, mit eigenen Ergänzungen.

Hier determiniert jede Parameterkombination im Kontrollraum außerhalb der Singularitätenmenge genau einen Punkt auf der Gleichgewichtsfläche. Innerhalb der Singularitätenmenge jedoch, das heißt wo die Gleichgewichtsfläche 3-lagig ist, werden jetzt drei übereinander liegende Punkte bestimmt.

Formal hat dies seine Ursache in der Lösungsmenge der kubischen Gleichung

$$4x^3 + 2ax + b = 0, \tag{3.24}$$

wodurch die Singularitätenmenge beschrieben wird. Somit besitzt (3.24), je nach Vorzeichen der Diskriminante[39]

$$D = 8a^3 + 27b^2, \tag{3.25}$$

mehrere Lösungen. Für $D \leq 0$ existieren drei reelle Lösungen, ansonsten nur eine. Im Fall $D = 0$ fallen entweder zwei dieser drei Lösungen zusammen (falls $a \neq 0$ und $b \neq 0$) oder alle drei (falls $a = b = 0$). Innerhalb der Bifurkationsmenge in der Parameterebene von Abbildung 3.3 gilt $D < 0$ und auf dem Rand $D = 0$. Im übrigen Teil der Abbildung ist D positiv.

Verändern wir nun die Parameter a und b stetig, dann bewegt sich die Variable x auf der Gleichgewichtsfläche. Nun ist für eine stetige Variation der Parameter auch ein stetiger Weg der Variablen zu erwarten. Dies ist auch außerhalb der Singularitätenmenge der Fall. Jedoch innerhalb dieser Menge können stetige Parametervariationen diskontinuierliche Veränderungen der Variablen hervorrufen. Wie das im einzelnen erfolgen kann, werden wir im Rahmen der Anwendungen in den Abschnitten 3.2.1 beziehungsweise 5.3 noch näher ausführen.

Der Schmetterling

Eng verwandt mit der soeben beschriebenen Kuspenkatastrophe ist die Schmetterlingskatastrophe, die in ihrer kanonischen Darstellung lautet:

$$V_S(x, a, b, c, d) = x^6 + ax^4 + bx^3 + cx^2 + dx. \tag{3.26}$$

Als kritischer Ort und Singularitätenmenge ergeben sich

$$C(V_S) = \{(a, b, c, d, x) \in \mathbb{R}^5 : 6x^5 + 4ax^3 + 3bx^2 + 2cx + d = 0\}, \tag{3.27}$$

sowie

$$S(V_S) = C(V_S) \cap \{(a, b, c, x) \in \mathbb{R}^4 : 30x^4 + 12ax^2 + 6bx + c = 0\}. \tag{3.28}$$

[39] Die wiederum die Bifurkationsmenge bestimmt.

Im Gegensatz zu den vorher besprochenen Katastrophenformen läßt sich hier die Bifurkationsmenge nicht so leicht angeben. Man behilft sich im allgemeinen damit, diverse Parameter als konstant anzunehmen und die Variable x als Parameter der Bifurkationsmenge anzusehen.[40] Betrachten wir beispielsweise die Parameter a und b als konstant, dann läßt sich die Bifurkationsmenge $B_{a,b}$ folgendermaßen darstellen:

$$B_{a,b}(V_S) = \{(c,d) \in \mathbb{R}^2 : 15x^4 + 6ax^2 + 3bx + c = 0 \\ \wedge\ 24x^5 + 8ax^3 + 3bx^2 - d = 0,\ x, a, b \in \mathbb{R}\}. \tag{3.29}$$

In Abbildung 3.4 ist diese Menge jeweils für den kritischen x-Wert bei unterschiedlichen Parameterkombinationen von a und b aufgezeichnet.

Abbildung 3.4

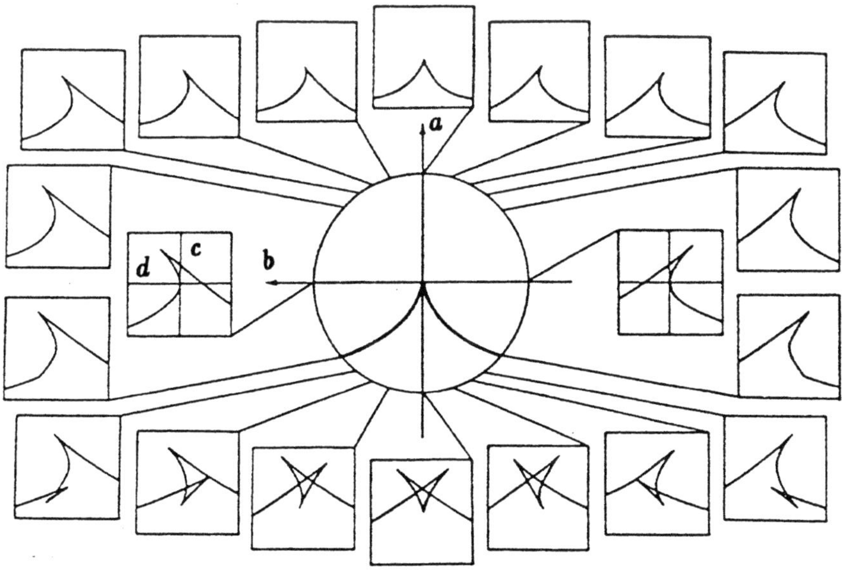

Quelle: Saunders (1986), S.78, mit eigenen Ergänzungen.

Man kann zwei Arten von Kuspen erkennen. Die erste liegt im a,b-Parameterraum. Die zweite Kuspe befindet sich im c,d-Parameterraum. Die Form dieser zweiten Kuspe hängt nun von der Lage im a,b-Parameterraum ab. Außerhalb der ersten Kuspe verschiebt sich die zweite Kuspe bei $b < 0$ nach

[40] Siehe auch dazu und zum folgenden Saunders (1986), S.74.

links beziehungsweise bei $b > 0$ nach rechts. Für $b = 0$ ist diese symmetrisch. Der Parameter b wird aus diesem Grunde auch Verschiebungsfaktor genannt. Die Funktion V_S besitzt innerhalb dieser Kuspe drei kritische Punkte, außerhalb nur einen.

Wir betrachten jetzt die Situation innerhalb der ersten Kuspe. Es entwickelt sich im c, d-Parameterraum ein Gebilde, daß in seiner deutlichsten Ausprägung entlang der a-Achse, das heißt für $b = 0$, einem Schmetterling ähnelt. Da offensichtlich die negative Entwicklung des Parameters a dafür verantwortlich ist, wird dieser auch Schmetterlingsfaktor genannt.

In Abbildung 3.5 ist die Gleichgewichtsfläche der Schmetterlingskatastrophe für $b = 0$ und $a < 0$ als Funktion von x, c und d graphisch dargestellt.

Abbildung 3.5

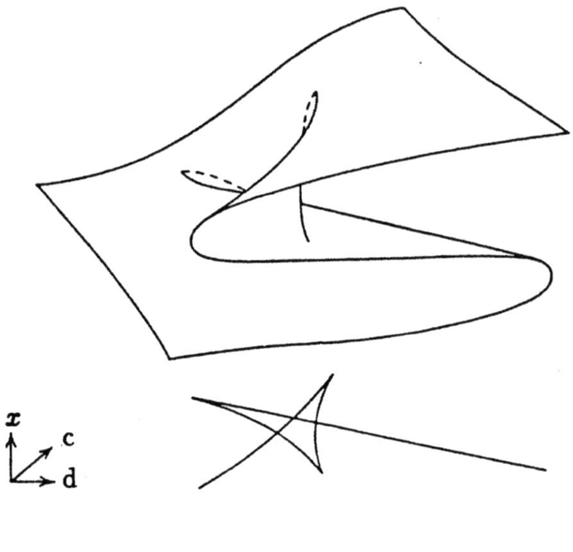

Quelle: Saunders (1986), S.79, mit eigenen Ergänzungen.

In der c, d-Ebene ist deutlich das vorher angesprochene Schmetterlingsgebilde zu erkennen. In dem darin als „Tasche“ ausgewiesenem Gebiet besitzt die Funktion V_S fünf kritische Punkte. Dies unterscheidet die Schmetterlingskatastrophe trotz vieler Gemeinsamkeiten deutlich von der Kuspenkatastrophe.

3.2 Die ökonomische Bedeutung der elementaren KT

Die KT hat insbesondere für die formale ökonomische Theorie sowohl einen statischen als auch einen dynamischen Aspekt. Betrachten wir zuerst den statischen Aspekt.

Zentral, besonders im Bereich der Mikroökonomik, ist die Fragestellung nach der optimalen Entscheidung eines Wirtschaftssubjektes, das eine Menge möglicher Alternativen zur Auswahl hat. Formal wird dies bekanntlich mit der Maximierung oder Minimierung einer Zielfunktion unter einer oder mehreren Nebenbedingungen dargestellt. Das Problem ist, daß diese Zielfunktion gewisse topologische Eigenschaften besitzen muß, um ein Optimum aufzuweisen. Da es diesen Eigenschaften oft an ökonomischer Plausibilität mangelt,[41] muß für die Anwendung mit Hilfe diverser Annahmen eigens ein Akzeptanzfeld geschaffen werden. Diese Annahmen entsprechen dann meistens nicht mehr der Intention und dem Verhalten des Wirtschaftssubjektes.

Die KT erlaubt es nun, auch Zielfunktionen in die ökonomische Theorie mit einzubeziehen und zu analysieren, die stärker an der Psyche oder dem realen Verhalten der Wirtschaftssubjekte ausgerichtet sind. Auf diesen Aspekt sind wir im Rahmen der Diskussion über die Friedman-Savage-Nutzenfunktion in Abschnitt 2.1.1 bereits eingegangen und wollen nun speziell diese Thematik in formaler Form noch einmal aufgreifen. So haben wir dort darauf hingewiesen, daß in den herkömmlichen portfoliotheoretischen Modellen fast ausnahmslos ein risikoaverses Verhalten der Anleger unterstellt wird. Jedoch in vielen entscheidungstheoretischen Veröffentlichungen wird die im Rahmen von Abschnitt 2.1.1 dargestellte und theoretisch fundierte FSN als realitätsnäher angesehen, weil sie die psychologisch komplexe Einstellung des Individuums zum Risiko besser erfassen kann.

[41] Vgl. dazu auch Lorenz (1992), S.247.

3.2.1 Portfolioentscheidungen unter Verwendung einer Friedman-Savage-Nutzenfunktion

Im folgenden wollen wir in das Zustands-Präferenz-Modell aus Abschnitt 2.1.2 eine solche FSN einbauen. Mit Hilfe katastrophentheoretischer Analysemethoden wollen wir dann untersuchen, inwieweit sich die vorher abgeleiteten Ergebnisse geändert haben.

Das Modell

Analog zu Kapitel 2 definieren wir eine FSN als eine Funktion $u : \mathbb{R} \to \mathbb{R}$, mit $u = u(Y)$, wobei $u'(Y) > 0$ und

$$u''(Y) \begin{cases} < 0 & \text{für } 0 < Y < Y^L \text{ und } Y^H < Y < \infty\,, \\ > 0 & \text{für } Y^L < Y < Y^H\,, \\ = 0 & \text{für } Y = Y^L \text{ und } Y = Y^H\,. \end{cases} \tag{3.30}$$

Diese sei für die weitere Analyse als hinreichend oft stetig differenzierbar mit nicht dauernd verschwindenden höheren Ableitungen angenommen.

Zur Beschreibung der Entscheidungssituation verwenden wir wiederum den in Abschnitt 2.2.2 dargestellten Zustands-Präferenz-Ansatz. Wegen der besseren Übersichtlichkeit betrachten wir auch hier wieder nur zwei Umweltzustände mit den Eintrittswahrscheinlichkeiten π und $1 - \pi$. Der Nutzenerwartungswert ist dann bekanntlich definiert als:

$$N(Y) = \pi u(Y_1) + (1 - \pi) u(Y_2). \tag{3.31}$$

Im Y_1, Y_2-Raum wird N durch Indifferenzkurven repräsentiert, deren Form für die Anwendung des traditionellen Optimierungsansatzes entscheidend ist. Es ergeben sich die Ableitungen:

$$\frac{dY_2}{dY_1} = -\frac{\pi}{1-\pi}\frac{u'(Y_1)}{u'(Y_2)} \tag{3.32}$$

und

$$\frac{d^2Y_2}{dY_1^2} = -\frac{\pi u''(Y_1)}{(1-\pi)u'(Y_2)} + \frac{\pi u'(Y_1)u''(Y_2)}{(1-\pi)u'(Y_2)^2}\frac{dY_2}{dY_1}\,. \tag{3.33}$$

Wie man mit Hilfe von (3.30) leicht nachvollziehen kann, können die Indifferenzkurven zunehmende, abnehmende oder konstante Steigungen aufweisen. Sie können daher zum Ursprung hin konvex oder konkav sein. Abbildung 3.6 zeigt die Funktionen u beziehungsweise N:

Abbildung 3.6

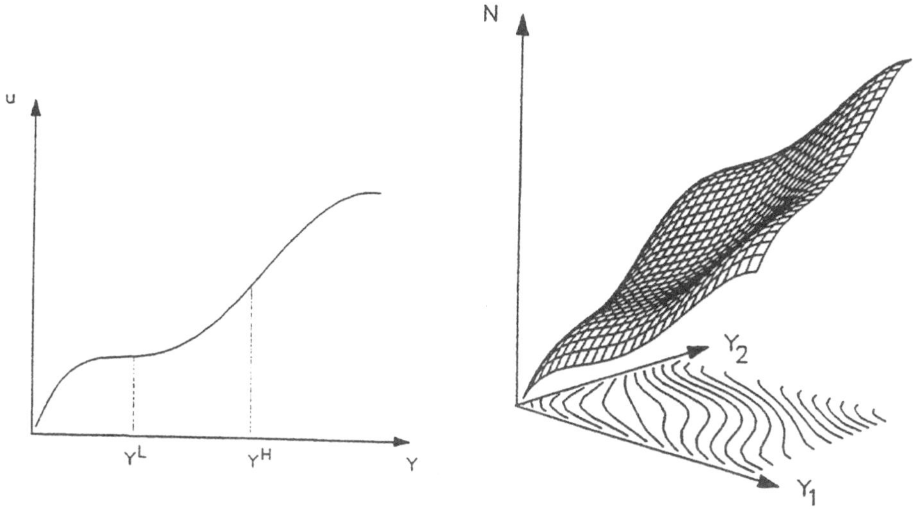

Entlang der Sicherheitsgeraden weisen die Indifferenzkurven bei gegebenen Wahrscheinlichkeiten konstante Steigungen auf, denn es gilt:

$$\left.\frac{dY_2}{dY_1}\right|_{Y_1=Y_2} = -\frac{\pi}{1-\pi} \quad \text{und} \quad \left.\frac{d^2Y_2}{dY_1^2}\right|_{Y_1=Y_2} = 0. \tag{3.34}$$

Es läßt sich zeigen, daß die Vorzeichen der 2. Ableitungen der Indifferenzkurven dem Schema in Abbildung 3.7 entsprechen.

Abbildung 3.7

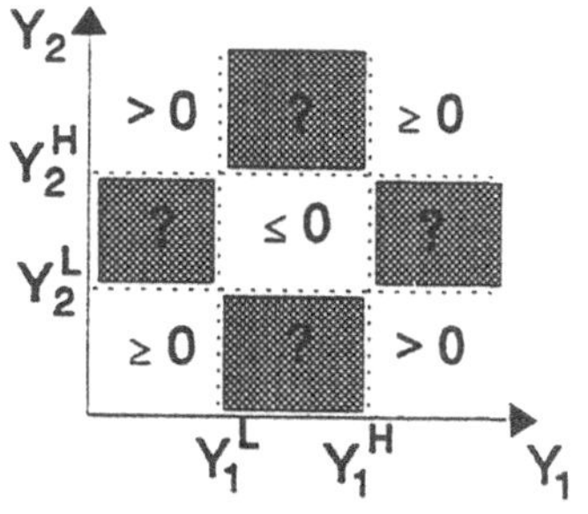

In den schraffierten Bereichen gilt:

$$\frac{d^2Y_2}{dY_1^2} \begin{smallmatrix} > \\ < \end{smallmatrix} 0 \Longleftrightarrow \frac{\pi}{1-\pi} \left(-\frac{u''(Y_2)}{u'(Y_1)^2}\right) \begin{smallmatrix} > \\ < \end{smallmatrix} \left(-\frac{u''(Y_2)}{u'(Y_1)^2}\right). \tag{3.35}$$

Aus dem Zusammenhang in (3.35) ist ersichtlich, daß, neben den Ableitungen der FSN, auch das Verhältnis der Wahrscheinlichkeiten $\alpha := \pi/(1-\pi)$ Einfluß auf das Vorzeichen hat. In Abbildung 3.8 ist das Vorzeichenschema für verschiedene α-Werte dargestellt.

Abbildung 3.8

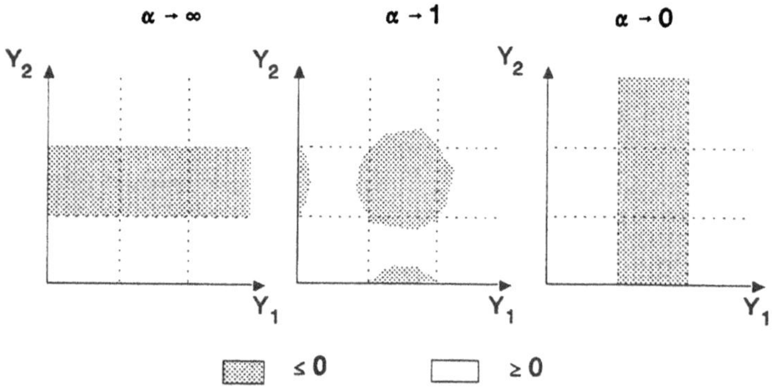

Zusammenfassend kann man über den Verlauf der Indifferenzkurven einer FSN im Y_1, Y_2-Raum folgendes aussagen:

- Sie besitzen negative Steigungen, die absolut mit ansteigendem Wahrscheinlichkeitsverhältnis α wachsen,
- die Steigungen können abnehmend, zunehmend oder konstant sein,
- mit Sicherheit verlaufen die Indifferenzkurven in einer kompakten Umgebung des Bereiches $[Y_1^L, Y_1^H] \times [Y_2^L, Y_2^H]$ mit abnehmender Steigung,
- diese Umgebung ist wiederum vom Wahrscheinlichkeitsverhältnis α abhängig.

In Abbildung 3.9 haben wir die Indifferenzkurvenfelder bei geringem und bei großem α dargestellt:

Abbildung 3.9

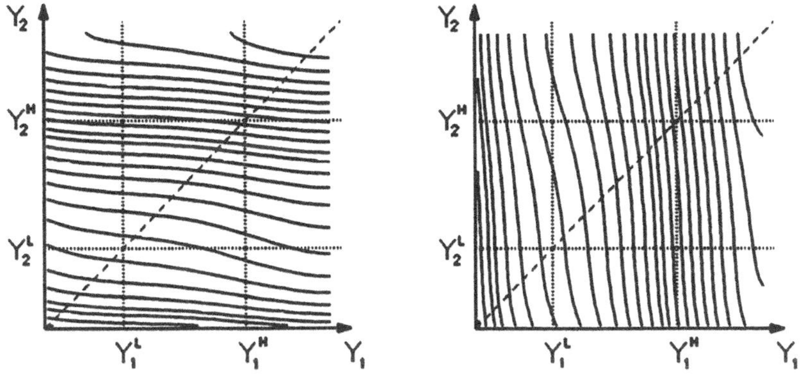

Wie wir jetzt sehen werden, hat dies für die Erwartungsnutzenmaximierung weitreichende Konsequenzen. An den Übergängen zu den schraffierten Bereichen in Abbildung 3.7 ist die Existenz sowie Eindeutigkeit eines Maximums nicht gegeben. Es kann daher, bei einer Parametervariation (beispielsweise durch Veränderung von α), zu mehreren verschwindenden und wiederauftauchenden Optima kommen. Die herkömmlichen Methoden zur Analyse von Parametervariationen, wie beispielsweise der Satz über implizite Funktionen sowie die Cramersche Regel, sind hier nicht anwendbar.[42]

Andere mathematische Methoden, wie etwa die Werkzeuge der in Abschnitt 3.1 besprochenen elementaren Katastrophentheorie, müssen zur Behandlung dieser Probleme herangezogen werden. Nachfolgend wollen wir solch eine Analyse durchführen.

Aus Abschnitt 2.2.2 ist bekannt, daß die dort unter (2.37) abgeleitete Determinante

$$det\ H = -\alpha(u''(Y_1) + u''(Y_2)T^2) \tag{3.36}$$

der geränderten Hesse-Matrix (2.36) im Falle eines eindeutigen Maximums positiv sein muß.

Jedoch ist leicht einzusehen, daß je nach sign$[u''(Y_i)]$, $i = 1, 2$, diese Determinante größer, kleiner oder gleich Null sein kann.

Allgemein gilt:

$$sign[u''(Y_1)] \neq sign[u''(Y_2)] \iff det\, H \lesseqgtr 0. \tag{3.37}$$

[42]Siehe auch dazu Ursprung (1982).

Wir formulieren das Entscheidungsproblem aus (2.33) neu, indem wir die Nebenbedingung (2.34) einbeziehen, und erhalten:

$$\max_{Y_1} \tilde{N}(Y_1) = \max_{Y_1}[\pi u(Y_1) + (1-\pi)u(Y_0 + (Y_1 - Y_0)T)]. \tag{3.38}$$

Die Singularitätstheorie spricht von kritischen Punkten, falls gilt:

$$\frac{d\tilde{N}}{dY_1} = 0. \tag{3.39}$$

Die Natur dieser kritischen Punkte kann man aus dem Vorzeichen der zweiten Ableitung erkennen. Im betrachteten Fall gilt:

$$det\ H \gtreqless 0 \iff \frac{d^2\tilde{N}}{dY_1^2} \gtreqless 0. \tag{3.40}$$

Für die weitere Analyse von Bedeutung ist die Singularitätenmenge:

$$A = \left\{ Y_1 \in \mathbb{R}^3_+ : \frac{d\tilde{N}}{dY_1} = 0 \wedge \frac{d^2\tilde{N}}{dY_1^2} = 0 \right\}. \tag{3.41}$$

Für bestimmte Parametervariationen ist die Menge A nicht leer, daher kann die Funktion des erwarteten Nutzens $\tilde{N}$ eine multimodale Form aufweisen. Somit existieren mehrere kritische Punkte nebeneinander: Lokale Maxima, lokale Minima sowie Punkte aus A. Wie aus Abschnitt 3.1.1 bekannt ist, bezeichnet man die ersten beiden als reguläre oder nichtdegenerierte relative Extremwerte und diese sind für die weitere Analyse problemlos. Die letzteren können Sattelpunkte oder entartete beziehungsweise degenerierte Extremwerte sein. Von besonderer Bedeutung sind hierbei diejenigen Punkte aus A, die ihre Natur bei stetiger Parametervariation verändern.

Die erweiterte komparative Statik mit Hilfe der Katastrophentheorie

Um eine komparativ statische Situation zu beschreiben, haben wir in Abschnitt 2.1.2 angenommen, die Umweltsituation in der nächsten Periode verändert sich bezüglich den allgemeinen Rahmenbedingungen beziehungsweise dem Preis des Wertpapiers sukzessive. Im Zustands-Präferenz-Modell ändern sich somit einerseits die jeweiligen Zustandswahrscheinlichkeiten, andrerseits variiert die Steigung T. Die Ergebnisse, die dabei mit Hilfe der herkömmlichen komparativ statischen Analyse abgeleitet wurden, sind mehr oder weniger eindeutig in Bezug auf das Vorzeichen.[43] Als gemein-

[43]Siehe auch dazu S.45.

sames Merkmal fungiert jedoch die Tatsache, daß die Anpassung des Optimums an die Parameterveränderungen durch stetige Funktionen darstellbar ist. Die Portfolioumschichtung des Investors an die jeweils veränderte Situation erfolgt somit langsam und kontinuierlich.

Im folgenden wollen wir zusätzlich die Annahme treffen, daß die beiden Parameter π und T innerhalb des Systems im Zeemanschen Sinne konfliktär zueinander sind.[44] Dies bedeutet, um ein konstantes Einkommen bei Zustand 1 zu erzielen, muß bei steigender Zustandswahrscheinlichkeit π die Steigung T sinken beziehungsweise im Absolutwert steigen.[45] Dahinter steckt die ökonomische Implikation, daß je wahrscheinlicher der für die Risikoanlage günstige Zustand ist, desto niedriger wird ceteris paribus die Rendite und somit auch der Preis dieser Anlage sein.

Bei einer Variation der Zustandswahrscheinlichkeit π treffen die Ergebnisse aus (2.38) auch für die Bereiche zu, in denen die Determinante der geränderten Hesse-Matrix positiv ist. Jedoch können neben regulären kritischen Punkten auch degenerierte kritische Punkte auftreten.

Abbildung 3.10

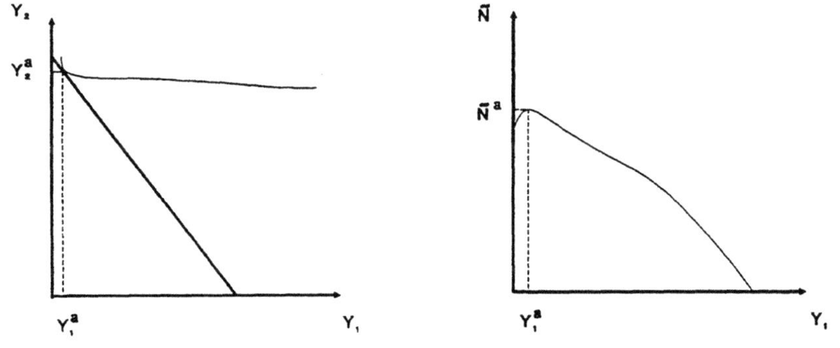

Es wird nun eine Ausgangssituation betrachtet, in der, bei geringer Wahrscheinlichkeit für Zustand 1, ceteris paribus ein reguläres Maximum existiert. Denn bei einer sehr geringen (für die risikoreiche Finanzanlage günstigen) Zustandswahrscheinlichkeit, existieren immer Kombinationen von Anlagebeträgen und Preisen bei diesem Zustand, so daß es ein eindeutiges und einziges Optimum in der Ordinatenumgebung gibt. Diese

---

[44] Vgl. Zeeman (1977a), S.6 ff.

[45] Dies gilt natürlich auch für den umgekehrten Fall.

Situation ist in Abbildung 3.10 dargestellt.

Ändern sich jetzt sukzessive die allgemeinen Rahmenbedingungen, modelliert durch den Parameter π, so nehmen die Steigungen der Indifferenzkurven ab. Hierbei entsteht ein weiterer kritischer Punkt, wie aus der Abbildung 3.11 hervorgeht.

Abbildung 3.11

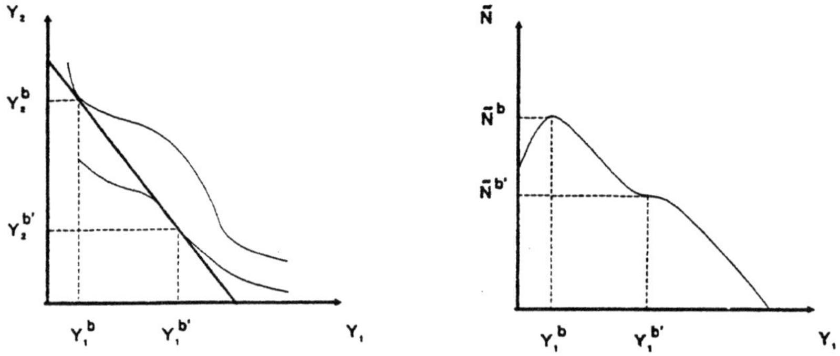

Von Natur aus ist dieser kritische Punkt ein Sattelpunkt; dies wird deutlich bei Betrachtung des Graphens von $\tilde{N}$. Folgende Bedingung muß für $(Y_1^{b'}, Y_2^{b'})$ erfüllt sein:

$$T = -\frac{\pi}{1-\pi} \frac{u'(Y_1)}{u'(Y_2)}\bigg|_{(Y_1^{b'}, Y_2^{b'})} = -\sqrt{-\frac{\pi}{1-\pi} \frac{u''(Y_1)}{u''(Y_2)}}\Bigg|_{(Y_1^{b'}, Y_2^{b'})} . \tag{3.42}$$

Nach einigen Umformungen wird (3.42) zu:

$$\left(-\frac{\pi}{1-\pi}\right) \frac{u''(Y_2)}{u'(Y_2)^2} = \frac{u''(Y_1)}{u'(Y_1)^2} . \tag{3.43}$$

Es läßt sich zeigen, daß obige Bedingung an den Übergängen vom konvexen zum konkaven beziehungsweise vom konkaven zum konvexen Verlauf einer Indifferenzkurve immer erfüllt ist.

Bei einer weiteren Zunahme der Wahrscheinlichkeit spaltet sich der Sattelpunkt $(Y_1^{b'}, Y_2^{b'})$ in zwei kritische Punkte auf, die neben dem ursprünglichen lokalen Maximum existieren.

Aus Abbildungen 3.12 ist ersichtlich, daß es sich hier um ein lokales Minimum $(Y_1^{c''}, Y_2^{c''})$ und um ein lokales Maximum $(Y_1^{c'}, Y_2^{c'})$ handelt.

Abbildung 3.12

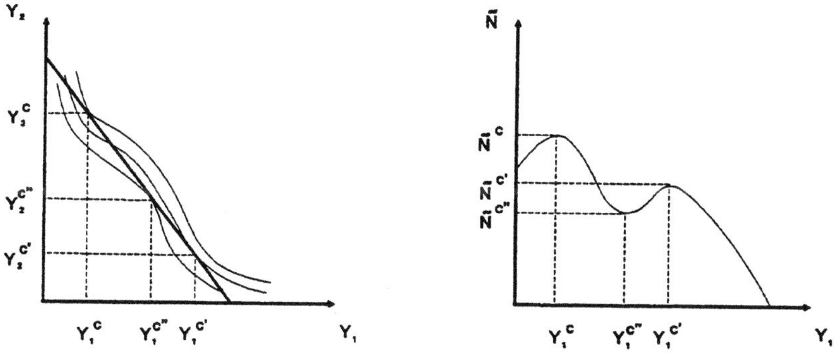

Wird nun Zustand 1 immer wahrscheinlicher, so ergibt sich die Situation, in der beide lokalen Maxima dem Investor denselben erwarteten Nutzen stiften. Diese Situation ist in Abbildung 3.13 dargestellt:

Abbildung 3.13

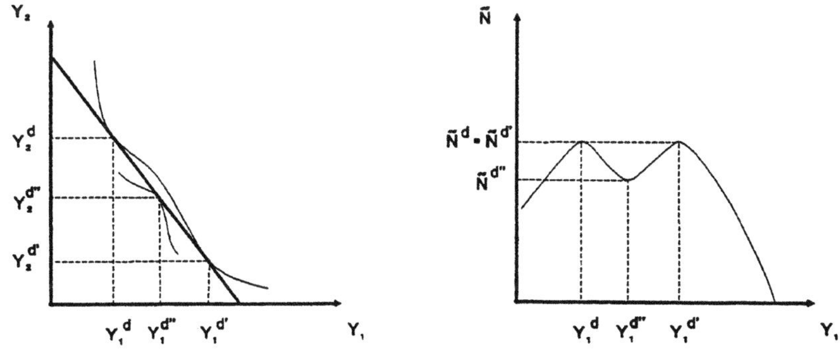

Dort liegen beide Tangentialpunkte auf derselben Indifferenzkurve. Bisher galt bekanntlich für $Y_i^b < Y_i < Y_i^d$ und $Y_i^{b'} < Y_i' < Y_i^{d'}$ $(i = 1, 2)$:

$$N(Y_1, Y_2) = \tilde{N}(Y_1) > \tilde{N}(Y_1') = N(Y_1', Y_2'). \tag{3.44}$$

Die beiden Maxima existieren nebeneinander solange, bis bei fortgesetzter Variation der Zustandswahrscheinlichkeit ein degenerierter kritischer Punkt am Übergang vom konkaven zum konvexen Bereich einer Indifferenzkurve erreicht wird.

Abbildung 3.14

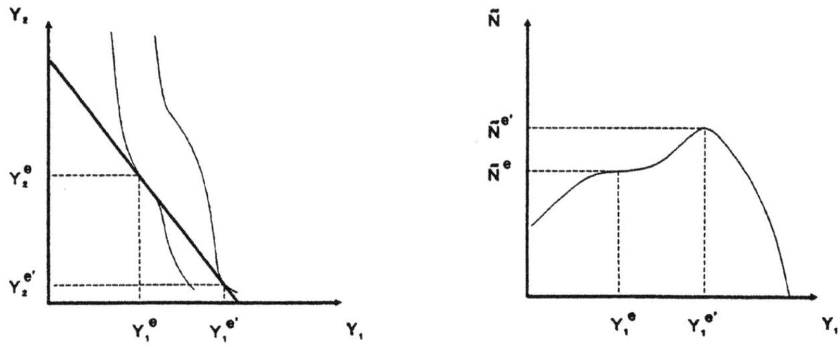

Das ursprüngliche Maximum vereint sich mit dem lokalen Minimum zu einem Sattelpunkt (Y_1^e, Y_2^e). Für den erwarteten Nutzen gilt analog zu (3.44) für $Y_i^d < Y_i < Y_i^e$ und $Y_i^{d'} < Y_i' < Y_i^{e'}$ $(i = 1, 2)$:

$$N(Y_1, Y_2) = \tilde{N}(Y_1) < \tilde{N}(Y_1') = N(Y_1', Y_2'). \qquad (3.45)$$

Für weitere Erhöhungen der Wahrscheinlichkeit bleibt das später entstandene Maximum einziges und eindeutiges Optimum des Entscheidungsproblems. Wir haben diese Situation in Abbildung 3.14 veranschaulicht.

Da Y_1 und die Nachfrage nach risikoreichen Finanzanlagen m, gemäß (2.32), linear positiv miteinander verknüpft sind, läßt sich der in Abbildung 3.15 dargestellte Anpassungspfad der optimalen Nachfrage in Abhängigkeit von der für diese Anlage günstigen Zustandswahrscheinlichkeit ableiten.

Abbildung 3.15

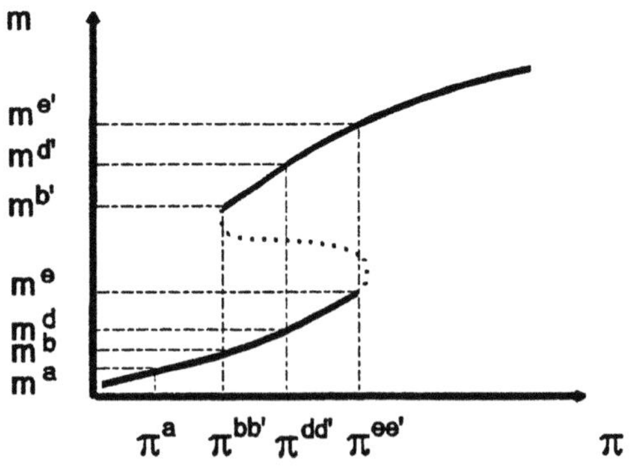

Zur Analyse dieser Nachfragebeziehung werden die folgenden zwei extremen Annahmen über das Maximierungsverhalten des Entscheidungsträgers getroffen:[46]

- Die Annahme der lokalen Nutzenmaximierung impliziert, daß der Anleger seine Nutzenfunktion nur in einer Umgebung des jeweils realisierten Optimums kennt.

- Bei der globalen Nutzenmaximierung jedoch kennt der Investor seine Nutzenfunktion auf dem gesamten Definitionsbereich.

Die erste Verhaltensannahme unterstellt, daß der Anleger seine Präferenzen nicht vollständig kennt. Dies kann sowohl in horizontaler als auch in vertikaler Richtung der Fall sein. Steigen die Eintrittswahrscheinlichkeiten hinsichtlich des für die risikoreiche Finanzanlage günstigen Umweltzustandes, so wird er ceteris paribus bis zum Punkt $(\pi^{ee'}, m^e)$ eine im geringeren Umfang höhere Nachfrage (relativ gesehen) entwickeln. Der Anpassungspfad verläuft weiterhin auf dem unteren Ast der Nachfragekorrespondenz, obwohl der erwartete Nutzen des hinzugekommenen Optimums ab dem Punkt $(\pi^{dd'}, m^d)$ größer ist. Hierbei impliziert unvollständige Information in vertikaler Richtung, daß der Investor sich der Existenz einer zusätzlichen optimalen Anlagekombination nicht bewußt ist. Dagegen vermutet der Anleger bei unvollständiger Information in horizontaler Richtung, daß der höhere Erwartungsnutzen des hinzugekommenen Optimums nur temporärer Natur sei und sich daher, vor allem wegen der diversen Anpassungskosten, eine sofortige Portefeuilleumschichtung nicht lohne. Nähert sich nun die Nachfrage linksseitig dem Punkt $(\pi^{ee'}, m^e)$, so bewirkt jetzt eine marginale Zunahme der Eintrittswahrscheinlichkeit einen unstetigen, sprunghaften Anstieg auf $(\pi^{ee'}, m^{e'})$. Das ursprüngliche Optimum ist verschwunden, für den Investor existiert wiederum nur noch ein einziges optimales Portefeuille. Das Bemerkenswerte bei dieser Verhaltensannahme ist jedoch, daß es bei einer darauffolgenden sukzessiven Abnahme der Wahrscheinlichkeit zu einer Art Hysterese-Effekt[47] kommt. Die Nachfrage nimmt demzufolge erst im Punkt $(\pi^{bb'}, m^{b'})$ sprungartig ab, anstatt äquivalent zur Zunahme

[46] Zur Diskussion dieser Annahmen siehe Ursprung (1982), S.221 ff.

[47] Hysterese [gr.] bedeutet das Zurückbleiben einer Wirkung hinter dem jeweiligen Stand der sie bedingenden veränderlichen Kraft. Sie tritt beispielsweise in der Physik als magnetische Hysterese (auch Trägheit oder Reibung genannt) auf.

schon bei $(\pi^{ee'}, m^{e'})$. Es kommt also im Bereich $(\pi^{dd'}, m^{d'})$ bis $(\pi^{bb'}, m^{b'})$ zu einer Überbewertung der risikoreichen Finanzanlage, im Bereich $(\pi^{dd'}, m^{d'})$ bis $(\pi^{ee'}, m^{e'})$ dagegen zu einer Unterbewertung.

Bei der zweiten Verhaltensannahme tritt kein derartiger Effekt auf. Der Sprung in der Nachfrage vollzieht sich sowohl bei Zu- als auch bei Abnahme der Wahrscheinlichkeit an den Punkten $(\pi^{dd'}, m^{d})$ beziehungsweise $(\pi^{dd'}, m^{d'})$.

Der Vollständigkeit halber sei angeführt, daß es sich bei der gepunkteten Verbindungskurve zwischen $(\pi^{ee'}, m^{e})$ und $(\pi^{bb'}, m^{b'})$ um den geometrischen Ort aller Minima des Nutzenerwartungswertes handelt.

Ähnlich zu dem vorher dargestellten, verhält es sich bei sukzessiver Variation der zweiten Modellkomponente. Bekanntlich schlagen sich Veränderungen der Verkaufskurse, Renditen, Gewinnbeteiligungen etc., in den Werten von S_1 beziehungsweise S_2 nieder. Wie wir in Abschnitt 2.1.2 gesehen haben, beeinflußt dies die Steigung T der Restriktionsgeraden. Demzufolge wird bei einer Renditenerhöhung der risikoreichen Finanzanlage ceteris paribus die Steigung zunehmen, und somit die Restriktionsgerade flacher verlaufen. Dies hat zur Folge, daß sich diese Gerade ceteris paribus bei sukzessiver Variation der Steigung um einen festen Punkt dreht. Das Vorgehen bei der Steigungsvariation geschieht analog zur Wahrscheinlichkeitsvariation, jedoch ist ein erstmaliges Auftreten eines degenerierten kritischen Punktes in der Abszissenumgebung der Y_1, Y_2-Ebene am wahrscheinlichsten.

Abbildung 3.16

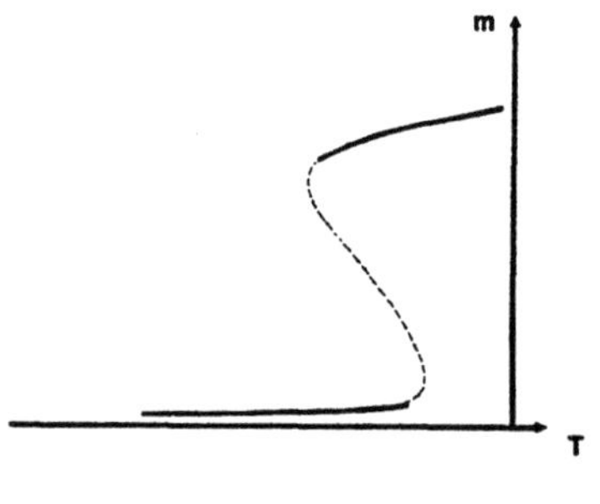

Bei Anwendung der herkömmlichen komparativen Statik ergibt sich die Beziehung in (2.39). Da der entartete kritische Punkt bei absoluter Erhöhung von T anfangs in der Abszissenumgebung auftritt, ist eine große

Nachfrage nach der risikoreichen Finanzanlage anzunehmen, die danach stetig abnimmt. Folglich kann die in Abbildung 3.16 gezeichnete Nachfragekorrespondenz als zutreffend angesehen werden. Ganz analog zur vorherigen Analyse kann man auch hier die zwei Verhaltensannahmen treffen, wonach bei einer davon der bereits bekannte Hysterese-Effekt auftritt.

Bisher wurden die beiden Veränderungskomponenten getrennt betrachtet und unter Zuhilfenahme ganz „einfacher" Überlegungen analysiert. Eine weitere Analyse wird eigentlich erst dann „anspruchsvoll", wenn diese Trennung aufgegeben und beide Komponenten in ihrem Zusammenwirken untersucht werden.[48] Allerdings muß hierbei im verstärkten Maße auf die in Abschnitt 3.1 besprochene (elementare) Katastrophentheorie (KT) als Analyseinstrument zurückgegriffen werden.

Abbildung 3.17

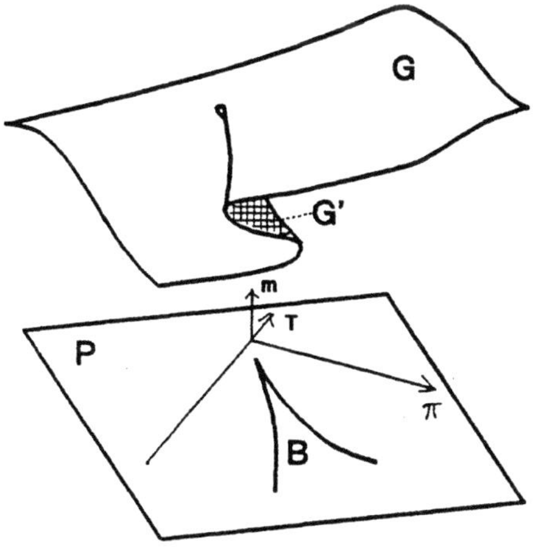

Aus den vorhergegangenen Ausführungen ist bekannt, daß das Maximum des erwarteten Nutzens in bestimmten Bereichen strukturell instabil ist, das heißt es verändert nach Störungen in den Erwartungskomponenten seinen Charakter. Mit Hilfe des auf Seite 93 f. dargestellten Thomschen Klassifikationstheorems lassen sich nun Aussagen darüber treffen, wie das Optimierungsproblem auf solche Störungen reagiert. Da es sich um eine wesentliche Variable, nämlich Y_1 beziehungsweise m, und um zwei Parame-

[48] Vgl. Ursprung (1982), S.232.

ter, π und T,[49] handelt, ist die äquivalente Elementarkatastrophe, gemäß der Thomschen Klassifikation, die Kuspenkatastrophe.

Bei der Anwendung der KT handelt es sich um eine rein qualitative Analyse, deren Hypothesen und Ergebnisse zumeist graphisch dargestellt werden. Fassen wir die bisherigen Überlegungen zusammen, so läßt sich die entsprechende Kuspenkatastrophe im m, π, T-Raum gemäß Abbildung 3.17 darstellen.

Für die Gleichgewichtsfläche G in Abbildung 3.17 gilt bekanntlich:

$$G = \left\{ (m, \pi, T) \in \mathbb{R}^3 : \frac{d\tilde{N}}{dY_1} \frac{dY_1}{dm} = 0 \quad \wedge \quad \frac{d^2\tilde{N}}{dY_1^2} \left(\frac{dY_1}{dm}\right)^2 \leq 0 \right\}. \qquad (3.46)$$

Die straffierte Fläche G' besteht aus den Minima des Entscheidungsproblems und ist für die weitere Analyse ohne Bedeutung. Für sie gilt:

$$G' = \left\{ (m, \pi, T) \in \mathbb{R}^3 : \frac{d\tilde{N}}{dY_1} \frac{dY_1}{dm} = 0 \quad \wedge \quad \frac{d^2\tilde{N}}{dY_1^2} \left(\frac{dY_1}{dm}\right)^2 > 0 \right\}. \qquad (3.47)$$

Die Bifurkationsmenge B weist die für die Kuspenkatastrophe typische Form auf.

Abbildung 3.18

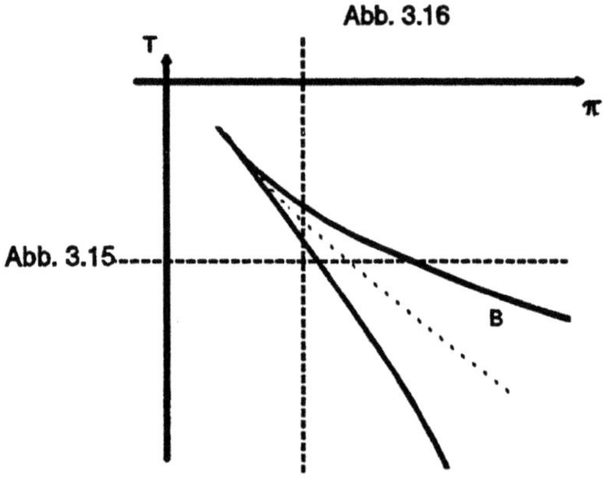

Wie wir bereits aus Abschnitt 3.1 wissen, geben die beiden Ränder der Kuspe alle Parameterkombinationen an, für die degenerierte kritische Punkte auftreten können. Den Zusammenhang zwischen den Abbildungen 3.15 und

[49] Variationen des ursprünglichen Anlagebetrags bleiben unberücksichtigt, da diesem im Rahmen der Analyse eine eher untergeordnete Bedeutung zukommen dürfte.

3.16 zeigen wir in Abbildung 3.18 auf. Auf der gepunkteten Linie innerhalb der Kuspe liegen alle Kombinationen von π und T, die jeweils den gleichen optimalen Nutzenerwartungswert besitzen. Für die Pfade entlang der jeweiligen Abbildungs-Trennlinien gilt das vorher Dargestellte analog.

Allgemein weist die Gleichgewichtsfläche vier interessante Eigenschaften auf:[50]

- Bimodalität

  Für bestimmte Werte von π und T innerhalb der Kuspe, besitzt das System drei Gleichgewichtspunkte: 2 stabile Maxima, ein instabiles Minimum (welches auf G' liegt).

- Diskontinuität

  Der Übergang von einem stabilen Gleichgewichtspunkt zu einem anderen erfolgt innerhalb der Kuspe nicht stetig. Die Lage der Diskontinuität ist abhängig vom Eintritt in die Kuspe und vom Optimierungsverhalten des Anlegers.

- Hysterese

  Tritt man von links in die Kuspe ein, so erfolgt die Diskontinuität bei lokalem Maximierungsverhalten bei Überschreiten des rechten Randes, bei rechtsseitigem Eintritt dagegen bei Überschreiten des linken Randes.

- Divergenz

  Im Gegensatz zu den vorherigen, wurde diese Eigenschaft noch nicht angesprochen. Ausgehend von zwei ähnlichen, aber verschiedenen Parameterkonstellationen P und P' entfernen sich die beiden Anpassungspfade trotz gleicher relativer Veränderung in der Umweltsituation immer mehr voneinander. Das System besitzt eine hohe Anfangswertsensibilität, die somit zu einer faktischen Nichtprognostizierbarkeit des Nachfrageverhaltens führt. In Abbildung 3.19 haben wir dies verdeutlicht:

---

[50] Vgl. Fischer (1985), S.10 f.

Abbildung 3.19

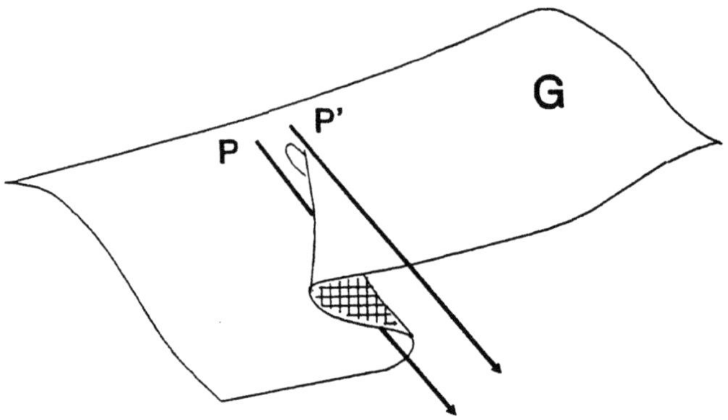

Wir wollen nun die wichtigsten Ergebnisse unseres veränderten Zustands-Präferenz-Modells zusammenfassen und dabei auch das Portfolio-Modell aus Abschnitt 2.1.3 kurz ansprechen.

Im Unterschied zu Modellen, die sich ebenfalls mit Diskontinuitäten auf Wertpapiermärkten befassen,[51] wird hier ein Investor betrachtet, der situationsabhängig sowohl risikoscheu als auch risikofreudig sein kann. Dieser entscheidet im Rahmen eines einfachen Zustands-Präferenz-Modells über sein optimales Portefeuille. Anschließend werden Veränderungen in der Umweltsituation untersucht, wobei, bedingt durch die besondere Form der Risikonutzenfunktion, die Lösung des Entscheidungsproblems, nämlich die Nachfrage des Individuums nach der risikoreichen Anlageform, Phänomene aufweist, die bei den üblichen Portfolio-Modellen unbekannt sind. Es treten sprunghafte Nachfrageänderungen, die in ihrer Größe in keinem Verhältnis zur eher kontinuierlichen Veränderung der Rahmenbedingungen stehen. Solch ein Phänomen wurde im aggregierten Umfang auch an der Crashsituation im Oktober 1987 beobachtet.[52]

Auch bei einer entsprechenden Veränderung des traditionellen Portfolio-Ansatzes können diskontinuierliche Portefeuilleumschichtungen erfolgen, wie sich aus der genauen Betrachtung der Indifferenzkurvenkrümmungen in (2.44) ergibt. Bei Verwendung einer FSN können diese ebenfalls größer, kleiner oder gleich Null sein. Eine Entscheidungssituation, die der in Ab-

[51]Siehe dazu beispielsweise Zeeman (1977b) und Genotte/Leland (1990).

[52]Vgl. auch dazu unsere Ausführungen auf S.66 f.

bildung 3.13 entspricht, haben wir in Abbildung 3.20 aufgezeichnet.

Abbildung 3.20

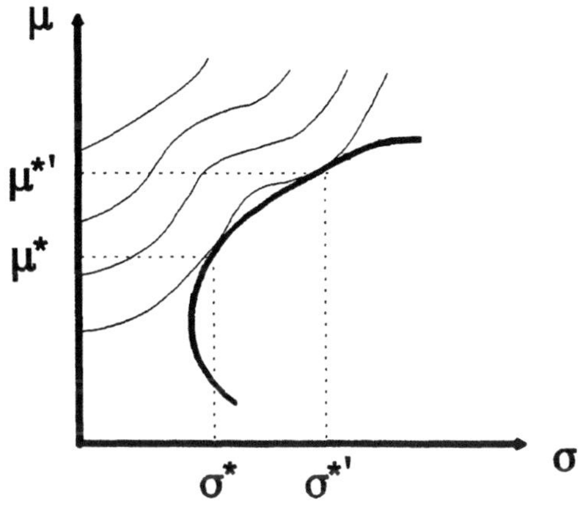

Ziel dieses Abschnittes war es, zu demonstrieren, wie mit relativ geringen Annahmeveränderungen, nämlich der Unterstellung einer realitätsnäheren Nutzenfunktion, und unter Zuhilfenahme nichtlinearer Analysemethoden Ergebnisse erzielt werden können, die sich mehr an den Phänomenen der Realität orientieren. Zugegeben, dieses Modell, das eine sprunghafte Portfolioumschichtung lediglich auf die Risikoeinstellung der Anleger zurückführt, ist zu einfach strukturiert, um bessere Einsichten zu gewinnen. Jedoch ist die KT immer dann als Erklärungsansatz mitzuberücksichtigen, wenn die zu erklärende ökonomische Variable plötzliche und diskontinuierliche Sprünge aufweist, obwohl sich die Rahmenbedingungen nur wenig verändert haben. Nicht selten besitzen solche überraschende und sprunghafte Veränderungen psychologische Hintergründe. Der berühmte Tropfen, der das Faß zum Überlaufen bringt, mag als Beispiel dazu dienen. Wir haben daher den Gedanken solch diskontinuierlicher Anpassungen in unser Modell der Kurserwartungsbildung auf einem Aktienmarkt in Abschnitt 5.1 übernommen.

Zu Beginn dieses Abschnittes haben wir darauf hingewiesen, daß die KT neben dem statischen auch einen dynamischen Aspekt für die Ökonomik besitzt. Formal läßt sich ein dynamisches ökonomisches System durch ein lineares beziehungsweise nichtlineares Differential- oder Differenzengleichungssystem darstellen. Die Lösungskurve eines solchen Gleichungssystems ist ein zeitabhängiger Vektor, das heißt eine mehrdimensionale

Funktion der Zeit.

Man kann nun modellieren, daß dieses dynamische ökonomische System von einer Katastrophenfunktion, beispielsweise der Kuspenkatastrophe, geleitet wird.[53] Dies bedeutet nichts anderes, als daß die Lösungskurve des Systems durch eine solche Funktion determiniert wird. Auch die zeitabhängige Entwicklung der einzelnen Funktionsparameter ist in dieser dynamischen Anwendung modellierbar. In Abschnitt 5.3 werden wir ein Modell der psychologischen Dynamik auf einem Aktienmarkt vorstellen, das auf den eben beschriebenen Modellierungsansatz zurückgreift. Dieses Modell bezieht auch Elemente der nichtlinearen Dynamik mit ein, die wir im nächsten Abschnitt darstellen.

3.3 Die Theorie der nichtlinearen Dynamik

Der englische Physiker I. Newton führte das Differential der Zeit erstmals in die Naturwissenschaften ein, um die Bewegung eines Körpers im Raum in Abhängigkeit von zeitlichen Veränderungen der Kräfte, die auf ihn einwirken, zu untersuchen. Da diese Differentialgleichungen linearer Natur waren, dominieren seitdem die lineare Zusammenhänge, in denen kleine Veränderungen kleine Wirkungen hervorrufen und große Veränderungen durch die Aggregation von vielen kleinen Veränderungen zustande kommen.

3.3.1 Das lineare dynamische System und seine Stabilität

Ein lineares dynamisches System wird in stetiger Zeit durch ein Differentialgleichungssystem[54]

$$\dot{x}(t) = Ax(t) + c, \;\; x, c \in \mathbb{R}^n \tag{3.48}$$

und in diskreter Zeit durch ein Differenzengleichungssystem

$$x_{t+1} = Ax_t + c, \;\; x, c \in \mathbb{R}^n \tag{3.49}$$

[53] Diese Systeme werden auch als Gradientensysteme bezeichnet.

[54] Mit $\dot{x} = \frac{dx(t)}{dt}$.

mit der $n \times n$-Koeffizientenmatrix

$$A = \begin{pmatrix} a_{11} & a_{12} & \dots & a_{1n} \\ a_{21} & a_{22} & \dots & a_{2n} \\ \vdots & \vdots & \ddots & \vdots \\ a_{n1} & a_{n2} & \dots & a_{nn} \end{pmatrix} \tag{3.50}$$

und mit c als n-dimensionalen Konstantenvektor dargestellt.[55] Ist c gleich dem Nullvektor so bezeichnet man (3.48) beziehungsweise (3.49) als homogenes lineares dynamisches System.

Durch Integration des Systems (3.48) mittels geeigneter Algorithmen[56] oder durch Iteration des Systems (3.49) werden die Zeitreihen $\{x(t)\}_{t=T_0}^{T}$ beziehungsweise $\{x_t\}_{t=T_0}^{T}$ erzeugt.

Für solch ein System läßt sich aber auch, bei Kenntnis der Anfangsbedingungen $(x_1(T_0), x_2(T_0), \dots, x_n(T_0))$ beziehungsweise $(x_{T_0}^1, x_{T_0}^2, \dots, x_{T_0}^n)$, die Lösungskurve oder Trajektorie in Abhängigkeit von der Zeit analytisch eindeutig bestimmen als:

$$x(t) = b_1 e^{\lambda_1 t} + b_2 e^{\lambda_2 t} + \dots + b_n e^{\lambda_n t} \tag{3.51}$$

beziehungsweise

$$x_t = b_1 \lambda_1^t + b_2 \lambda_2^t + \dots + b_n \lambda_n^t \,. \tag{3.52}$$

Hierbei stellen die einzelnen λ_i die Eigenwerte sowie die einzelnen b_i die dazugehörigen linear unabhängigen Eigenvektoren der Koeffizientenmatrix A dar $(i = 1, \dots, n)$.

Von großer Wichtigkeit für die Analyse eines dynamischen Systems sind die Begriffe des Gleichgewichts und dessen Stabilität, die wir im folgenden kurz erläutern wollen:

Die linearen dynamischen Systeme (3.48) und (3.49) sind im Gleichgewicht falls gilt: $\dot{x} = 0$ beziehungsweise $x_{t+1} = x_t$, $\forall t$. Ein Gleichgewicht liegt also vor, wenn die Variable x sich im Zeitablauf nicht mehr verändert.

[55] Mathematisch exakt ausgedrückt, handelt es sich um ein lineares Differential- beziehungsweise Differenzengleichungssystem 1. Ordnung mit konstanten Koeffizienten. Wir betrachten dies jedoch hier und in Zukunft als lineares dynamisches System, da Systeme höherer Ordnung für unsere Ausführungen außer Betracht bleiben. Ebenso beschränken wir unsere Ausführungen auf autonome Systeme, das heißt die Zeitvariable t erscheint nicht explizit im System.

[56] Als Beispiel wäre hier das Runge-Kutta-Verfahren anzuführen.

Ein lineares dynamisches System gilt als stabil, wenn nach einer Störung des Gleichgewichts die Trajektorien wieder zum Gleichgewicht zurückführen.

Das Stabilitätsverhalten des Systems kann man nun direkt aus den Eigenwerten der Koeffizientenmatrix erkennen. In Abbildung 3.21 haben wir die wichtigsten Stabilitätskonzepte, die zugehörigen Eigenwerte sowie die Trajektorien für ein zweidimensionales Differentialgleichungssystem im x_1, x_2-Raum aufgezeichnet.[57]

Abbildung 3.21

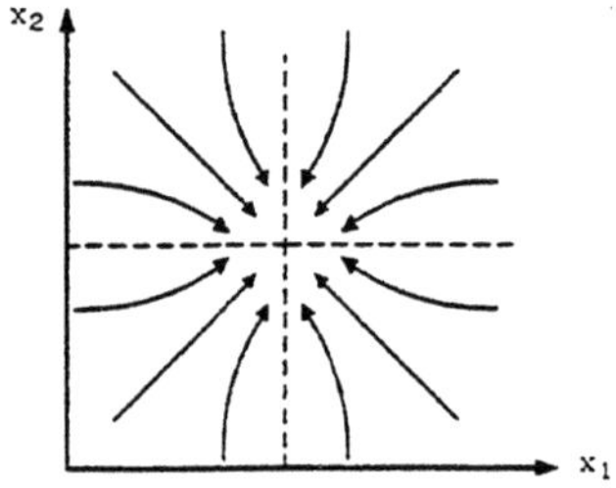

Stabiler Knoten

$det A > 0$; $\lambda_{1,2} \in \mathbb{R}$
$\lambda_{1,2} < 0$

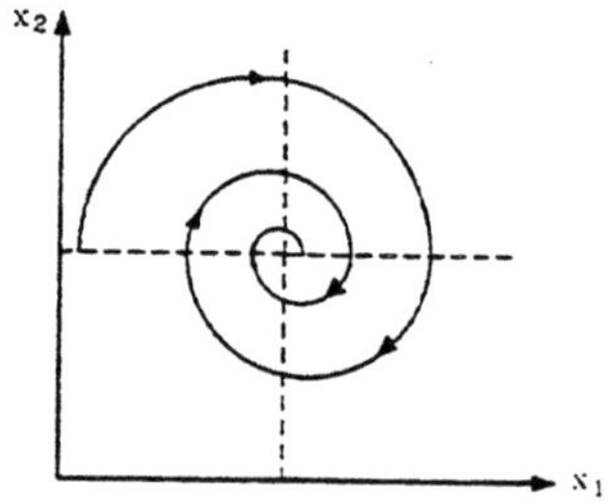

Stabiler Strudel

$det A > 0$; $\lambda_{1,2} \in C$
$Re\,\lambda_{1,2} < 0$

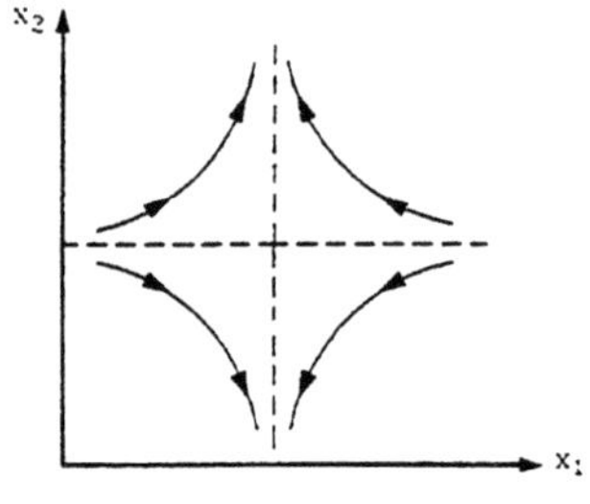

Sattelpunktstabilität

$det A < 0$; $\lambda_{1,2} \in \mathbb{R}$
$\lambda_1 > 0$, $\lambda_2 < 0$

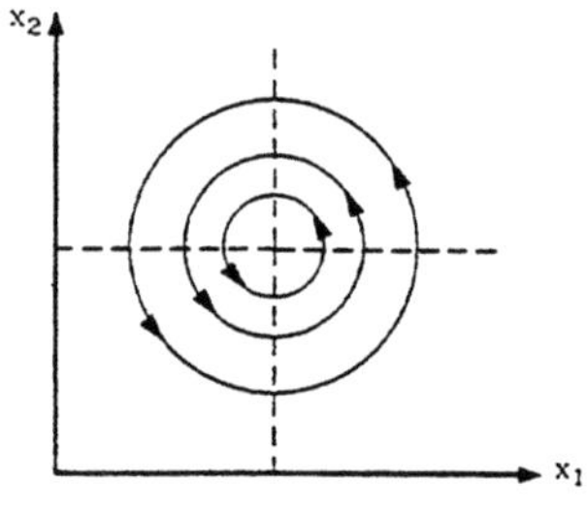

Stabile Oszillationen

$det A > 0$; $\lambda_{1,2} \in C$
$Re\,\lambda_{1,2} = 0$

Quelle: Lorenz (1989), S.19, mit eigenen Ergänzungen.[58]

[57] Für eine übersichtliche und weitergehende Darstellung des Stabilitätsverhaltens sei auf Lorenz (1989), S.16 ff. verwiesen.

[58] Der Ausdruck $x \in C$ bedeutet, daß x eine komplexe Zahl ist. Mit $Re\,x$ bezeichnet man dann den Realteil dieser Zahl.

3.3.2 Das nichtlineare dynamische System und der Begriff des Attraktors

Der französische Mathematiker, Physiker und Philosoph H. Poincaré hat nun in der „Mechanik abgeschlossener Systeme“, dem Inbegriff der Newtonschen Physik, zu einem Zweikörperproblem einen dritten Körper hinzugenommen und dabei die wechselseitigen Abhängigkeiten berücksichtigt.[59] Vom mathematischen Standpunkt aus betrachtet, hat er einem lösbaren, linearen zweidimensionalen Differentialgleichungssystem eine dritte Gleichung hinzugefügt und diese mit den anderen beiden Gleichungen durch nichtlineare Terme in Verbindung gebracht. Was Poincaré dabei entdeckte, war von ungeahnter Komplexität. So konnte das nichtlineare dynamische System im Gegensatz zum linearen nicht nur quantitativ, sondern auch qualitativ unterschiedliche Gleichgewichte hervorbringen.[60]

Wir bezeichnen das n-dimensionale nichtlineare Differentialgleichungssystem

$$\dot{x}(t) = f(x(t)), \; x \in W \subset \mathbb{R}^n \tag{3.53}$$

als nichtlineares dynamisches System in stetiger Zeit und das n-dimensionale nichtlineare Differenzengleichungssystem

$$x_{t+1} = g(x_t), \; x \in W \subset \mathbb{R}^n \tag{3.54}$$

als nichtlineares dynamisches System in diskreter Zeit. Hierbei sind die Funktionen $f : \mathbb{R}^n \rightarrow \mathbb{R}^n$ mit $f = (f_1, \ldots, f_n)$ und $g : \mathbb{R}^n \rightarrow \mathbb{R}^n$ mit $g = (g_1, \ldots, g_n)$ nichtlinear in Bezug auf die Variablen $x = (x_1(t), \ldots, x_n(t))$ beziehungsweise $x_t = (x_t^1, \ldots, x_t^n)$.[61]

Für nichtlineare Systeme ist es in der Regel nicht mehr möglich, wie im linearen Fall, die Lösung für einen bestimmten Zeitpunkt analytisch zu bestimmen, ohne sukzessive Integrationen beziehungsweise Iterationen durchzuführen.

Sieht man von dem Sonderfall der konstanten Schwingungen ab, so ist bekannt, daß im linearen Fall das Gleichgewicht des Systems immer aus

[59] Siehe Briggs/Peat (1990), S.35.

[60] Auch besteht zwischen dem Gleichgewicht eines linearen und dem Gleichgewicht eines nichtlinearen Systems ein qualitativer Unterschied.

[61] Das im Zusammenhang mit den linearen Systemen unter Fußnote 55 Gesagte gilt analog.

stabilen Gleichgewichtspunkten besteht. Auch haben wir bereits erwähnt, daß die Gleichgewichte in nichtlinearen Systemen nicht nur quantitativ, sondern auch qualitativ unterschiedlich sein können. Wir wollen daher den Gleichgewichtsbegriff durch den Begriff des Attraktors verallgemeinern.[62]

3.3.3 Attraktoren

Im Zentrum der Analyse nichtlinearer dynamischer Systeme steht der Begriff des Attraktors. Seine formale Definition lautet:

Definition: Attraktor[63]

Eine kompakte Menge $M \subset W$ ist ein Attraktor des Systems (3.53) beziehungsweise (3.54), wenn es eine Umgebung U von M gibt, so daß für $x(t), x_t \in U$ gilt: $x(t), x_t \to M$ für $t \to \infty$.

Mit einfachen Worten ausgedrückt ist ein Attraktor alles, worauf sich ein dynamisches System zubewegt oder wovon es angezogen wird. Das Gegenstück zu einem Attraktor wird als Repellor bezeichnet.

Es existieren nun verschiedene Typen von Attraktoren, die wir im folgenden kurz beschreiben werden. Dabei wollen wir uns auf nichtlineare Systeme in stetiger Zeit beschränken und werden, wenn es nötig ist, wieder auf Systeme in diskreter Zeit zurückkommen. Wir unterscheiden ganz allgemein: Fixpunkt-Attraktoren, zyklische Attraktoren und sogenannte chaotische Attraktoren.

Fixpunkt-Attraktoren

In diesem Falle ist der Gleichgewichtspunkt und der Attraktor identisch.[64] Wie wir gesehen haben, erfreuen sich vor allem in der linearen dynamischen ökonomischen Theorie diese Attraktoren großer Beliebtheit. In diesem Zusammenhang sei nur auf das Beispiel der Allgemeinen Gleichgewichtstheorie verwiesen, wo stabile Punktgleichgewichte eine nahezu dogmatische Bedeutung erlangt haben. Dies stellt aber nichts anderes dar, als eine konsequente

[62] Diese Unterscheidung wird von uns im Hinblick auf ökonomische Systeme getroffen und steht zum Teil nicht im Einklang mit der Literatur. Siehe auch dazu Lorenz (1992).

[63] Ebenda, S.73.

[64] Falls der Gleichgewichtspunkt stabil ist.

Übertragung des Newtonschen Weltbilds auf die Ökonomik. Im folgenden wollen wir nun die Fixpunktanalyse eines nichtlinearen dynamischen Systems beschreiben:

Dazu nehmen wir an, das dynamische System in (3.48) besitzt an der Stelle $\bar{x} = (\bar{x}_1, \bar{x}_2, \ldots, \bar{x}_n)$ einen Fixpunkt, das heißt es gilt: $\dot{x} = 0$. In einem ersten Schritt linearisieren wir das System in einer Umgebung von $\bar{x}$.[65] Dazu bilden wir die Matrix der ersten Ableitungen an dieser Stelle,

$$J(\bar{x}) = \begin{pmatrix} f_{11} & f_{12} & \cdots & f_{1n} \\ f_{21} & f_{22} & \cdots & f_{2n} \\ \vdots & \vdots & \ddots & \vdots \\ f_{n1} & f_{n2} & \cdots & f_{nn} \end{pmatrix}, \text{ mit } f_{ij} = \frac{\partial f_i}{\partial x_j}(\bar{x}),\ i,j = 1,\ldots,n, \quad (3.55)$$

die sogenannte Jacobi-Matrix. Das um diesen Fixpunkt linearisierte System lautet somit:

$$\dot{x} = J(\bar{x})x,\ x \in R^n. \quad (3.56)$$

Für die Stabilitätsanalyse dieses Gleichgewichtspunktes sind jetzt, in Analogie zur Matrix A im linearen System, die Eigenwerte der Jacobi-Matrix J von großer Bedeutung. Im Gegensatz zum linearen dynamischen System jedoch, wo höchstens ein Gleichgewichtspunkt auftreten kann, können im nichtlinearen dynamischen System, aufgrund der nichtlinearen Zusammenhänge, mehrere Fixpunkte existieren. Das Fixpunktgleichgewicht muß somit nicht eindeutig sein. Auch können mehrere Gleichgewichtspunkte stabil beziehungsweise instabil sein. Im nichtlinearen System spricht man daher in der Regel von einer lokalen Stabilität. Das System ist somit stabil in einer Umgebung des jeweiligen Fixpunktgleichgewichtes. Im Vergleich dazu ist ein lineares System immer sowohl lokal als auch global stabil. Unter bestimmten Voraussetzungen, auf die wir im Rahmen dieser Arbeit nicht näher eingehen wollen, kann auch im nichtlinearen System ein Fixpunktgleichgewicht global stabil sein.[66]

Für die weitere Analyse gilt das in Abbildung 3.21 dargestellte analog. Weitaus interessanter sind jedoch die nachfolgenden Attraktoren.

[65] Der Grund für dieses Vorgehen liegt darin, daß in einer Umgebung des Fixpunktes das nichtlineare dynamische System zu seiner linearisierten Form topologisch äquivalent ist. Dies gilt jedoch nicht für Systeme mit konjugiert komplexen Eigenwerten.

[66] Für eine weitergehende Darstellung siehe Lorenz (1989), S.36, oder Guckenheimer/Holmes (1983), S.3 ff.

Zyklische Attraktoren

Hier besteht keine Identität mehr zwischen dem Attraktor und dem Gleichgewichtspunkt. Zyklische Attraktoren sind durch periodische Lösungen gekennzeichnet, das heißt die Zeitreihen wiederholen sich nach einer bestimmten Periode und werden im Phasenraum als geschlossene Bahn dargestellt. Vergleichbar wäre solch eine Bahn mit dem Phasendiagramm eines ungedämpften Pendels, jedoch besteht dazu ein wesentlicher Unterschied. Eine Störung von außen bringt das Pendel auf eine neue Umlaufbahn. Bei den zyklischen Attraktoren bewirken solche Störungen stets eine erneute Anpassung an den Attraktor. Solch eine attrahierende geschlossene Bahn wird als Grenzzyklus bezeichnet.

In Abbildung 3.22 ist ein Grenzzyklus im zweidimensionalen Phasenraum eingezeichnet. Trajektorien, die auf dem Grenzzyklus Γ starten, verbleiben immer auf diesem Zyklus. Trajektorien, die in einer Umgebung U von Γ starten, nähern sich in dieser Darstellung spiralförmig dem Zyklus.[67]

Abbildung 3.22

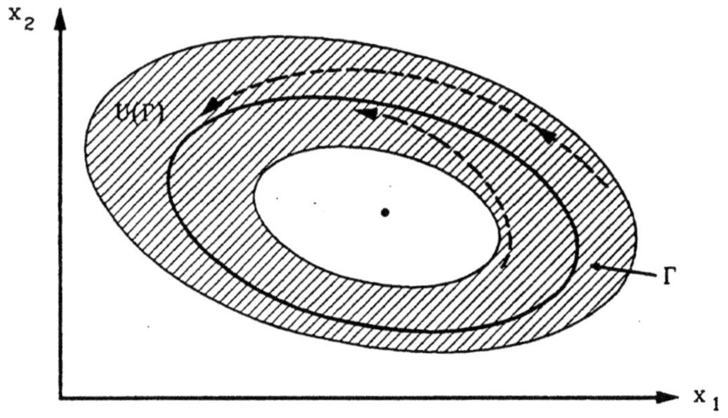

Quelle: Lorenz (1989), S.37.

Die Existenz eines Grenzzyklus kann nun anhand des linearisierten Systems (3.56) mit Hilfe des Bifurkations-Theorems von Hopf nachgewiesen werden. Bevor wir auf dieses Theorem näher eingehen werden, wollen wir kurz den

[67] Es ist, abhängig von den Eigenwerten, auch eine direkte Annäherung möglich. Vgl. dazu S.218.

Begriff der Bifurkation oder auch Verzweigung erläutern. Zu diesem Zweck betrachten wir die Differentialgleichung:

$$\dot{x} = f(x, \mu) = \mu x - x^3, \ \mu \in \mathbb{R}. \tag{3.57}$$

Für $\mu \leq 0$ besitzt (3.57) einen einzigen Gleichgewichtspunkt an der Stelle $\bar{x} = 0$. Da gilt $df/dx(\bar{x}) < 0$, ist dieser Gleichgewichtspunkt für $\mu < 0$ ein Fixpunkt-Attraktor.

Für $\mu > 0$ ergeben sich neben $\bar{x}$ zwei weitere Gleichgewichtspunkte und zwar $\bar{x}' = +\sqrt{\mu}$ sowie $\bar{x}'' = -\sqrt{\mu}$. Die Stabilitätsanalyse zeigt, daß die beiden letzteren stabil sind, während der ursprüngliche Gleichgewichtspunkt $\bar{x}$ jetzt instabil ist. Diese Situation veranschaulicht Abbildung 3.23:

Abbildung 3.23

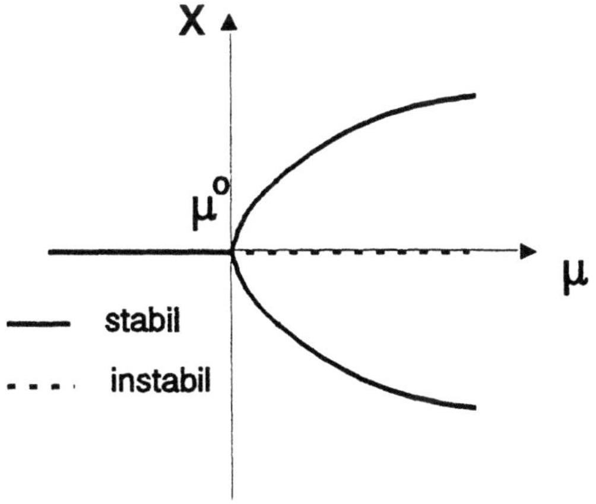

Aufgrund der besonderen Form des Bifurkationsdiagramms spricht man auch von einer Pitchfork-Bifurkation.[68] Den Parameter μ bezeichnet man als Bifurkationsparameter und μ_o als dessen kritischen Wert.

Als nächstes betrachten wir die Hopf-Bifurkation. Während im obigen Fall die Bifurkation von einem stabilen Gleichgewichtspunkt zu zwei stabilen und einem instabilen vor sich geht, erfolgt bei der Hopf-Verzweigung die Bifurkation von einem Fixpunkt hin zu einer geschlossenen Bahn in der unmittelbaren Nachbarschaft dieses Gleichgewichtspunktes. Im Gegensatz zur Pitchfork-Bifurkation, kann die Hopf-Bifurkation erst ab einem zweidimensionalen System auftreten.

[68] pitchfork, engl.: Heugabel

Allgemein betrachten wir ein System von gewöhnlichen nichtlinearen Differentialgleichungen

$$\dot{x} = f(x, \mu), \quad x \in \mathbb{R}^n, \quad \mu \in \mathbb{R}^k, \tag{3.58}$$

wobei μ einen beliebigen k-dimensionalen Parametervektor darstellt. Das Existenz-Teil des Bifurkations-Theorems von Hopf besagt nun folgendes:[69]

Sei $\bar{x}(\mu_o)$ ein eindeutiger Gleichgewichtspunkt bei einem Parameterwert μ_o, so bezeichnen wir mit $J(\bar{x}(\mu_o))$ die Jacobi-Matrix an dieser Stelle. Wir nehmen an, daß für $\mu = \mu_o$ die Jacobi-Matrix ein Paar rein imaginärer Eigenwerte besitzt. Ansonsten weist das System keine Eigenwerte auf, deren Realteile den Wert 0 haben. Diese konjungiert komplexen Eigenwerte $\lambda(\mu), \bar{\lambda}(\mu)$ der Jacobi-Matrix variieren stetig mit μ. Falls nun diese Voraussetzungen erfüllt sind und darüberhinaus gilt:

$$\frac{d(Re\,\lambda(\mu))}{d\mu}(\mu_o) \neq 0, \tag{3.59}$$

dann existiert ein Grenzzyklus in der Umgebung von $\bar{x}$ entweder für $\mu < \mu_o$ oder für $\mu > \mu_o$.

Dieses Theorem behandelt nur die Existenz von Grenzzyklen, es trifft aber keine Aussage über die Stabilität oder über die attrahierende Wirkung der Zyklen. Hierzu sind andere Techniken notwendig.

Eine davon, die Mittelwertmethode, werden wir im folgenden in ihrer theoretischen Form kennenlernen und in Abschnitt 5.3 anwenden. Sie ist eine Näherungstechnik zur qualitativen Analyse von Grenzzyklen in der Ebene.[70] Sei

$$\dot{x} = J(\bar{x})x + f(x) \tag{3.60}$$

ein zweidimensionales Differentialgleichungssystem, von dem bekannt ist, daß in einer Umgebung des Gleichgewichtspunktes $\bar{x}$ ein Grenzzyklus existiert (beispielsweise durch Anwendung des Theorems von Hopf). In (3.60) sind linearer Teil $J(\bar{x})x$ und nichtlinearer Teil $f(x)$ eines nichtlinearen Systems separiert. Darüberhinaus sei $J(\bar{x})$ die Jacobi-Matrix im Gleichgewichtspunkt, um den der Grenzzyklus vermutet wird.

[69] Für eine detailliertere Darstellung dieses Theorems sei auf Lorenz (1989), S.75 ff., besonders aber auf Guckenheimer/Holmes (1983), S.151 ff., verwiesen.

[70] Siehe auch dazu Chiarella (1990), S.23 ff.

Wir bringen (3.60) mit Hilfe der Variablentransformationen $x_1 = r\cos\theta$ beziehungsweise $x_2 = r\sin\theta$ in Polarkoordinatenform und erhalten für r:

$$\begin{aligned} \dot{r} = \; & r[(J_{11}\cos^2\theta + J_{22}sin^2\theta + (J_{12}+J_{21})\cos\theta\sin\theta]+ \\ & + f_1(r\cos\theta, r\sin\theta)\cos\theta + f_2(r\cos\theta, r\sin\theta)\sin\theta, \end{aligned} \tag{3.61}$$

mit J_{ij} als ij-tes Element der Jacobi-Matrix.

Da Gleichung (3.61) bezüglich der Variablen θ periodisch ist, kann eine Näherung mit Hilfe einer Fourier-Reihenentwicklung durchgeführt werden. Den ersten Term dieser Reihe erhalten wir, indem wir für die rechte Seite von (3.61) den Mittelwert über dem Intervall $[0, 2\pi]$ bilden. Für $r \rightarrow \rho$ erhalten wir als Näherungsgleichung für die Amplitude ρ:

$$\begin{aligned} \dot{\rho} = \; & \tfrac{1}{2}\rho(J_{11}+J_{22}) + \tfrac{1}{2\pi}\int_0^{2\pi}[f_1(\rho\cos\theta, \rho\sin\theta)\cos\theta + \\ & + f_2(\rho\cos\theta, \rho\sin\theta)\sin\theta]d\theta. \end{aligned} \tag{3.62}$$

Anhand dieser Mittelwertgleichung (3.62), die eine Näherungsgleichung für (3.60) darstellt, können nun folgende Aussagen über den Grenzzyklus getroffen werden:

Existenz: $\dot{\rho} = 0 \longleftrightarrow \rho = \bar{\rho} \neq 0$,

Eindeutigkeit: $\exists$ nur ein $\bar{\rho}$ mit $\dot{\rho}\mid_{\bar{\rho}} = 0$,

Stabilität: $\dot{\rho} < (>)0$, falls $\rho > (<)\bar{\rho}$.

Wie wir in Abschnitt 5.3 zeigen werden, kann man mit dieser Methode relativ bequem Existenz, Eindeutigkeit und Stabilität eines Grenzzyklus im $\mathbb{R}^2$ nachweisen.

Im nächsten Abschnitt wollen wir auf die Attraktoren eingehen, die in jüngster Zeit viele Wissenschaftsbereiche beschäftigen, die chaotischen oder seltsamen (strange) Attraktoren.

Chaotische Attraktoren

Wir haben bereits erwähnt, daß Poincaré in seinen Untersuchungen von nichtlinearen dynamischen Systemen auf ein äußerst komplexes Lösungsverhalten gestoßen ist. Da ihm die heutigen rechentechnischen Möglichkeiten zur Erforschung solcher Phänomene nicht zur Verfügung standen, nahm er von weiterführenden Untersuchungen Abstand.

Nach einigen bedeutenden Vorarbeiten von russischen Mathematikern, die formale Analysewerkzeuge zur Untersuchung nichtlinearer dynamischer Systeme entwickelten, wurde mit Hilfe der in den sechziger Jahren aufkommenden Computertechnologie der Grundstein zu einem Theoriebereich gelegt, der später einmal als Chaostheorie bezeichnet werden sollte.

In diesem Zusammenhang ist vor allem die Hufeisen-Konstruktion von Smale sowie die Computersimulation von Lorenz erwähnenswert.[71] Auf letztere werden wir im Rahmen des Lorenz-Attraktors kurz eingehen.

Seit den Arbeiten von May und Li/Yorke ist die Chaoseigenschaft nichtlinearer dynamischer Systeme in den Mittelpunkt des Forschungsinteresses gerückt.[72] Hierbei geht die etwas irreführende Bezeichnung „deterministisches Chaos“ unmittelbar auf letztere zurück. Unter einem „deterministischen Chaos“ versteht man also nichts anderes als das komplexe Lösungsverhalten eines nichtlinearen dynamischen Systems, das wiederum durch exakte mathematische Gleichungen determiniert ist. Diese Komplexität kann so weit gehen, daß keine regulären Muster mehr erkennbar sind. Jedoch gehorchen diese dynamischen Strukturen nicht irgendeinem Zufallsprinzip, sondern unterliegen einer Steuerung, die schwer zu durchschauen ist. Diese zwingt die Variable auf eine Bahn, die für die beobachtende Person nicht mehr prognostizierbar ist. Die Systemsteuerung nennt man auch einen chaotischen oder seltsamen Attraktor. Im folgenden wollen wir die Eigenschaften sogenannter chaotischer Systeme sowie der zugrundeliegenden seltsamen Attraktoren erläutern.

3.3.4 Chaotische Systeme

Chaotisches Verhalten von nichtlinearen dynamischen Systemen ist durch vier Eigenschaften gekennzeichnet. Diese sind:[73]

- Die Existenz chaotischer oder seltsamer Attraktoren,

[71] Siehe Smale (1963) und Lorenz (1963). Für eine gute Übersicht über diese Entwicklung siehe Jackson (1989).

[72] Siehe May (1976) sowie Li/Yorke (1975).

[73] Vgl. Schnabl (1991), S.559.

- die Selbstähnlichkeit der Attraktorstrukturen,
- die Anfangswertsensitivität,
- die Aperiodizität.

Dieselben vier Eigenschaften werden auch verwendet, um die Existenz von Chaos in nichtlinearen dynamischen Systemen nachzuweisen. Im folgenden wollen wir sie näher betrachten.

Die Existenz seltsamer Attraktoren

Chaos kann sowohl in zeitstetigen als auch in zeitdiskreten nichtlinearen dynamischen Systemen auftreten. Während in letzteren Systemen bereits eine Differenzengleichung[74] genügt, muß das zeitstetige System mindestens dreidimensional sein. Warum dies so ist, werden wir anhand des Lorenz-Modells erläutern. Dieses sehr bekannte Modell besteht aus den Gleichungen:

$$\begin{aligned} \dot{x} &= -\sigma x + \sigma y, \\ \dot{y} &= rx - y - xz, \qquad \sigma, r, b > 0 \\ \dot{z} &= -bz + xy. \end{aligned} \tag{3.63}$$

Ursprünglich diente das Differentialgleichungssystem (3.63) zur Untersuchung von Turbulenzen in Flüssigkeiten.

Abbildung 3.24

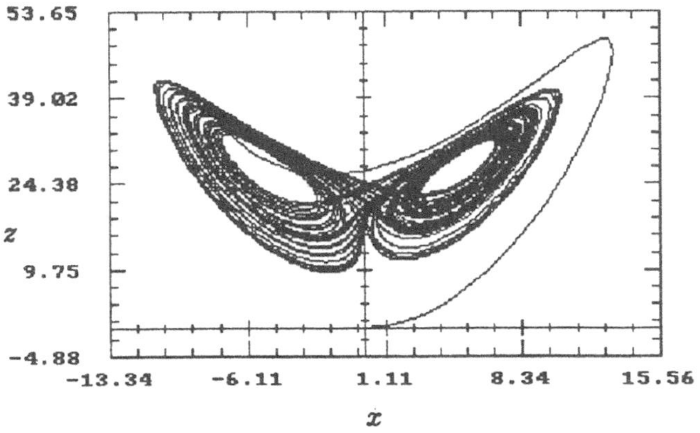

Ab einem kritischen Parameterwert von $r = 28$ weist das Lorenz-Modell ei-

[74] Vgl. dazu die Ausführungen zur Erwartungsdiffusion auf S.171.

nen seltsamen Attraktor auf, der in Abbildung 3.24 zweidimensional dargestellt ist.[75] Fast alle Trajektorien werden von diesem chaotischen Attraktor angezogen.[76] Ist der Zeithorizont der Simulation genügend groß, so füllen sich beide „Flügel" des Attraktors mit Trajektorien.

Ein Hauptcharakteristikum von solchen Attraktoren ist die Überschneidungsfreiheit. Diese besagt, daß die Trajektorien niemals genau auf denselben Raumpunkt zurückkehren, das heißt sie schneiden sich nicht, da sonst periodisches Verhalten initiert würde. Bei stetigen Trajektorien ist dies nur ab dem dreidimensionalen Raum möglich und somit erfordert ein solches Verhalten mindestens ein System, bestehend aus drei Differentialgleichungen.

Dieses Phänomen wird erst in der dreidimensionalen Darstellung des Lorenz-Attraktors deutlich, wie Abbildung 3.25 zeigt.

Abbildung 3.25

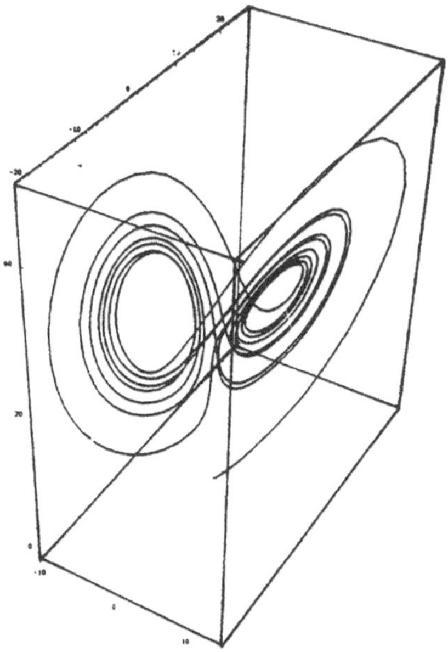

Wir haben bereits erwähnt, daß chaotisches Verhalten in zeitdiskreten Systemen mit nur einer Differenzengleichung auftreten kann. In Abschnitt 5.2

[75]Die Parameterwerte lauten: $r = 28$, $\sigma = 3$, $b = 1$.

[76]Von obigem Verhalten ausgenommen sind die Startwerte $x(0) = y(0) = 0$, $z(0)$ beliebig. Siehe dazu Steeb/Kunick (1989), S.68.

werden wir anhand eines Erwartungsaggregations-Modells näher darauf eingehen. Im folgenden wollen wir nun einen seltsamen Attraktor in diskreter Zeit, den sogenannten Hénon-Attraktor vorstellen. Dazu betrachten wir das nachstehende zweidimensionale nichtlineare Differenzengleichungssystem:[77]

$$\begin{aligned} x_{t+1} &= y_t + 1 - \alpha x_t^2, \\ y_{t+1} &= \beta x_t, \end{aligned} \tag{3.64}$$

mit $\alpha > 0$ und $0 < \beta < 1$. In Abbildung 3.26 haben wir diesen Attraktor dargestellt.[78]

Abbildung 3.26

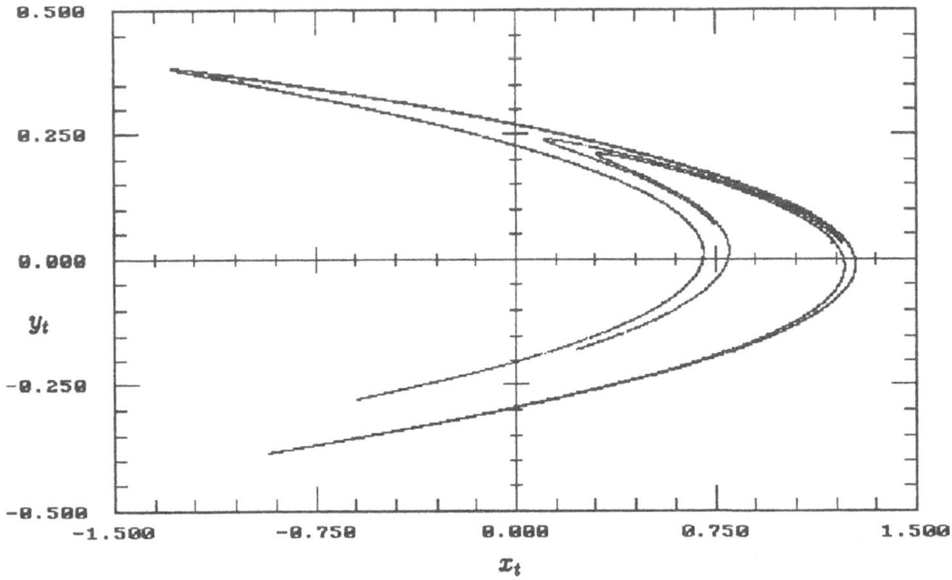

Alle Anfangswerte im Einzugsbereich des Attraktors (basin of attraction) nähern sich nach wenigen Iterationen dem Attraktor. Auf dem Attraktor selbst tauchen die einzelnen sukzessiven Punkte in einer unvorhersehbaren und anscheinend zufälligen Art auf. Das dynamische Verhalten auf dem Hénon-Attraktor ist also chaotisch. Verantwortlich für derart chaotische Irregularitäten ist der Parameter α. In Abbildung 3.27 haben wir daher die verschiedenen Lösungen der Variable x in Abhängigkeit des Parameters α aufgezeichnet.

---

[77] Vgl. auch dazu Hénon (1976).

[78] Die Parameterwerte sind $\alpha = 1,4$ und $\beta = 0,3$.

Diese Abbildung stellt ebenfalls wie Abbildung 3.23 ein sogenanntes Bifurkationsdiagramm dar. Daraus ist ersichtlich, daß bis zu einem Parameterwert von $\alpha \approx 0,37$ ein Fixpunkt-Attraktor existiert. Danach bifurkiert die Lösung zu einem Zyklus der Periode 2, der ab dem Parameterwert von $\alpha \approx 0,906$ von einem Zyklus der Periode 4 abgelöst wird. Es hat eine sogenannte Periodenverdoppelung stattgefunden. Nach einer nochmaligen Periodenverdoppelung bei $\alpha \approx 1,02$ geht das System bei einem Parameterwert von $\alpha \approx 1,07$ in den chaotischen Zustand über.

Abbildung 3.27

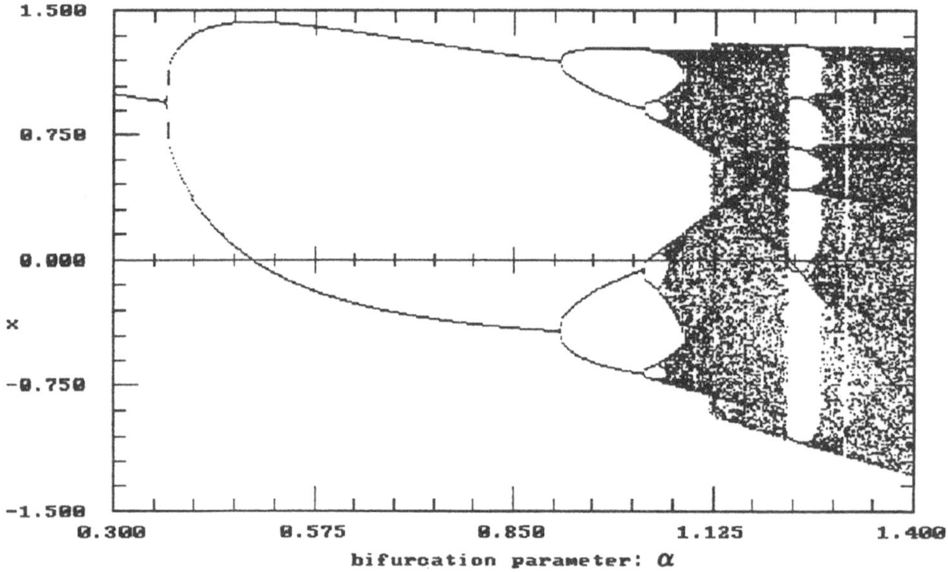

Im allgemeinen ist ein chaotischer Attraktor durch seine Fraktaldimension gekennzeichnet.[79] Intuitiv verknüpfen wir die Dimension eines geometrischen Objekts mit einer ganzen Zahl. So hat beispielsweise ein Punkt die Dimension 0, eine Gerade die Dimension 1 und ein Kreis die Dimension 2. In diesen Beispielen wird die Euklidsche Dimension verwendet, welche immer ganzzahlig ist. Aber es existieren auch andere Dimensionen, die nicht ganzzahlig sind. Diese werden Fraktaldimensionen genannt und erlauben interessante Einblicke in das Wesen von seltsamen Attraktoren. Man kann sich nun solche nichtganzzahligen Dimensionen folgendermaßen vorstellen:

[79] Siehe zum folgenden auch Lorenz (1989), S.181.

Wir betrachten dazu ein Stück Papier. Wenn man jetzt die minimale Höhe vernachlässigt, so stellt dies ein zweidimensionales Objekt dar. Zerknittern wir jetzt dieses Papier, so kommt es einem dreidimensionalen Objekt, beispielsweise einer Kugel, recht nahe. In Wirklichkeit liegt seine Dimension aber jetzt irgendwo zwischen 2 und 3, beispielsweise bei 2,6.[80] Das zerknitterte Stück Papier besitzt eine Fraktaldimension, die mathematisch meßbar ist.[81] Für unsere Zwecke genügt es zu wissen, daß ein Attraktor chaotischer Natur ist, falls er eine Fraktaldimension besitzt und diese Zahl relativ wenig von der nächstniedrigeren geradzahligen Dimension abweicht.[82] Der oben dargestellte Lorenz-Attraktor weist eine Fraktaldimension von 2.06 ± 0.01 auf.[83]

Geometrisch sind seltsame Attraktoren durch einen permanenten Streckungs- und Faltungsprozeß gekennzeichnet; wir werden diese Eigenschaft anhand des Ljapunov-Exponenten[84] noch genauer erläutern. Zunächst wollen wir aber auf das Charakteristikum der Selbstähnlichkeit eingehen.

Die Selbstähnlichkeit von Attraktorstrukturen

Die zweite wichtige Chaos-Eigenschaft wollen wir anhand von Abbildung 3.28 darstellen.

Wir haben dort vier Ausschnitte des Hénon-Attraktors aufgezeichnet. Das viereckige Kästchen gibt jeweils den Bereich des nachfolgenden Ausschnittes an. Es ist zu erkennen, daß die einzelnen Bildausschnitte, trotz der jeweiligen verfeinerten Darstellungen, einander sehr ähneln. Dieses Phänomen wurde zuerst an der wohl bekanntesten Attraktordarstellung, der Mandelbrot-Menge, festgestellt.[85]

Die Ursache dafür liegt in der Rekursivität des Gleichungssystems, das

---

[80] Siehe Briggs/Peat (1990), S.71.

[81] Zur Meßbarkeit von Fraktaldimensionen siehe Lorenz (1989), S.181 ff. beziehungsweise Steeb/Kunick (1989), S.55 ff.

[82] Siehe Lorenz (1989), S.183.

[83] Bei den in der Simulation von Abbildung 3.24 verwendeten Parameterwerten, siehe Steeb/Kunick (1989), S.56.

[84] Die Schreibweise ist in der Literatur nicht einheitlich. In einigen Veröffentlichungen findet man die Namen Lyapunov oder Liapunov vor.

[85] Für eine gute Darstellung der Mandelbrot-Menge siehe beispielsweise die farbigen Abbildungen in Gleick (1988).

heißt eine Lösung des Systems wird wieder als Variablenwert vom System übernommen. Gemeinsam mit den nichtlinearen Zusammenhängen erzeugen diese Iterationen solche Selbstähnlichkeiten.[86] Eng damit verbunden ist die sensitive Abhängigkeit von den Startwerten.

Abbildung 3.28

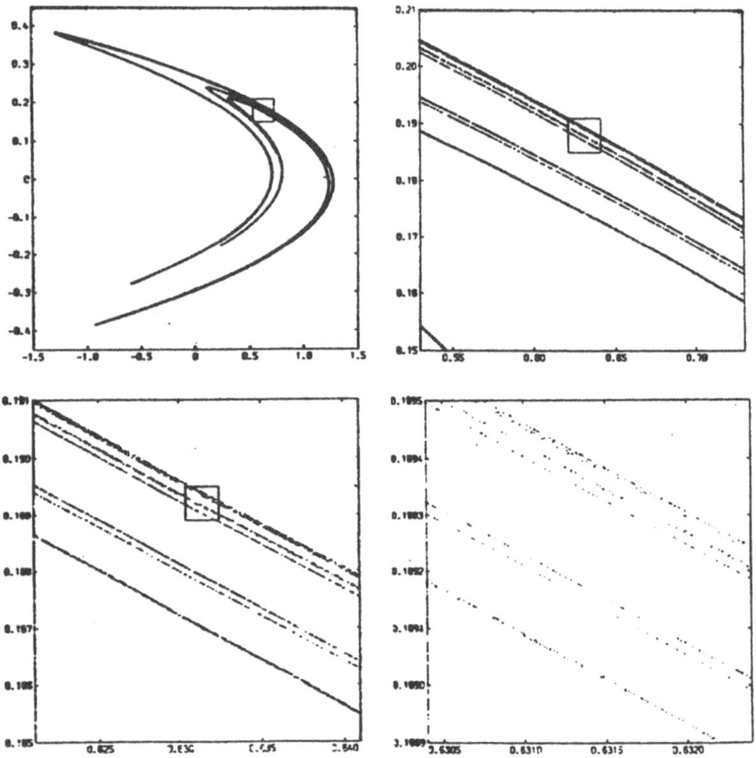

Quelle: Bergé/Pomeau/Vidal (1984), S.133.

Die Anfangswertsensitivität

Eine intuitive Erklärung für die Anfangswertsensitivität liefert das Konzept der sogenannten Bäcker-Transformation.[87] Die Effekte der nichtlinearen Iterationen oder positiven Rückkopplungen lassen sich durch das Bild

[86] Vgl. Jürgens/Peitgen/Saupe (1989).

[87] Siehe dazu auch Schnabl (1991), S.560.

eines Bäckers veranschaulichen, der den Teig knetet. So wie dieser seinen Teig streckt, zusammenfaltet und wiederum streckt, verfährt der chaotische Rückkopplungsprozeß mit den Trajektorien, die den Attraktor bilden. Ein chaotischer Attraktor besitzt nämlich eine endliche Größe, deshalb können sich die Trajektorien nicht unendlich lange voneinander fortbewegen. Aus diesem Grunde muß der Attraktor sich zusammenfalten, damit die Abläufe sich fortsetzen können, ohne sich zu wiederholen. Weit auseinanderstrebende Trajektorien laufen demnach aufeinander zu und entfernen sich wieder.

Abbildung 3.29

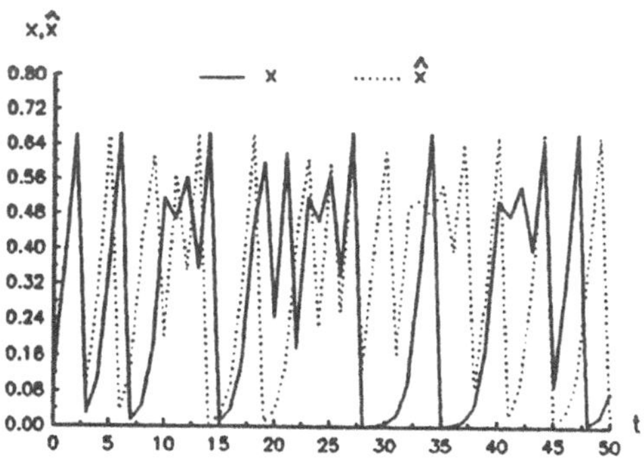

Dieser fortwährende Dehnungs- und Faltungsprozeß impliziert auch, daß zwei ursprünglich benachbarte Anfangswerte der Variablen ganz unterschiedliche Zeitreihen besitzen. In Abbildung 3.29 haben wir zwei solcher unterschiedlichen Zeitprofile für die in Abschnitt 5.2.2 verwendete Verhulst-Gleichung dargestellt.[88]

Als einer der ersten sah sich im Jahre 1960 der Pionier der Chaosforschung E.N. Lorenz bei der Entdeckung des nach ihm benannten Attraktors mit diesem Phänomen konfrontiert. Ursprünglich sollten seine berühmten Gleichungen zur Wettervorhersage genutzt werden. Um gewisse Details nochmals zu überprüfen, gab er dieselben Anfangswerte in sein Gleichungssystem (3.63) ein, jedoch auf vier Dezimalstellen gerundet, anstatt wie zuvor auf sechs. Er ließ dem Computer die Berechnungen durchführen und verließ zwischenzeitlich den Raum. Als er zurückkehrte war er schockiert.

[88] Die Anfangswerte betragen in diesem Fall $x_0 = 0,11$ und $\hat{x}_0 = 0,12$.

Die Ergebnisse der neueren Berechnungen waren von den älteren grundverschieden. Der Iterationsprozeß hatte also die Diskrepanz in der vierten Stelle hinter dem Komma ungeheuerlich vergrößert.[89]

Formales Hilfsmittel zur Darstellung dieser Anfangswertsensibilität ist das Konzept des Ljapunov Exponenten. Dies ist in zweifacher Hinsicht für die Analyse von chaotischen Systemen von Bedeutung.[90] Zum einen zeigt es qualitativ, ob die Zeitreihe empfindlich von den Startwerten abhängt, zum anderen stellt er auch ein quantitatives Maß für die mittlere Geschwindigkeit des Auseinander- oder Zusammenlaufens benachbarter Trajektorien dar. Eine sensitive Abhängigkeit der Trajektorien von den Anfangswerten, welche für chaotisches Verhalten charakteristisch ist, liegt vor, wenn der größte Ljapunov-Exponent positiv ist.

Wir wollen nun die formalen Grundzüge des Ljapunov- Exponenten[91] darstellen. Dazu betrachten wir ein eindimensionales nichtlineares Differenzen-Gleichungssystem:

$$x_{t+1} = f(x_t), \; x \in \mathbb{R}. \tag{3.65}$$

Seien x_0 und $\hat{x}_0$ zwei Anfangswerte, die den Abstand $d = x_0 - \hat{x}_0$ besitzen, so ergibt sich nach einer Iteration:

$$x_1 = f(x_0) = f(\hat{x}_0 + d) \approx f(\hat{x}_0) + df'(\hat{x}_0) = \hat{x}_1 + df'(\hat{x}_0). \tag{3.66}$$

Nach der zweiten Iteration erhalten wir:

$$x_2 = f(x_1) = f(\hat{x}_1 + df'(\hat{x}_0)) \approx \hat{x}_2 + df'(\hat{x}_0)f'(\hat{x}_1). \tag{3.67}$$

Demgemäß beträgt der Abstand nach n-Iterationen:

$$d^n = |x_n - \hat{x}_n| = |d \prod_{j=0}^{n-1} f'(\hat{x}_j)|. \tag{3.68}$$

Es erscheint plausibel, daß der Abstand im Zeitablauf exponentiell zu- oder abnimmt.[92] Somit wird (3.68) zu

$$d^n = d \; exp\{nL_n\}, \text{ mit } L_n = \frac{1}{n} \sum_{j=0}^{n-1} ln\,|f'(\hat{x}_j)| \tag{3.69}$$

---

[89] Siehe auch dazu Briggs/Peat (1990), S.96.

[90] Vgl. dazu Meier (1989), S.49 f.

[91] Siehe auch dazu Meier (1989), S.54.

[92] Vgl. Steeb/Kunick (1989), S.9.

als Wachstumsrate. Der Ljapunov-Exponent l ist nichts anderes als die mittlere Wachstumsrate und somit definiert als:

$$l = \lim_{n \to \infty} L_n = \lim_{n \to \infty} \frac{1}{n} \sum_{j=0}^{n-1} ln \, |f'(\hat{x}_j)|. \tag{3.70}$$

Für eindimensionale Systeme läßt sich l numerisch einfach bestimmen. Wir werden dies innerhalb des Schnabl-Modells in Abschnitt 5.2.2 durchführen.

Weitaus komplizierter ist die Bestimmung der Ljapunov-Exponenten für den allgemeinen Fall. Sie sind definiert als:[93]

$$l_i = \lim_{K \to \infty} \frac{1}{K} \ln(\lambda_i^K), \tag{3.71}$$

mit $K = N \subset \mathbb{N}$ für diskrete beziehungsweise mit $K = T \subset \mathbb{R}_{++}$ für stetige n-dimensionale nichtlineare dynamische Systeme. Bei letzteren muß sichergestellt sein, daß die Zeitperiode zwischen den einzelnene Iterationen gegen 0 konvergiert. Die einzelnen λ_i^K stellen die in der Hierarchie $\lambda_1^K \geq \lambda_2^K \geq \ldots \lambda_n^K$ geordneten Eigenwerte der Matrix dar, die sich aus dem Produkt der K Jacobi-Matrizen ergibt.

Je nach den Ausprägungen der einzelnen Ljapunov-Exponenten sowie aus deren Verhältnis zueinander lassen sich verschiedene Aussagen über das chaotische System treffen.[94] So muß man bei einem zweidimensionalen nichtlinearen Differenzengleichungssystem zwischen zwei eindimensionalen Ljapunov-Exponenten differenzieren. Ist der maximale eindimensionale Ljapunov-Exponent positiv, so ist das System chaotisch. Ist darüberhinaus der zugeordnete zweidimensionale Ljapunov-Exponent ebenfalls positiv, so liegt ein sogenanntes Hyperchaos vor.[95] Bei dem erweiterten Modell über die Erwartungsdiffusion in Abschnitt 5.2.3 werden wir dies näher ausführen. Wegen der zunehmenden Komplexität ist es oft nicht mehr möglich, die Ljapunov-Exponenten ohne maschinell verwendbare Algorithmen zu berechnen.

Abschließend kommen wir nun zu der vierten und letzten Chaoseigenschaft, dem irregulären Verhalten chaotischer Zeitreihen.

---

[93] Siehe Lorenz (1989), S.188 und S.189.

[94] Siehe dazu Lorenz (1989), S.189 ff. sowie die darin erwähnte weiterführende Literatur.

[95] Siehe Steeb/Kunick (1989), S.31.

Die Aperiodizität in chaotischen Systemen

Wir haben bereits erwähnt, daß irreguläre Zeitreihen nicht nur von stochastischen, sondern auch von deterministischen Systemen generiert werden können. In Abhängigkeit von den Startwerten und von den Systemparametern können Zeitreihen sowohl periodisch sein als auch aperiodisches Verhalten aufweisen. Ein dynamisches System ist ab einem bestimmten Zeitpunkt τ periodisch mit Periode p falls gilt:[96]

$$x_{t+p} = f(x_t), \ x \in \mathbb{R}^n, \ t = \tau, \tau + 1, \ldots, \ p \in \mathbb{N}. \tag{3.72}$$

Ist einmal p bekannt, so ist (3.72) prognostizierbar. Aperiodische und somit nichtprognostizierbare Zeitreihen sind nicht nur chaotischer Natur, auch stochastisch dominierte Prozesse können solche Zeitreihenbilder hervorbringen.

Betrachten wir einmal das Bifurkationsdigramm der Hénon-Gleichungen in Abbildung 3.27. Wir erkennen, daß bis zu einem Parameterwert von $\alpha \approx 1.06$ das System periodisch ist. Bis zum Wert $\alpha \approx 1.23$ und von $\alpha \approx 1.29$ bis $\alpha = 1.4$ ist es aperiodisch. Dazwischen kehrt es scheinbar wieder zu einer periodischen Ordnung zurück. Diese „Ordnungsinseln“ innerhalb des chaotischen Bereichs sind typisch für chaotische Systeme. Sie werden als Intermittenzen bezeichnet und sind bei vergrößerten Ausschnitten dieses Bifurkationsdiagramms noch häufiger zu sehen.[97]

Die irregulären Zeitreihen sowie die visuelle Ähnlichkeit zu stochastisch kreierten Prozessen sind in erster Linie dafür verantwortlich, daß die Ökonomen sich für die Chaostheorie zu interessieren begannen.

3.4 Die ökonomische Bedeutung der nichtlinearen Dynamik

Wir haben bereits erwähnt, daß die nichtlineare dynamische Theorie eine Verallgemeinerung des Gleichgewichtsbegriffes ermöglicht. Somit können auch Ökonomien als stabil bezeichnet werden, die nicht ausschließlich ge-

[96] Zur besseren Darstellung wird hier ein zeitdiskretes dynamisches System verwendet.

[97] Siehe dazu Thompson/Stewart (1986), S.179.

gen einen Fixpunkt konvergieren.[98] Erweitert man zusätzlich den Stabilitätsbegriff, so sind auch solche ökonomische Systeme im gewissen Sinne stabil, deren Trajektorien sich auf dem begrenzten Raum eines chaotischen Attraktors befinden. In der Literatur hat sich dafür der Begriff der Korridorstabilität etabliert.[99] Die relevante ökonomische Variable bewegt sich zwischen einer Unter- und einer Obergrenze, die gegebenenfalls im Rahmen des Modells durch wirtschaftspolitische Maßnahmen verändert werden können.

Durch permanente Rückkopplungen sind nichtlineare dynamische Systeme in der Lage, sich selbst zu organisieren. Solche selbstorganisierenden Kräfte spricht man auch dem mikro- sowie dem makroökonomischen Bereich einer Volkswirtschaft zu. Insbesondere ist das Geschehen auf spekulativen Märkten ebenfalls durch permanente Rückkopplungen gekennzeichnet. Bestandteil solcher Rückkopplungen sind Steuerungsfunktionen, die das Geschehen in eine bestimmte Richtung lenken und somit, falls gewisse Voraussetzungen erfüllt sind, regulativ tätig werden. Die nichtlineare Dynamik kann dazu beitragen, tiefere Einblicke in die Zusammenhänge dieser komplexen Strukturen zu erlangen. In dem bereits öfters erwähnten Modell in Abschnitt 5.3 haben wir versucht, einen solchen komplexen Rückkopplungsmechanismus, wie er auf einem Aktienmarkt vorliegen könnte, darzustellen.

Ebenfalls von Bedeutung für die Ökonomik ist die Erkenntnis, daß, analog zur KT, kleine Veränderungen der Startwerte oder der kritischen Parameter große Wirkungen nach sich ziehen können. Auch bedarf es keinerlei stochastischer Einflußgrößen, um komplexe und irreguläre ökonomische Zeitreihen zu erhalten, die bisher als Zufallsstörungen und somit als mehr oder weniger starke, kurzfristige Abweichungen vom Gleichgewicht interpretiert wurden.

Da zur Untersuchung nichtlinearer dynamischer Systeme numerische Simulationsläufe nötig sind, wäre somit ein zur analytischen Wirtschaftstheorie ergänzender Einsatz von numerischen ökonomischen Szenarien möglich. Mit Hilfe solch einer experimentellen Ergänzung könnten auch Entwicklungsmöglichkeiten von Modellen betrachtet werden, die aufgrund der Be-

[98] Siehe dazu auch Lorenz (1992), S.85.

[99] Vgl. Lorenz (1990), S.189 ff.

grenztheit des analytischen Instrumentariums kaum zu untersuchen wären.

Zu guter Letzt wollen wir noch die Paradigmenebene ansprechen. Die besonders in der neoklassischen Ökonomik vorherrschende reduktionistische Sicht der Dinge, wonach sich das Ganze so verhält wie die Summe seiner Teile, könnte durch Erkenntnisse der nichtlinearen Dynamik in Analogie zu anderen Wissenschaftsbereichen ebenfalls erschüttert werden. Das schon mehrfach in diesem Zusammenhang angesprochene und in Abschnitt 5.2.2 dargestellte Schnabl-Modell über die Aggregation und Interaktion von Erwartungen könnte ein kleiner Schritt in diese Richtung sein. Die Erwartungen, als Hauptbestimmungsfaktoren für die Preisentwicklung auf spekulativen Märkten, sind auch das zentrale Thema des nächsten Kapitels.

Kapitel 4

Erwartungen aus ökonomischer, psychologischer und spekulativer Sicht

Das nachstehende Kapitel widmen wir einem zentralen Thema der Ökonomik - den Erwartungen. Diese sind unbestritten eine der wichtigsten Determinanten des wirtschaftlichen Handelns und somit auch des Wirtschaftsgeschehens. Wohl keine zukünftige ökonomische Größe dürfte sich realisieren, ohne daß ein Erwartungsbestandteil darin enthalten wäre. Dabei spielen die Erwartungen gerade auf spekulativen Märkten - die wir als spekulative Erwartungen bezeichnen wollen - eine herausragende Rolle. Ohne Zweifel stellen sie dort die Haupttriebfeder der dynamischen Preisentwicklung dar.

Bedeutende Ökonomen der Vergangenheit und Gegenwart haben den Erwartungen besondere Aufmerksamkeit geschenkt. Im Brennpunkt stand neben der Frage nach deren Bedeutung für die Ökonomik, die mittlerweile allgemein erkannt wurde,[1] auch die Frage nach der Erklärung der Erwartungsbildung. Wie wir noch sehen werden, wird letztere Frage im Rahmen der ökonomischen Theoriebildung aber immer noch defizitär behandelt. Dabei wies bereits Schumpeter auf die Erklärungsbedürftigkeit der Erwartungsbildung hin, um bestimmte ökonomische Phänomene verstehen zu können.[2] Der Ökonom G. Haberler hat festgestellt, daß gerade die Er-

[1] Siehe Stiglitz (1992), S.400.

[2] Siehe Schumpeter (1939), dt. Übersetzung (1961), S.149 f.

wartungen ein Anlaß sein könnten, psychologischen Faktoren eine größere Beachtung zu schenken.[3]

4.1 Erwartungen in der Ökonomik

Die zukünftigen Zustände der Welt sind untrennbar mit dem Phänomen der Ungewißheit verbunden. Aus diesem Grunde sind die Wirtschaftsakteure innerhalb dynamischer Entscheidungssituationen[4] gezwungen, über diese Zustände und deren Eintritt Erwartungen zu bilden. Allgemein werden Erwartungen als Aussagen über zukünftige Ereignisse definiert, die auf subjektiven, persönlichen Einstellungen und/oder auf objektiven realistischen Beobachtungen basieren.[5] Sie sind demnach unsichere Vorhersagen über künftige von den Individuen nicht kontrollierbare Ereignisse und werden somit zu Fundamenten individueller Planungen. Diese definieren dann wiederum, praktisch als Reaktionen auf die Erwartungen, diverse Handlungsabläufe, die durch sogenannte Instrumentvariablen individuell steuerbar sind.

Der Wirtschaftsablauf als Ergebnis wirtschaftlichen Handelns sowie die gesamtwirtschaftliche Entwicklung als Aneinanderkettung von Wirtschaftsabläufen werden entscheidend determiniert durch die optimale Koordinierung der aufgestellten Individualpläne und Entscheidungen. Somit kommt den Erwartungen der Wirtschaftsakteure eine ebenso bedeutende wie zentrale Stellung im Wirtschaftsgeschehen zu. Auf diese herausragende Stellung haben Ökonomen im Laufe der Geschichte der Wirtschaftswissenschaften immer wieder hingewiesen. J.M. Keynes beispielsweise hob nicht nur die Bedeutung der Erwartungen hervor, er ging auch zusätzlich auf deren Bestimmungsgründe ein.[6]

Eine andere Definition geht explizit auf den Begriff ökonomische Erwartungen ein. Diese sind „mit unterschiedlicher Sicherheit gehegte Vorstellungen über relevante zukünftige Wirtschaftsdaten, also auf Phantasie und

[3] Siehe Haberler (1937), S.141. Vgl. auch dazu Machinek (1968), S.122.

[4] Dynamisch in dem Sinne, daß der Entscheidunghorizont mindestens eine zukünftige Periode umfaßt.

[5] Siehe Özga (1965).

[6] Für eine gute Übersicht über die Historie der Erwartungen in der Ökonomik siehe Machinek (1968).

Erfahrung beruhende psychische Phänomene".[7] Eine pragmatischere Definition ist diejenige von Shackle: „By expectation I mean the act of creating imaginary situations, of associating them with named future dates, and of assigning to each of the hypotheses thus formed a place on a scale measuring the degree of our belief that a specified course of action on our own part will make this hypothesis come true. Such a hypothesis I shall call an expectation".[8]

Allen bisherigen Definitionen sind die beiden Hauptwesensmerkmale der Erwartungen gemeinsam. Der zeitlich dynamische Aspekt auf der einen, die subjektiv psychologische Komponente auf der anderen Seite.

Mit der Betrachtung des wirtschaftlichen Handelns als dynamischen Prozeß ist eine verstärkte Ausrichtung auf die Entscheidungsproblematik gefordert. Der zeitlich dynamische Aspekt wird dann dergestalt mit einbezogen, daß zumeist in der jetzigen Periode Entscheidungen für zukünftige Zeiträume getroffen werden und diese wiederum das gegenwärtige Handeln mit beeinflussen. Diese Zukunftsbezogenheit hat bereits O. Morgenstern herausgestellt, indem er schreibt: „Die ganze Wirtschaft ist entschieden in die Zukunft gewendet, hängt aber mit festen Ketten in der Vergangenheit (und: kennt keine Gegenwart)."[9] Und C. Menger bemerkte: „Wir wirtschaften, indem wir die Mittel zur Befriedigung unserer Bedürfnisse und solcherart die Möglichkeit der Konsumtion in kommenden Zeiträumen sicherstellen, nicht indem wir konsumieren."[10]

Der Prozeß der Entscheidungsfindung für ein Wirtschaftssubjekt ist durch folgende vier Komponenten charakterisiert:[11]

- Den Handlungsspielraum,
- den Informationsstand,
- die Motivation,
- die Koordinationsfähigkeit.

[7] Siehe Weber/Streißler (1961), S.330.

[8] Siehe Shackle (1949), S.1.

[9] Morgenstern (1928), S.62.

[10] Siehe Menger (1923), S.62.

[11] Zum folgenden siehe Ribhegge (1987), S.15 ff.

Der Handlungsspielraum ist demnach unabdingbare Voraussetzung dafür, daß ein Wirtschaftssubjekt überhaupt Entscheidungen treffen kann. Er wird determiniert durch eine Vielzahl von Handlungsalternativen beziehungsweise Wahlmöglichkeiten. Die Vorteilhaftigkeit einer Aktionsalternative hängt nun entscheidend davon ab, welcher Umweltzustand sich in Zukunft einstellen wird. Das auf diese Weise entstehende Informationsproblem wird durch einen gewissen Informationsstand bezüglich der Umwelt auf der einen, und der Kenntnis der Handlungsalternativen auf der anderen Seite relativiert.

Motivation oder Zielgerichtetheit bedeutet in diesem Zusammenhang, daß jeder Akteur eine Bewertung seiner Handlungsalternativen vornimmt und daraufhin die bestmögliche Auswahl trifft. Sobald die Entscheidung des einen Individuums mit der eines anderen interdependent ist, müssen sie von beiden koordiniert werden, um ebenfalls das bestmöglichste Ergebnis zu erzielen.

Bekanntlich werden die Erwartungen von der Variablen Zeit in vielfältiger Weise tangiert. Zum einen werden sie gerade wegen der oben erwähnten Dynamik gebildet und zunehmend als Ergänzung beziehungsweise mehr noch als Grundbestandteil der Entscheidungsfindung angesehen. Diese Integration der Erwartungen in den ökonomischen Entscheidungsprozeß wird im Rahmen der von der gängigen Entscheidungstheorie je nach Informationsstand praktizierten Teilung in Sicherheit, Risiko und Unsicherheit vorgenommen. Da für zukunftgerichtetes Handeln der Fall der Sicherheit faktisch gänzlich ausgeschlossen werden kann, erfolgt die entscheidungstheoretische Begründung der Erwartungen mit Risiko beziehungsweise Unsicherheit des zukünftigen wirtschaftlichen Geschehens. Wie wir aus Abschnitt 2.1.1 wissen, ist für die Unterscheidung von Risiko und Unsicherheit das Vorhandensein subjektiver und/oder objektiver Wahrscheinlichkeiten über das erwartete Eintreten der jeweiligen Situation oder des jeweiligen Zustandes von Bedeutung. Jedoch unterscheiden sich die beiden Klassifikationen nicht notwendig in den Erwartungen über das qualitative Aussehen des zukünftigen Zustandes.

Desweiteren besitzen die Erwartungen selbst dynamischen Charakter. Je nach dem Zeitraum, für den sie gebildet werden, sind sie kurz-, mittel- oder langfristiger Natur. Keynes differenzierte explizit zwischen kurz- und langfristigen Erwartungen. Dabei maß er den kurzfristigen Erwartungen, die primär bei Produktionsentscheidungen gebildet werden, weniger Bedeutung zu. Bestimmend sind nach seiner Sicht die langfristigen Erwartungen, die sich auf die Ausdehnung des Kapitalstocks beziehen.[12]

Im Zeitablauf können sich die Erwartungen jederzeit verändern, wobei der Umfang der Veränderbarkeit und die damit induzierte Rückkopplungswirkung auf die ursprüngliche Entscheidung mit zunehmender Fristigkeit ansteigen.

Zum anderen ist der Prozeß der Erwartungsbildung, obwohl individuell statischer Natur, nicht losgelöst von der Dynamik zu analysieren. In diesem Prozeß werden zu jedem Zeitpunkt Vergangenheits- und Gegenwartsdaten mit anderen Inputs kombiniert. Auch der Übergang von individueller Erwartung zu kollektiver Erwartungsbildung besitzt einen dynamischen Charakter. Diesen Aspekt werden wir jedoch in Abschnitt 5.2 näher behandeln.

Das zweite Hauptcharakteristikum von Erwartungen, die subjektiv psychologische Komponente, wurde bisher in der Ökonomik weitestgehend vernachlässigt, wenngleich es in der Vergangenheit wiederholt zu Versuchen gekommen ist, den psychologischen Aspekt in diversen ökonomischen Modellansätzen stärker zu berücksichtigen.[13] Obwohl u.a. auch Keynes auf die Relevanz der Psychologie für die Erwartungsbildung und somit für das Wirtschaftsgeschehen hinwies und dazu noch die so gebildeten Erwartungen zur Fundamentierung von Teilen seiner Theorie heranzog, behandelt er diese doch letztendlich als exogene Größen.[14] Nachfolgende Ökonomen haben zwar in ökonomischen Modellen die Endogenisierung der Erwartungsbildung vorgenommen, jedoch geschah dies durchweg mit formalen Ansätzen, die eine psychologische Komponente a priori unter Rationalitätsgesichtspunkten ausschlossen.

So ist bis heute die Behandlung der Erwartungen in der ökonomischen Theorie vor allem durch zwei entgegengesetzte Positionen gekennzeichnet: Auf der einen Seite werden Erwartungen als Ergebnis eines streng nach rationalen Gesichtspunkten aufgebauten Analyseprozesses gesehen, andrerseits ergeben sie sich, so die Gegenposition, als Folge psychischer und

---

[12]Siehe Keynes (1936), S.51.

[13]Siehe Schilling (1987), S.19.

[14]Siehe Schilling (1987) beziehungsweise Keynes (1936).

vermeintlich nichtrationaler Vorgänge.

Auf die erste Position greift die Ökonomik immer dann zurück, wenn es darum geht, die Erwartungsbildung auf formale Weise zu modellieren. Dabei sieht sie sich mit denselben Schwierigkeiten konfrontiert, wie sie bei der Modellierung der Präferenzbildung in der Mikroökonomik auftreten. Da es sich sowohl bei den Erwartungen als auch bei den Präferenzen um primär psychische Phänomene handelt, sind beide nicht direkt beobachtbar. Sie äußern sich nur indirekt in den Handlungen der Wirtschaftssubjekte, oder sind Bestandteil von Wirtschaftsdaten, etwa von Inflationsraten, von Aktienkursen etc.

Die zweite Position hat in formalen ökonomischen Modellen wenig oder überhaupt keine Berücksichtigung gefunden, da, wie wir wissen, die Wirtschaftslehre eines homo oeconomicus nur schwer in der Lage ist, mit psychologischem und somit vordergründig nichtrationalem Verhalten umzugehen.

Im folgenden wollen wir die in der ökonomischen Modellbildung zumeist verwendeten Erwartungsbildungsansätze kurz darstellen. Wir verwenden dazu die Klassifikation von König, der grob zwischen extrapolativen und rationalen Erwartungen unterscheidet.[15]

4.1.1 Extrapolative Erwartungen

Die extrapolativen Erwartungsbildungsmodelle greifen auf den gewogenen Durchschnitt der beobachteten Werte einer ökonomischen Variablen zurück. Dabei bildet sich die Erwartung über eine ökonomische Größe nach einer bestimmten Rechenvorschrift aus Daten der Gegenwart und der Vergangenheit.

Die Verwendung dieser Art der Erwartungsbildung findet ihre Begründung in der Annahme, daß Wirtschaftssubjekte im allgemeinen ihre Gewohnheiten nur langsam verändern und somit die Anpassung der ökonomischen Variablen an neuere Entwicklungen nur allmählich eine Veränderung in den Erwartungen induziert.

---

[15] Siehe König (1983), S.335 ff. Hierzu muß angemerkt werden, daß diese Einteilung in der Literatur nicht allgemeingültig ist.

Die allgemeine Form der extrapolativen Erwartungen lautet:[16]

$$_{t+1}X_t^e = \sum_{i=0}^{\infty} w_i X_{t-i} \,. \tag{4.1}$$

Hierin bezeichnen $_{t+1}X_t^e$ die in Periode t für Periode $t+1$ gebildete Erwartung der ökonomischen Variablen X und w_i, $i = 1, 2, \ldots$, konstante positive Gewichtungsparameter.

Für geometrisch abnehmende Gewichtungsparameter,

$$w_i = \lambda(1-\lambda)^i, \; 0 < \lambda < 1 \,, \tag{4.2}$$

erhält man die häufig in theoretischen ökonomischen Modellen verwendeteten adaptiven Erwartungen:

$$_{t+1}X_t^e = \lambda X_t + (1-\lambda)_t X_{t-1}^e \,. \tag{4.3}$$

Der erwartete Wert für die Periode $t+1$ setzt sich dabei als gewogenes Mittel aus der realisierten Variable der gegenwärtigen Periode und aus der Erwartung der Vorperiode zusammen. Je nach Ausgestaltung des Parameters λ wird mehr Gewicht auf die gegenwärtige Realisierung oder auf die Erwartung der Vorperiode gelegt.

Das adaptive Erwartungsmodell, das sich auch als Fehlerkorrekturverfahren interpretieren läßt, wurde erstmals von Cagan im Rahmen eines Hyperinflationsmodells verwendet.[17]

Verwendet man anstatt der Erwartung der Vorperiode $_tX_{t-1}^e$ eine Ausprägung der Erwartungsvariablen X_t^n, die die Wirtschaftssubjekte als „normal" ansehen, so erhält man das regressive Erwartungsmodell, das sich formal wie folgt darstellen läßt:

$$_{t+1}X_t^e = bX_t^n + (1-b)X_t \,, \; 0 \leq b \leq 1 \,. \tag{4.4}$$

Über den Festlegungsverlauf der „normalen" Größe X_t^n gibt es nun unterschiedliche Auffassungen.[18] Modigliani und Sutch, auf die der regressive Erwartungsansatz eigentlich zurückgeht, stellten in einem Zinserwartungsmodell dieses „Normalniveau" als Konvexkombination zwischen einem sehr

[16] Siehe Nerlove (1983), S. 1253 ff.

[17] Siehe Cagan (1956).

[18] Vgl. auch dazu Schilling (1987), S.30/31.

langfristigen „Normalniveau“ c und den mit wachsendem i abnehmend gewichteten Vergangenheitsdaten dar.[19] Formal lautet dies:

$$X_t^n = m \sum_{i=0}^{n} \gamma_i X_{t-i} + (1-m)c, \ 0 < m < 1, \tag{4.5}$$

mit den positiven Gewichtungsfaktoren γ_i.

In seinem Inflationserwartungsmodell nimmt Frenkel einen adaptiven Ansatz zur Bestimmung des „Normalniveaus“ an.[20] Dieser lautet:

$$X_t^n - X_{t-1}^n = a(X_{t-1} - X_{t-1}^n), \ a > 0. \tag{4.6}$$

Nach diesem Ansatz korrigieren die Wirtschaftssubjekte ihre „Normalvorstellung“ über die Erwartungsvariable, wenn die Realisierung der Vorperiode von dem „Normalniveau“ der Vorperiode abweicht.

Setzt man die Bestimmungsgleichungen (4.5) und (4.6) in (4.4) ein, so erhält man für den Modigliani/Sutch-Ansatz:

$$_{t+1}X_t^e = (1-b)X_t + b(1-m)c + bm \sum_{i=0}^{n} \gamma_i X_{t-i}\,, \tag{4.7}$$

und für den Frenkel-Ansatz:

$$_{t+1}X_t^e = (1-b)X_t + baX_{t-1} + b(1-a)X_{t-1}^n\,. \tag{4.8}$$

Stellt man jedoch den adaptiven Ansatz von Frenkel in (4.6) alternativ mit Hilfe von (4.1) und (4.2) dar, so ergibt sich für die Ermittlung des „Normalniveaus“:

$$X_t^n = a \sum_{i=0}^{\infty} (1-a)^{i-1} X_{t-i-1}\,, \tag{4.9}$$

und somit für (4.8):

$$_{t+1}X_t^e = (1-b)X_t + ba \sum_{i=0}^{\infty} (1-a)^{i-1} X_{t-i-1}\,. \tag{4.10}$$

Für $n \to \infty$ wären die beiden Ansätze dann nahezu äquivalent.[21]

Die extrapolativen Erwartungsbildungsmodelle erfreuen sich aufgrund ihrer deterministischen Struktur in der ökonomischen Theoriebildung großer

[19] Siehe Modigliani/Sutch(1966).

[20] Siehe Frenkel (1975).

[21] Allerdings müßte dann in (4.6) $0 < a < 1$ gelten.

Beliebtheit. Sie gestatten ohne größeren formalen Aufwand den Einbau von Erwartungsgrößen in einen nichtstochastischen Modellrahmen. Daher eignen sie sich gut zur Darstellung von Unsicherheitssituationen, die, wie vorher bereits angemerkt wurde, sich nicht durch subjektive und/oder objektive Wahrscheinlichkeiten beschreiben lassen. Gemäß v. Natzmer könnte man jedoch eine stochastische Komponente indirekt einbauen, indem man die ökonomische Größen der Gegenwart und der Vergangenheit als Zufallsvariablen vor ihrer Realisierung ansieht. Die Erwartungsvariable besitzt dann zwar eine Verteilungsdichte, diese ist aber nicht das Ergebnis individueller, subjektiver Vermutungen des Wirtschaftssubjektes.[22]

Neben Nachteilen bei der Verwendung in ökonometrischen Schätzverfahren[23] haben die extrapolativen Erwartungsbildungsansätze auch in der ökonomischen Theoriebildung einige Kritikpunkte hervorgerufen. Wir wollen auf die beiden - im Rahmen dieser Arbeit - wichtigsten Hauptkritikpunkte kurz eingehen.

Demnach erzeugen sie bei der Erwartungsbildung systematische Erwartungsirrtümer. So werden Wachstum und Rückgang einer ökonomischen Variable permanent unter- beziehungsweise überschätzt. Ein Wirtschaftssubjekt, dem dieses mechanistische Bildungsgesetz bekannt wäre, würde somit aus dieser Unter- beziehungsweise Überschätzung zusätzlichen Gewinn erzielen können.

Diese Kritik der systematischen Schätzfehler läßt Chiarella nicht so ohne weiteres gelten.[24] Für ihn sind diese Fehler nicht das Produkt des Erwartungsbildungsmechanismus, sondern sie resultieren aus den niedrigdimensionalen Modellen, mit denen die Ökonomen arbeiten müssen, um ihre Probleme mathematisch behandelbar zu gestalten. Bei Annahme nichtlinearer ökonomischer Zusammenhänge kann sich das reguläre Verhalten eines Systems in niedrigen Dimensionen aufgrund einer Dimensionserhöhung durchaus zu einem komplexeren Verhalten hin entwickeln. In solch höherdimensionalen Modellen, deren dynamisches Verhalten trotz deterministischer Struktur nicht prognostizierbar ist, können somit die Wirtschaftssubjekte keine systematischen Schätzfehler mehr begehen, egal welchen Erwar-

---

[22]Siehe v. Natzmer (1985), S.55.

[23]Siehe dazu König (1983).

[24]Siehe zum folgenden auch Chiarella (1992), S.102.

tungsbildungsmechanismus sie auch benutzen.

Einen weiteren Kritikpunkt stellt die mangelnde Realitätsnähe dar.[25] Die Annahme, die Wirtschaftssubjekte würden bei ihrer Erwartungsbildung nur die Informationen über die vergangene Entwicklung der Erwartungsvariablen benützen, sei angesichts gestiegener Informationsmöglichkeiten nicht mehr haltbar.

Vor allem diese beiden Kritikpunkte haben zur Entwicklung der rationalen Erwartungshypothese geführt, die wir im nächsten Abschnitt kurz beschreiben wollen.

4.1.2 Die Hypothese rationaler Erwartungen

Im Jahre 1961 brachte J. F. Muth die Hypothese der rationalen Erwartungen in die Wirtschaftswissenschaften ein.[26] In einem zunächst wenig beachteten Aufsatz, entdeckte er im Rahmen empirischer Untersuchungen, daß die Prognosen der Wirtschaftssubjekte im Durchschnitt den Prognosen einfacher Modelle überlegen waren. Trotz divergierender Meinungen waren diese Vorhersagen nahezu genauso exakt wie die Schätzungen komplexer Gleichungssysteme. Muth verband mit dieser Beobachtung die Erkenntnis, daß die Wirtschaftssubjekte sich bei der Informationsgewinnung und Informationsverarbeitung ebenso rational verhielten wie in ihrem sonstigen ökonomischen Verhalten. Indem sie die Information als knappes Gut ansehen, das nicht vergeudet werden darf, findet auch der Erwartungsbildungsprozeß auf rationaler Basis statt. Im Gegensatz zu den extrapolativen Erwartungsmodellen basiert hier die Erwartung nicht ausschließlich auf der Verwertung von Vergangenheitsdaten, sondern auf der Auswertung sämtlicher mit der Erwartungsvariablen im Zusammenhang stehenden Informationen. Auch die Struktur des dahinterstehenden ökonomischen Modells wird in die Erwartungsbildung mit einbezogen.

Über das, was er unter rationalen Erwartungen versteht, gibt Muth die folgende Definition: „expectations, since they are informed predictions of future events, are essentially the same as the predictions of the relevant economic theory".[27] Eine etwas präzisere Definition gibt Begg: „The hy-

[25] Siehe König (1983).

[26] Siehe dazu Muth (1961).

[27] Ebenda, S.316.

pothesis of Rational Expectations asserts that the unobservable subjective expectations of individuals are exactly the true mathematical conditional expectations implied by the model itself".[28]

Dies alles bedeutet jedoch nicht, so Muth, daß jedes Wirtschaftssubjekt sich gemäß den Gleichungen des entsprechenden ökonomischen Modells verhalte oder daß alle Wirtschaftssubjekte dieselben Erwartungen besitzen. Auch werde mit dieser Hypothese nicht impliziert, daß den Akteuren nicht von Zeit zu Zeit auch Schätzfehler unterlaufen würden. Lediglich im Durchschnitt entsprechen die aggregierten Erwartungen den Prognosen der relevanten ökonomischen Theorie.[29]

Im stochastischen Sinne entspricht dieser Durchschnitt dem bedingten mathematischen Erwartungswert einer Wahrscheinlichkeitsverteilung. Sei nun beispielsweise

$$X_{t+1} = X_t + \epsilon_{t+1} \tag{4.11}$$

das „wahre" ökonomische Modell zur Erklärung der Entwicklung der ökonomischen Größe X. Der stochastische Störtherm ϵ hat dabei die folgenden wünschenswerten Eigenschaften: Er ist normalverteilt mit Erwartungswert 0 und Varianz σ und unabhängig, das heißt es gilt somit:

$$\epsilon \sim N(0,\sigma),\ E(\epsilon_t \epsilon_\tau) = 0\ (t \neq \tau),\ E(\epsilon_t I_\tau) = 0\ (\forall t > \tau), \tag{4.12}$$

mit $I_t \subseteq I$ als Informationsmenge zum Zeitpunkt t und $E(.)$ als mathematischen Erwartungswert.

Die rationale Erwartungsbildung geht nun folgendermaßen vor sich:

$$\begin{aligned} {}_{t+1}X_t^e &= E(X_{t+1}|I_t) = E(X_t + \epsilon_{t+1}|I_t) = \\ &= X_t + E(\epsilon_{t+1}|I_t) = X_t. \end{aligned} \tag{4.13}$$

Aus der ersten Gleichheitsbeziehung in (4.13) ist ersichtlich, daß bei rationaler Erwartungsbildung die subjektiven Erwartungen ${}_{t+1}X_t^e$ dem bedingten mathematischen Erwartungswert $E(.|I_t)$ unseres einfachen Modells aus (4.11) entsprechen.

Die von Zeit zu Zeit auftretenden Schätzfehler $X_{t+1} -_{t+1} X_t^e$ sind somit zufälliger und nicht systematischer Natur. Da darüberhinaus gilt:

$$E(X_{t+1} -_{t+1} X_t^e) = E(\epsilon_{t+1}) = 0\,, \tag{4.14}$$

[28] Siehe Begg (1982), S.30.

[29] Siehe Muth (1961), S.317.

und

$$var(X_{t+1} -_{t+1} X_t^e) = E(X_{t+1} -_{t+1} X_t^e)^2 = E(\epsilon_{t+1})^2 = \sigma, \qquad (4.15)$$

ist ${}_{t+1}X_t^e$ im statistischen Sinn als unverzerrter Schätzer mit minimaler Varianz anzusehen.

Eine allgemeine Anwendung erfuhren die rationalen Erwartungen insbesondere in den siebziger Jahren und zwar in dem Meinungsstreit um die Effektivität wirtschaftspolitischer Maßnahmen.[30] Obwohl die Hypothese rationaler Erwartungen ein modellkonsistentes Konzept zur Erwartungsbildung darstellt, dauert die Diskussion bis zum heutigen Zeitpunkt an. Im folgenden wollen wir auf einige Gegenpositionen näher eingehen.

Kernpunkt der Diskussion ist der Begriff der Rationalität und damit verbunden die Annahme rationalen Verhaltens bei der Erwartungsbildung. Wir können uns dieser Diskussion mit dem, was wir in Kapitel 1 ausgeführt haben, anschließen.

Ein weiterer Kritikpunkt an der rationalen Erwartungsbildung betrifft die Gleichsetzung von subjektiven und objektiven Wahrscheinlichkeiten, die in der Realität nicht gegeben ist.[31] Mit dieser Annahme werde lediglich die Aggregationsproblematik beim Übergang von der Mikro- zur Makroebene elegant und unrealistisch umgangen. Die ebenfalls bei der Aggregation auftretende gegenseitige Beeinflussung der Wirtschaftssubjekte werde somit innerhalb dieses Ansatzes vernachlässigt, da dies den Unkorreliertheits- und Unabhängigkeitsannahmen widerspricht. Wir werden diese wichtigen Punkte in Abschnitt 5.2.1 noch ausführlicher behandeln.

Auch das relevante Modell der Wirtschaftstheorie sei in der Realität nicht vorhanden. Jeder, der sich mit der Ökonomik beschäftigt, wisse, daß für die meisten ökonomischen Phänomene auf der Makroebene unterschiedliche oft konkurrierende Erklärungsansätze und -modelle existieren. Die Wirtschaftssubjekte, die ohnehin bei der ökonometrischen Schätzung mit ihren nur durchschnittlichen mathematisch statistischen Fähigkeiten überfordert wären,[32] müßten aus dieser Vielzahl der Theorieansätze ein Modell auswählen, was dann sicherlich der postulierten Homogenität der aggregierten Erwartung hinderlich wäre.

[30] Siehe dazu als Beispiele Lucas (1975) beziehungsweise Sargent/Wallace (1976).

[31] Siehe auch dazu Schilling (1987), S.178 ff.

[32] Siehe Arrow (1978), S.160.

Schilling bringt die in dieser Richtung verlaufenden Kritikpunkte auf einen einheitlichen Nenner: „Akzeptiert man das Gleichgewichtsparadigma als der Realität angemessene Modellierung des wirtschaftlichen Geschehens, sind die Voraussetzungen der Hypothese Muth' automatisch erfüllt. Die Erwartungsbildung der Marktteilnehmer wird von der Theorie der rationalen Erwartungen adäquat wiedergegeben. Geht man hingegen mit den Prämissen der Hypothese Muth' nicht konform, ergibt sich zwangsläufig eine Auseinandersetzung mit den explizit und implizit getroffenen Annahmen des Gleichgewichtsparadigmas. D.h., die Diskussion über die Argumente, die für oder gegen die Theorie rationaler Erwartungen sprechen, ist letztlich die altbekannte Auseinandersetzung um die Relevanz und Realitätsbezogenheit des Gleichgewichtsansatzes".[33]

Ein wichtiger Kritikpunkt außerhalb der gleichgewichtstheoretischen Diskussion bezieht sich auf die Verwendung des Erwartungswertkriteriums zur Konkretisierung der Erwartungsvariablen. Wir werden auf diesen Punkt im Rahmen der Beschreibung der Quartischen Modalwert-Erwartungen im Abschnitt 5.1 noch detaillierter eingehen.

Bevor wir im nächsten Teil die Erwartungsbildung aus psychologischer Sicht näher betrachten werden, sehen wir uns als Beispiel die Anwendung der Theorie rationaler Erwartungen auf die Aktienkursbestimmung an.

Effiziente Märkte, rationale Erwartungen und die Theorie spekulativer Blasen

Die rationale Erwartungshypothese wurde äußerst intensiv im Bereich der Finanzmarktmodelle eingesetzt. Eng damit verbunden ist die Theorie der effizienten Märkte, die wir bereits im Abschnitt 2.2 kennengelernt haben. Kurz gesagt, stellt diese Theorie sicher, daß Wertpapierpreise vollständig flexibel sind und darüberhinaus alle verfügbaren Informationen beinhalten.

Ebenfalls aus diesem Abschnitt ist bekannt, daß zwei der drei Voraussetzungen für die Markteffizienz die Bildung von rational homogenen Erwartungen garantieren.[34] Dabei stellt das Charakteristikum der halbstrengen Effizienz, die alle öffentlich zugänglichen Informationen beinhaltet, in gewisser Hinsicht eine Anwendung der Theorie rationaler Erwartungen dar.

---

[33] Siehe Schilling (1987), S.182.

[34] Siehe dazu die Ausführungen auf S.52.

Auch die strenge Form der Effizienz, die private und öffentliche Informationen umfaßt, impliziert ebenfalls rationale Erwartungen der Akteure.[35] Denn der Unterschied zwischen der strengen und der halbstrengen Form liegt allein in der Einbeziehung privater Informationen in den Erwartungsbildungsprozeß. Dies wiederum stellt lediglich einen Unterschied in den Annahmen über das Verhalten als Reaktion auf die Erwartungen dar. Der Erwartungsbildungsprozeß selbst bleibt davon unberührt.

So impliziert Markteffizienz in ihrer strengen und halbstrengen Form rationale Erwartungen, aber rationale Erwartungen implizieren nicht Markteffizienz. In der ökonomischen Theoriebildung gehen somit nicht alle rationalen Erwartungsmodelle auf Makroebene von einer Markteffizienz aus. Jedoch in Finanzmarktmodellen unter rationalen Erwartungen hat es sich weitgehend durchgesetzt, die halbstrenge Form der Markteffizienz anzunehmen, obwohl, wie wir in Abschnitt 2.2 gesehen haben, das Effizienzkonzept relativ umstritten ist.

Im folgenden präsentieren wir das bekannte Modell der Aktienkursbestimmung, das sowohl von rationalen Erwartungen (RE) als auch von Markteffizienz ausgeht.[36]

Für einen repräsentativen Investor ergibt sich ex post die Rendite R_t seiner Aktienanlage in Periode $t \leq 0, 1, \dots$ als

$$R_t = \frac{p_{t+1} - p_t + d_{t+1}}{p_t}. \tag{4.16}$$

Die Variablen p_t und p_{t+1} bezeichnen hierin den Aktienkurs, d_{t+1} stellt die Dividendenzahlung jeweils in den Perioden t beziehungsweise $t+1$ dar. Die beiden letzteren sind ex ante betrachtet Zufallsvariable, was jedoch in der Notation aus Gründen der Übersichtlichkeit vernachlässigt wird.

Sei $I_t \subseteq I$ die zum Zeitpunkt t verfügbare Informationsmenge, so ergibt sich als No-Arbitrage-Bedingung:

$$E(R_t|I_t) = r, \; \forall\, t \geq 0, \; 0 < r < 1, \tag{4.17}$$

mit E(.) als bedingtem mathematischen Erwartungswert und r als konstantem Marktzinssatz, welcher der Rendite einer sicheren Anlage entsprechen

[35] Siehe dazu und zum folgenden Minford/Peel (1983), S.122 ff.

[36] Vgl. dazu auch Blanchard/Watson (1982), S.296 ff.

soll. Aus der Bedingung arbitragefreier Preise erhält man sodann:

$$p_t = \lambda^{-1}\{E(p_{t+1}|I_t) + E(d_{t+1}|I_t)\} \quad \text{mit} \quad \lambda := 1 + r\,. \tag{4.18}$$

Unter Verwendung der RE-Hypothese, wobei zusätzlich für $i \geq 1$ gilt:

$$I_t \subseteq I_{t+i} \quad \text{und} \quad E(E(.|I_{t+1})|I_t) = E(.|I_t)\,, \tag{4.19}$$

ergibt sich mit Hilfe des Lagoperators $LX_t = X_{t-1}$:

$$p_{t+1} = \frac{1}{1-\lambda L} E(d_{t+1}|I_t)\,. \tag{4.20}$$

Nach einigen Umformulierungen und der Zurückdatierung um eine Periode folgt:

$$p_t^F = \sum_{i=1}^{\infty} \lambda^{-i} E(d_{t+i}|I_t)\,. \tag{4.21}$$

Aufgrund der Annahme von RE verhalten sich alle Investoren wie dieser repräsentative Anleger. Demzufolge definiert Gleichung (4.21) den Fundamentalwert einer Aktie, der aus der Summe der abdiskontierten zukünftig erwarteten Dividendenzahlungen besteht.

Dieser Fundamentalwert der Aktie ist bei der theoretischen Kursbestimmung enorm wichtig. So sind viele Ökonomen der Meinung, daß unter Annahme rationalen Verhaltens, Markteffizienz sowie rationaler Erwartungen der Kurs der Aktie immer seinem fundamentalen Wert entsprechen muß. Der Aktienkurs hängt also nur von den zukünftigen Erträgen ab. Abweichungen von diesem Fundamentalwert werden oft als Anzeichen von Irrationalität angesehen.

Heutzutage ist man jedoch mehr und mehr der Ansicht, daß Fundamentaldaten nur eine Determinante des Kurses darstellen. So werden auch häufig massenpsychologische Phänomene als weitere Bestimmungsfaktoren angesehen.

Jedoch können rationale Annahmen ebensowenig wie effiziente Märkte solche Kursabweichungen verhindern. Denn mathematisch entspricht (4.21) nur der partikulären Lösung der Differenzengleichung (4.18). Die allgemeine Lösung ergibt sich als

$$p_t = \sum_{i=1}^{\infty} \lambda^{-i} E(d_{t+i}|I_t) + a\lambda^t = p_t^F + a_t,\; a_t := a\lambda^t\,,\; a > 0\,. \tag{4.22}$$

Diese allgemeine Lösung (4.22) setzt sich zusammen aus dem fundamentalen Wert der Aktie und einer Abweichung a_t, die in diesem Ansatz als spekulative Blase bezeichnet wird.[37] Leider ist in der Literatur nicht eindeutig geklärt, was unter einer spekulativen Blase zu verstehen ist. Einige Definitionen bezeichnen jede Kursabweichnug als spekulative Blase. Andere Veröffentlichungen gehen von einer längerfristigen Abweichung aus, auf die eine abrupte Kurskorrektur in Richtung des fundamentalen Wertes folgen muß.[38] Dieses sogenannte Platzen der Blase wird hierin sogar als Hauptcharakteristikum angesehen. Wir werden darauf nochmals in Abschnitt 5.3 eingehen.

Die spekulative Blase im rationalen Erwartungsansatz verdankt ihre Entstehung der dynamischen Unbestimmtheit von Gleichung (4.18). Um dieses Dilemma, das eigentlich im Widerspruch zur Effizienz- und Rationalhypothese steht, zu umgehen, existieren Ansätze, die durch strengere Annahmen versuchen, Preisabweichungen a priori aus den Modellen auszuschließen .[39] In diesem Zusammenhang wurde auch nachgewiesen, daß, unter obigen Voraussetzungen, in einem Modell überlappender Generationen mit Vererbung, keine spekulativen Blasen existieren.[40]

In den meisten gleichgewichtstheoretischen Ansätzen werden spekulative Blasen mit Hilfe der folgenden Transversalitätsbedingung a priori ausgeschlossen:

$$\lim_{n \to \infty} \lambda^{-n} p_{t+n} = 0. \qquad (4.23)$$

Bedingung (4.23) sorgt somit dafür, daß der Fundamentalwert der Aktie in (4.21) zugleich partikuläre und allgemeine Lösung von Gleichung (4.18) ist.

Unser Ansatz jedoch, den wir in Abschnitt 5.3 vorstellen werden, ist trotz Geltung der Transversalitätsbedingung in der Lage, spekulative Blasen hervorzubringen. Ausschlaggebend dafür ist nicht die mathematische Unbestimmtheit wie im vorherigen Fall, sondern eine Erwartungsbildung der Marktteilnehmer, die psychologische Einflußfaktoren berücksichtigen

[37] Zuweilen wird in der Literatur auch der Begriff rationale Blase verwendet, da sie aus rationalen Annahmen abgeleitet wurde.

[38] Für eine Übersicht über die verschiedenen Definitionen siehe Gruber (1988).

[39] Siehe Obstfeld/Rogoff (1983) und (1986).

[40] Siehe Tirole (1985).

kann.

4.2 Die Erwartungsbildung aus psychologischer Sicht

In Abschnitt 4.1. haben wir erwähnt, daß die Erwartungsbildung, wie sie in einer Ökonomie stattfindet, auch eine psychologische Komponente besitzt. Im folgenden soll diese Komponente näher betrachtet werden.

Als Voraussetzung für die Bildung von Erwartungen auf individueller Ebene werden allgemein zwei menschliche Fähigkeiten genannt:[41] Zum einen ist es die Fähigkeit, sich künftige Entwicklungen vorzustellen, indem man vergangene Entwicklungen verfolgt und in die Zukunft projiziert. Zum anderen ist der Mensch fähig, aus der Vergangenheit zu lernen und sich Erfahrungen anzueignen.

Insbesondere die letztere Fähigkeit war und ist Gegenstand verschiedener psychologischer Forschungsbereiche. Charakteristisch für die psychologische Erwartungsbildung ist nun die Unterscheidung zwischen der individuellen und der sozialen oder kollektiven Bildung von Erwartungen.

So beschäftigen sich die lerntheoretischen Ansätze der Entwicklungspsychologie primär mit dem subjektiv individuellen Aspekt der Erwartungsbildung. Das Lernen wird hierin definiert als „relativ überdauernde Änderungen von Verhalten oder Verhaltensmöglichkeiten (...), die auf unmittelbare Erfahrung in Form von Beobachtung oder Übung zurückzuführen sind.“[42] Die bisher gesammelten Erfahrungen, so deren Argumentation, wurden nach bestimmten Mustern gelernt. Nachstehend wollen wir die im Hinblick auf die Erwartungsbildung wichtigsten Lerntheorien kurz beschreiben:

Allgemein unterteilt man diese Lernansätze grob in Assoziationstheorien einerseits und kognitive Theorien andrerseits.[43] Für die Assoziationstheoretiker ist der Lernvorgang ein Prozeß, der nach einem einfachen Reiz-Reaktionsschema abläuft. Das Lernen an sich erfolgt hierbei über

[41] Vgl. Schlotthauer (1981), S.133., Machinek (1968), S.127 ff.

[42] Siehe Haubl et al. (1985), S.21.

[43] Siehe Hilgard/Bower (1973), S.23. Zuweilen werden die Assoziationstheorien auch als Reiz-Reaktions-Theorien bezeichnet.

die Prinzipien des Erfolgs und der Wiederholung. Demnach wird ein Individuum in einer bestimmten Situation diejenige Verhaltensweise anwenden, mit der es in einer ähnlichen Situation einen Erfolg erzielt hat. Bezieht man dies auf die Erwartungen, so erwartet das Individuum solche Ereignisse, die in früheren, ähnlichen Situationen eingetreten sind. Je häufiger sich dann solch eine Erfahrung wiederholt, desto mehr verfestigt sich diese Erwartung.[44] Dieser Lernprozeß läuft fast unbewußt ab und führt darüberhinaus zu einem mechanistischen Handeln. Aber, was geschieht, wenn einige dieser Erwartungen sich laufend als nicht zutreffend erweisen? Die Individuen werden nun versuchen, die Ursachen der Abweichungen zu erforschen. Dieses Forschen kann als Ausgangspunkt für den kognitiven Lernprozeß angesehen werden.[45]

Dieser beruht im Gegensatz zu den assoziationstheoretischen Ansätzen auf den Einsichten der Individuen. Hierbei wird in dem oben erwähnten einfachen Reiz-Reaktionsschema die individuellen Motive, Stimmungen, Einstellungen und Wissensstände dazwischengeschaltet.[46] In der Erwartungsbildung werden die Individuen die beobachteten Informationen und Daten verarbeiten und sie mit ihren bis dahin erworbenen Kenntnissen kognitiv in Verbindung setzen. Daraus resultieren dann ihre begründeten Annahmen über zukünftige Entwicklungen.[47]

In diesem Zusammenhang von enormer Bedeutung ist der gestaltpsychologische Ansatz. Gegenstand dieses Ansatzes ist vor allem die individuelle Wahrnehmung und Interpretation der Realität.[48] Dabei wird das Ganze als etwas anderes angesehen, als die bloße Summe der zugrundeliegenden Teile.[49] „Diese Andersartigkeit, dieses Mehr wird nicht nur dadurch bewirkt, daß das Gesamtbild eine zusätzliche Qualität besitzt, sondern entscheidend auch dadurch, daß die sich herausbildende Gestalt bei ihrer Entstehung verschiedenen Gesetzmäßigkeiten unterliegt, die die Zuordnung, die Gruppierung der einzelnen Elemente prägt. (...) Diese Gesetzmäßigkeiten,

---

[44] Siehe Machinek (1968), S.146.

[45] Vgl. Schlotthauer (1981), S.137.

[46] Katona (1975), S.44, spricht in diesem Zusammenhang auch von intervenierenden Variablen.

[47] Vgl. Schilling (1987), 21.

[48] Siehe Schlotthauer (1981), S.139.

[49] Vgl. Maas/Weibler (1990), S.75.

die in ihrer grundsätzlichen Existenz unabhängig von der einzelnen Person zu sehen sind, bewirken, daß überhaupt in Gestalten wahrgenommen oder zu Gestalten verarbeitet wird."[50] Folglich erfaßt der lernende Mensch den Lerngegenstand nicht in Form einzelner Teilelemente, die er dann zu Gesamtbildern zusammenfügt, sondern nimmt ihn in seiner Gesamtheit wahr und verleiht den Elementen somit ihre spezifische Bedeutung.[51] Die Erwartungsbildung ergibt sich somit aus Einsichten in bestimmte Wirkungszusammenhänge, die aufgrund kognitiver Lernprozesse erworben wurden. Wir werden im Rahmen des nächsten Abschnittes diesen Ansatz am konkreten Beispiel der Börsenerwartungen noch genauer ausführen.

In weitläufiger Verwandtschaft dazu steht die Erwartungsbildung nach bestimmten Urteilsheuristiken. In Abschnitt 1.3 haben wir kurz das Bild des homo heuristicus nachgezeichnet, der mit Hilfe von Heuristiken seine Entscheidungen fällt.[52] Solche „Faustregeln" kommen immer dann zur Anwendung, wenn Situationen einen hohen Komplexitätsgrad aufweisen, durch unvollständige Informationen charakterisiert sind oder einem eklatanten Zeitdruck unterliegen. Die Erwartungsbildung erfordert hierbei verkürzte kognitive Prozesse.[53] Wie wir noch sehen werden, spielen solche Heuristiken bei der Erwartungsbildung auf Aktienmärkten eine bedeutende Rolle.

Die Sozialpsychologie dagegen behandelt, im Rahmen ihrer behavioristischen Ansätze, die Erwartungsbildung nicht aus einer subjektiven Sicht heraus, sondern leitet sie aus dem beobachtbaren Verhalten ab.[54] Damit ergibt sich zwangsläufig eine Betrachtung, die primär auf die Bedeutung sozialer Einflußfaktoren ausgerichtet ist. Im folgenden wollen wir auf diesen kollektiven Aspekt der Erwartungsbildung etwas detaillierter eingehen.

Vereinfacht dargestellt, besteht zwischen individueller und kollektiver Erwartung für das Ergebnis P der folgende Beziehungszusammenhang:[55]

$$P = E_I \rightleftharpoons E_S.$$

[50] Ebenda S.75 und S.76.

[51] Vgl. Schlotthauer (1981), S.139.

[52] Vgl. dazu auch die Ausführungen auf S.23.

[53] Siehe dazu Maas/Weibler (1990), S.82 ff.

[54] Siehe Wärneryd/Wahlund (1985), S.327.

[55] Siehe zum folgenden auch Machinek (1968), S.136 ff.

Die Erwartungen E_I des Individuums stehen hierbei im interdepedenten Verhältnis zu den Erwartungen E_S seiner sozialen Umwelt. Demnach sind die von den Mitmenschen getragenen Erwartungen ein überaus determinierender Faktor. Ebenso orientieren sich die Erwartungen der Mitmenschen an den Erwartungen des Individuums, zumindest von den anderen individuellen Standpunkten aus gesehen. Somit muß das einzelne Wirtschaftssubjekt auf individueller Ebene bei der Bildung seiner Erwartungen das Verhalten und die Erwartungen der anderen Wirtschaftssubjekte mit berücksichtigen.[56] Desweiteren ist aber nicht nur die Berücksichtigung, sondern auch die Beeinflussung durch eben diese Wirtschaftssubjekte für die Erwartungsbildung von Bedeutung. Bei den spekulativen Erwartungen verstärkt sich obige Beziehung entsprechend, da die einzelnen Investoren gewissermaßen in einer Konkurrenzbeziehung zueinander stehen.

Der Übergang von der individuellen zur kollektiven Erwartung in einer Ökonomie wird in den gängigen ökonomischen Erwartungsbildungsansätzen unterschiedlich vollzogen. Jedoch, die soeben angesprochene soziale Interaktionsebene der Erwartungsbildung findet dabei in den unter 4.1.1 sowie 4.1.2 vorgestellten Ansätzen überhaupt keine Berücksichtigung. Wir werden in Abschnitt 5.2.1 noch gesondert darauf zu sprechen kommen.

Es genügt an dieser Stelle festzuhalten, daß die in ökonomischen Modellen verwendeten Erwartungsbildungsansätze nur rudimentär und dabei nur in grober Vereinfachung solche Kriterien berücksichtigen, die für die psychologische Erwartungsbildung relevant sind. „Derartige Bestrebungen lassen den Eindruck entstehen, daß die bei der Erwartungsbildung wirkenden psychologischen Komponenten unbeachtet gelassen werden könnten oder zumindest Restgrößen darstellten, die ausgeklammert werden müßten, um der exakten Konstruktion wirtschaftstheoretischer Modelle nicht im Wege zu sein."[57]

Im Rahmen von Kapitel 5 werden wir daher formale Wege aufzeigen, die es ermöglichen, beide psychologischen Aspekte, die individuelle und die kollektive Erwartungsbildung, in Modelle spekulativer Märkte zu integrieren. Zuvor aber gehen wir noch kurz auf die Charakteristiken der spekulativen Erwartungsbildung ein. Hierbei betrachten wir aus den bekannten Gründen

[56] Ebenda, S.170.

[57] Siehe Machinek (1968), S.124.

insbesondere die Erwartungen der Anleger auf Aktienmärkten.

4.3 Spekulative Erwartungen der Investoren auf Aktienmärkten

In diesem Abschnitt wollen wir darstellen, wie sich Erwartungen auf Aktienmärkten bilden und verändern. Wir haben bereits vorher erwähnt, daß der Aktienkurs mehr darstellt als einen Preis. Man kann ihn als eine Art aggregierte Meinung über die zukünftige Entwicklung des Wertpapiers ansehen.[58] Generell kann man sagen: Positive oder optimistische Erwartungen über diese Entwicklung lassen den Kurs steigen, während negative oder pessimistische Erwartungen den Kurs sinken lassen. Hierbei können kollektive Erwartungen, die von der Mehrheit der Investoren geteilt werden, als sogenannte „self-fulfilling prophecies" Fakten schaffen.[59]

Wie wir im vorherigen Abschnitt ausgeführt haben, ist eine der Voraussetzungen, um überhaupt Erwartungen bilden zu können, die menschliche Fähigkeit, sich Erfahrungen anzueignen. Dies können sowohl eigene Erfahrungen als auch Erfahrungen anderer Personen sein. Je weniger dabei ein Individuum eigene Erfahrungen besitzt, um so stärker wird es dann auf Fremderfahrungen zurückgreifen. Auf den Aktienmarkt bezogen sind dies die Erfahrungen von Brokern, Finanzberatern, Journalisten, Wirtschaftsfachleuten etc. Die Dominanz solcher Experten bewirkt, daß die Erwartungsbildung auf dem Aktienmarkt nicht als individuelles Phänomen auftritt. Sie entsteht primär durch kollektives Lernen, nämlich durch den Einfluß von Massenmedien, durch Propaganda oder durch das gesamthafte Aneignen von Experten-Meinungen. So besitzen breite Schichten von Aktionären ähnliche Erwartungen, was sich auf der Aggregatebene demnach entsprechend niederschlägt. „Im Extremfall können alle oder zumindest eine große Mehrheit der Marktteilnehmer dieselben Erwartungen/Hypothesen besitzen ..."[60]

Diese, im Ergebnis einheitliche Erwartungsbildung auf Aggregatebene,

---

[58] Vgl. Frey/Stahlberg (1990), S.105.

[59] Ebenda, S.107.

[60] Ebenda, S.108.

muß man natürlich differenzierter betrachten. So wurde die eben beschriebene Tendenz zum Unisono sowohl im Aufstieg als auch im Niedergang der Kurse beobachtet. Mit zunehmender Höhe des Booms jedoch werden die sogenannten Experten-Meinungen wie auch die Analysen und Berichte in den Medien immer widersprüchlicher.[61] In unserem Modell der Erwartungsbildung auf einem Aktienmarkt aus Abschnitt 5.3 haben wir dieses Phänomen formal berücksichtigt.

Auch der gestaltpsychologische Ansatz versucht unter anderem zu erklären, warum auf dem Aktienmarkt aus der Erwartungsbildung gleichgerichtete Aktionen der Anleger entstehen können.[62] Hierbei werden drei Prinzipien unterschieden, die schrittweise die Erwartungsbildung beeinflussen und prägen:[63]

- Das Prinzip der Ähnlichkeit und Gleichheit,
- das Prinzip der Vollständigkeit und
- das Figur-Grund Prinzip.

Das Prinzip der Ähnlichkeit und Gleichheit beschreibt die Neigung der Individuen, ähnliche Informationen als zusammengehörig zu betrachten und sie zu konsistenten Gruppen zu verdichten. Dazu gehört auch das Bestreben, widersprechende Informationen zu negieren. „Ist eine zentrale Information im Bewußtsein des Börsenakteurs verankert, beispielsweise, daß eine gerade für ihn sichtbare Aufwärtstendenz des Marktes in eine Hausse einmünden könnte, so wird er Nachrichten über gute Zukunftschancen des Marktes (...) mit größter Aufmerksamkeit zur Kenntnis nehmen.“[64] Es stabilisiert sich somit zusehends ein bestimmtes Börsenbild des Anlegers. Informationen, die auf eine gegenläufige Entwicklung hindeuten, finden dagegen kaum Beachtung. In diesem Zusammenhang ist es notwendig zu erwähnen, daß gewisse wirtschaftliche und politische Ereignisse zu bestimmten Zeiten die Kursbildung beeinflussen, zu anderen Zeiten aber

[61] Vgl. Höchstätter (1990), S.33 f.

[62] Vgl. auch dazu Maas/Weibler (1990), S.73.

[63] Ebenda, S.77 ff.

[64] Ebenda, S.78.

vollkommen unbeachtet bleiben.[65] Somit findet mit einer generalisierten Erwartungshaltung eine gewisse Informationsselektion statt.

Mit dem Prinzip der Vollständigkeit werden Tendenzen erfaßt, die dazu führen, ein infolge fehlender Informationen noch unvollständiges Gesamtbild selbständig zu komplettieren. Hierbei werden nicht selten genehme Glättungen vorgenommen, so daß ebenfalls wichtige Informationen nicht beachtet werden oder zur Vervollständigung des Gesamtbildes umdefiniert werden. Wir haben bereits vorher erwähnt, daß letzteres Verhalten auf Aktienmärkten im besonderen Maße präsent ist.[66] In diesem Zusammenhang wäre anzuführen, daß ein an sich relativ wertneutrales Ereignis wie eine Kapitalerhöhung sich in einer Hausse positiv, dagegen in einer Baisse negativ auf den Kurs auswirken kann.[67]

Das Figur-Grund-Prinzip schließlich beschreibt das Bedürfnis, die gewonnene Figur deutlich vom Hintergrund abzuheben. So tendiert das Individuum dahingehend, eine sogenannte gute Gestalt über das Börsengeschehen zu formen, welche Eigenschaften wie beispielsweise Regelmäßigkeit, Einfachheit, Geschlossenheit aufweist. Dieses Bild steuert dann Kauf- und Verkaufsentscheidungen und zwar im gewissen Sinne losgelöst von der Realität beziehungsweise Rationalität. Zur Illustration des Gesagten dient ein Experiment, in dem Investoren mit künstlichen Aktienkursen, die durch einen reinen Zufallsprozeß entstanden sind, konfrontiert wurden.[68] Hierbei handelten die Akteure trotz der totalen Zufälligkeit nach bestimmten Gesetzen. Beispielsweise verfuhren sie nach dem Motto: Was steigt, muß auch wieder sinken. Demnach verkauften oder kauften sie Aktien, deren Kurs eine bestimmte Zeit gestiegen beziehungsweise gefallen war.

Das aus diesen drei Prinzipien resultierende Gesamtbild dient nun dem Investor als Beurteilungsbasis für die neuen Informationen. „Zwar können theoretisch sehr viele verschiedene Bilder in der Summe über die Börsenakteure hinweg exisitieren, doch sind es meist wenige. Dieses beruht darauf, daß vor allem die institutionellen Anleger (...) über ähnliche Interessen, ähnlich ausgebildete Analysten und ähnliche Informationen verfügen. Die-

[65] Vgl. Frey/Stahlberg (1990), S.115.

[66] Vgl. dazu die Ausführungen auf S.20.

[67] Vgl. auch dazu Dinauer (1977), S.181 f.

[68] Siehe auch dazu Maital/Filer/Simon (1986).

ses führt bei sehr charakteristischen Informationen zu ähnlichen Bildern, was gleichgerichtetes Handeln bewirken kann."[69]

Wir haben bereits darauf hingewiesen, daß je nach Verfassung des Aktienmarktes zunehmende Widersprüchlichkeit in den erwartungsbildenden Informationsquellen zu beobachten ist. Die Individuen werden aber die aus ihren Gesamtbildern gewonnenen Erwartungen nur dann ändern, wenn sich sehr viele solcher gegenläufiger Informationen kumulieren.[70] Am Ende dieses Kumulierungsprozesses steht nicht selten ein abruptes und plötzliches Umschlagen der Erwartungen.

Neben den gleichgerichteten Erwartungen der Börsenakteure, aufgrund der hohen Korrelation in den Informationsquellen, ist auch ein hoher sozialer Konformitätsdruck auf die Erwartungen zu beobachten.[71] Dies äußert sich nicht nur faktisch durch verschärfte Restriktionen in der Kreditvergabe. Eine antizyklisch erfolgreiche Investition ist nahezu unmöglich, der Anleger kann sich praktisch dem kollektiven Irrtum nur schwer entziehen und ist somit in seiner Entscheidungsfreiheit eingeengt, ohne daß es ihm überhaupt bewußt wird.

Im nächsten Kapitel wollen wir die hier aufgezeigten Charakteristiken der ökonomischen, psychologischen und spekulativen Erwartungsbildung und ihren Einfluß auf die Preisbildung formal darstellen.

---

[69] Siehe Maas/Weibler (1990), S.81.

[70] Siehe Frey/Stahlberg (1990), S.115.

[71] Vgl. zum folgenden auch Dinauer (1977), S.174 f.

Kapitel 5

Die psychoökonomische Preisdynamik auf spekulativen Märkten

In diesem Kapitel wollen wir nun die eher verbalen Ergebnisse der sozioökonomischen Betrachtungen der vorherigen Kapitel mit den Modellierungsinstrumenten der in Kapitel 3 ausgeführten nichtlinearen mathematischen Ansätze kombinieren. Analog zur Trennung in der Psychologie werden wir zunächst den individuellen Aspekt der Erwartungsbildung auf einem Aktienmarkt formal darstellen.

5.1 Der QME-Ansatz zur individuellen Erwartungsbildung

Im Gegensatz zu den formalen ökonomischen Erwartungsbildungsansätzen aus Abschnitt 4.1, erlaubt der Ansatz der Quartischen-Modalwert-Erwartungen (QME) eine formale Berücksichtigung sowohl ökonomischer als auch psychologischer Faktoren. Die theoretische Formulierung verwendet Aussagen und Erkenntnisse der in Abschnitt 3.1 dargestellten elementaren Katastrophentheorie.

Ürsprünglich geht dieser Ansatz der QME auf v. Natzmer zurück.[1] Er entwickelte ihn insbesondere in einer Form, die generell sämtliche Erwartungsbildungen in einer Ökonomie erfassen sollte.

Wir sind jedoch der Meinung, daß dieser äußerst interessante Erwartungsbildungsansatz nur auf bestimmte Bereiche der Ökonomie anwendbar wäre. An erster Stelle seien hier die spekulativen Märkte genannt.[2]

5.1.1 Die allgemeinen Annahmen des QME-Ansatzes

Insbesondere stellen die folgenden zwei Annahmen die allgemeine Grundlage des QME-Ansatzes dar:

Annahme 1:

Das Erwartungssubjekt besitzt für die zukünftigen Zustände der Welt eine subjektive und/oder objektive Wahrscheinlichkeitsverteilung. Diese Verteilung kann sich im Zeitablauf verändern.

Die Idee der sich verändernden Wahrscheinlichkeitsverteilungen spielt auch in anderen Forschungsansätzen eine große Rolle. So zeigt beispielsweise Chiarella (1991) in einem nichtlinearen RE-Modell für eine monetäre Ökonomie auf, daß die Verteilungsdichtefunktion der endogenen Variablen eine Veränderung von der unimodalen hin zur bimodalen Form durchläuft, die im traditionellen linearen Modell als normale Instabilität auftritt.

Auch bei der Modellierung evolutionärer Prozesse, wenn diese sich konzeptionell auf einen in der Theorie der Synergetik entwickelten Formalismus stützen, greift man auf sich verändernde Verteilungsfunktionen zurück.[3]

In Abbildung 5.1 haben wir zwei mögliche Entwicklungen von zeitabhängigen Dichtefunktionen dargestellt, so wie sie dort Verwendung finden, ohne freilich auf die dahinterliegenden Prozesse und Formalismen näher einzugehen.

Der Verlauf der Wahrscheinlichkeitsdichte $P(X,t)$ der Zufallsvariablen $X(t)$ im linken Teil von Abbildung 5.1 behält die unimodale Form bei und weist lediglich sich im Zeitablauf verändernde Varianzen auf. Im

[1] Siehe auch dazu v. Natzmer (1985).

[2] Siehe zum folgenden auch Kugler/Hanusch (1992a).

[3] Siehe dazu insbesondere Haken (1978), Erdmann (1990) sowie Weidlich (1992).

rechten Teil der Abbildung findet ein sogenannter Phasenübergang statt, das heißt der Verlauf der Dichtefunktion erfährt eine grundlegende Richtungsänderung dahingehend, daß die Funktion nun eine bimodale Form annimmt. Für die Zufallsvariable $X(t)$ werden zukünftig zwei Realisierungen als äußerst wahrscheinlich angesehen, mathematisch ausgedrückt hat sich der stochastische Verlauf von $X(t)$ verzweigt.

Abbildung 5.1

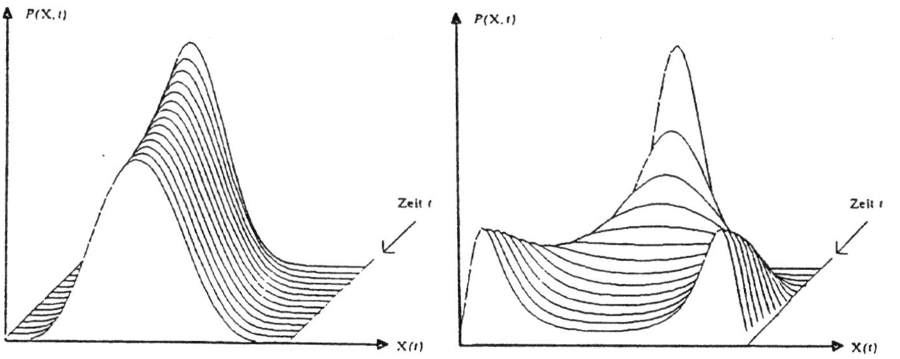

Quelle: Erdmann (1990), S.149 und S.150.

Um solche Formveränderungen im Rahmen des QME-Ansatzes modellieren zu können, wird eine bestimmte Verteilungsfunktion unterstellt: die Exponential Power Distribution. Diese weist, je nach Wahl eines Parameters v eine unterschiedliche Wölbung auf. Die Exponential Power Distribution lautet in ihrer allgemeinen Form:

$$
\begin{aligned}
P^E(X|\mu',\sigma',v') &= (h\sigma')^{-1}\exp\left\{\frac{-1}{2}\left|\frac{X-\mu'}{\sigma'}\right|^{\frac{2}{1+v}}\right\}, \\
-\infty < X < +\infty,\ h &= 2^{[1+(1+v)/2]}\Gamma\left[1+\frac{1+v}{2}\right], \\
\sigma' > 0,\ -\infty < \mu' &< +\infty,\ -1 < v \leq 1.
\end{aligned}
\tag{5.1}
$$

Die einzelnen Dichtefunktionen werden durch den Lageparameter μ', den Skalenparameter σ' sowie durch den Wölbungsparameter v determiniert.[4]

[4]Ein Parameter μ' wird als Lageparameter bezeichnet, wenn eine lineare Transformation der Beobachtungen X mit $z = rX + a$ den Parameter in $r\mu' + a$ überführt. Ein Skalenparameter σ' liegt vor, wenn die Multiplikation der Beobachtungen $z = bX$ den Parameter σ' in $|b|\sigma'$ transformiert.

Für die ersten beiden Momente dieser Verteilung gilt

$$E(X) = \mu' \text{ sowie } E(X-\mu')^2 = \sigma^2 = 2^{(1+v)} \frac{\Gamma\left[\frac{3}{2}(1+v)\right]}{\Gamma\left[\frac{1}{2}(1+v)\right]} \sigma'^2. \tag{5.2}$$

Das Entscheidende an der Modellierung ist nun die topologische Äquivalenz[5] der Funktion

$$f^E(X|\mu', \sigma', v) = \exp\left\{-\frac{1}{2}\left|\frac{X-\mu'}{\sigma'}\right|^{\frac{2}{1+v}}\right\} \tag{5.3}$$

zur Funktion P^E. Denn bei allen Exponentialfunktionen wird die Form nur durch den Teil des Exponenten bestimmt, in dem die Zufallsvariable X auftritt.

Für einen Parameterwert von $v = 0$ ergibt sich daraus die Normalverteilungsdichte, die topologisch äquivalent ist zur Funktion:

$$f^N(X|\mu', \sigma) = \exp\left\{-\frac{1}{2}\left|\frac{X-\mu'}{\sigma}\right|^2\right\}. \tag{5.4}$$

Im Ansatz von v. Natzmer wird nun eine Dichtefunktion unterstellt, die sich infolge einer weiteren Parametervariation auf $v = -0,5$ ergibt. Die Funktion f^E hat somit die Form

$$f^E(X|\mu', \sigma') = \exp\left\{-\frac{1}{2}\left|\frac{1}{\sigma'^4}(X^4 - 4\mu' X^3 + 6\mu'^2 X^2 - 4\mu'^3 X + \mu'^4)\right|\right\} \tag{5.5}$$

und ist topologisch äquivalent zu einem Spezialfall der allgemeinen Q-Verteilung, die wiederum zur nachstehenden Funktion topologisch äquivalent ist:

$$f_t^Q(X|\alpha, \beta, \gamma, \delta) = \exp\left\{-\alpha_t(X^4 + \beta_t X^3 + \gamma_t X^2 + \delta_t X)\right\}, \tag{5.6}$$

mit $\alpha_t > 0$ und $\beta_t, \gamma_t, \delta_t \in \mathbb{R}$ für alle t. Je nach den Werten der Parameter $\alpha, \beta, \gamma, \delta$, die in (5.6) zeitabhängig modelliert wurden, verändern sich Symmetrie, Schiefe, Modalität, Lage- und Skalenparameter der allgemeinen Q-Verteilung.

---

[5]Das Konzept der topologischen Äquivalenz wurde bereits auf S.78 f. ausführlich diskutiert.

Annahme 2:

Da eine Erwartungsdichte alle möglichen Realisierungen der Erwartungsvariablen erfaßt, benötigt das Erwartungssubjekt einen konkreten Wert der Erwartungsvariablen, nach dem es seine Erwartung und somit sein Verhalten ausrichtet.

Die Lageparameter einer Wahrscheinlichkeitsverteilung, wie Erwartungswert oder Modalwert, sind besonders geeignet, diesen konkreten Wert der Erwartungsvariablen zu beschreiben. Während bei den RE das Erwartungskriterium aus dem mathematischen Erwartungswert der Verteilungsfunktion besteht, impliziert das Modalwertkriterium der QME die lokale Maximierung der Dichtefunktion. Bei diskreten Verteilungen entspricht dieser Maximalwert dem wahrscheinlichsten Wert.

Für die Verwendung des Erwartungswertes als Erwartungskriterium sprechen allgemein seine Eindeutigkeit und seine Unempfindlichkeit gegenüber geringen Formveränderungen der Erwartungsdichte. Diese methodischen Vorteile allerdings muß man mit einem gravierenden Nachteil erkaufen. Wir werden dies anhand von Abbildung 5.1 demonstrieren. Im linken Teil dieser Abbildung wird die zeitliche Entwicklung der Zufallsvariablen $X(t)$ durch das Erwartungswertkriterium relativ gut approximiert. Aber auch die Anwendung des Modalwertkriteriums würde in diesem Fall zum selben Ergebnis führen.

Die Formveränderung im rechten Teil von Abbildung 5.1 jedoch hat entscheidende Auswirkung darauf, was als Repräsentationswert oder relevanter Verteilungsparameter für $X(t)$ angesehen wird.

Derartige Phasenübergänge in subjektiven beziehungsweise objektiven Wahrscheinlichkeitsdichtefunktionen sind kennzeichnend für eine dynamische, evolutionäre Ökonomie. Es gibt darüberhinaus auch keine realistisch begründbare Rechtfertigung für die Annahme, daß die topologische Form der Dichtefunktion im Zeitablauf sich nur gering verändert oder sogar konstant bleibt. Eine dynamische Entwicklung der Dichtefunktion, wie sie beispielsweise im rechten Teil von Abbildung 5.1 dargestellt ist oder wie sie der QME-Ansatz unterstellt, dürfte wohl eher der Realität entsprechen.

Der Erwartungswert entspricht dabei, nach einer gewissen Zeitperiode, gerade dem unwahrscheinlichsten Wert für $X(t)$. Er stellt somit keine geeignete Größe zur Beschreibung von Systemen dar, die Verzweigungen und

Phasenübergänge durchlaufen.[6] Soll hier dennoch die Verteilung durch einen geeigneten Parameter approximiert werden, so erscheint der Modalwert hierfür besser geeignet. Hauptvorteil des Modalwertes ist seine große Sensitivität gegenüber Veränderungen der Dichtefunktion. Als Nachteil des Modalwerts wird oft seine fehlende Eindeutigkeit angesehen. So besitzt die Verteilungsdichte im rechten Teil von Abbildung 5.1 nach einem gewissen Zeitablauf zwei Modalwerte, die beide denselben Dichtefunktionswert aufweisen.

5.1.2 Vergleich zwischen dem RE- und dem QME-Ansatz

In diesem Abschnitt werden wir die beiden Erwartungsbildungsansätze voneinander abgrenzen. Dies geschieht anhand der drei Komponenten, die nach v. Natzmer Bestandteil eines jeden Erwartungsbildungsmodells sein sollen. Solch ein Modell besteht demnach aus:[7]

(i) der Erwartungsvariablen, die den Erwartungsgegenstand umreißt,

(ii) der Erwartungsdichte, die den ungewissen Charakter von Erwartungen erfaßt,

(iii) dem Erwartungskriterium, das als Grundlage für die Erwartungsbildung dient.

Anhand dieser Komponenten wollen wir im folgenden kurz den RE und den QME-Ansatz einander gegenüberstellen und dabei insbesondere die Situation auf Aktienmärkten im Auge behalten.

<u>Erwartungsvariable</u>

Die Erwartungsvariable ist in beiden Theorieansätzen dieselbe. Der Anleger bildet Erwartungen über die beiden Hauptgrößen seiner Aktienkaufentscheidung in Periode $t = 0, 1, 2, \ldots$, nämlich über den zukünftigen Aktienkurs p_{t+1} sowie über die zukünftige Dividendenzahlung d_{t+1}.

---

[6] Siehe dazu auch Erdmann (1990), S.151.

[7] Siehe v. Natzmer (1985), S.38.

Erwartungsdichte

Hier treten die entscheidenden Unterschiede in den Erwartungskonzepten auf. Der RE-Ansatz geht in der konkreten Modellbildung zumeist von einer symmetrischen, unimodalen Verteilungsfunktion (häufig die Normalverteilung) aus, die bei Konstanz der zugrundeliegenden Informationsmenge im Zeitablauf unverändert bleibt. Verändern sich die Informationen, so wird dies meist durch Veränderung in den Varianzen (=Veränderung im Grad der Sicherheit) modelliert. Die Symmetrie sowie die Unimodalität bleiben aber auf alle Fälle erhalten.

Die QME hingegen unterstellen die im vorherigen Abschnitt abgeleitete Q-Verteilung. Diese ist weitaus flexibler und sie kann, wenn man die Parameter entsprechend variiert, auch ihre Gestalt ändern. Solche Gestaltsveränderungen lassen nun im Rahmen des QME-Ansatzes eine psychologisch motivierte Interpretation zu. Zusätzlich lassen sich auch abrupte, diskontinuierliche Veränderungen der Erwartungsvariablen modellieren. Dies werden wir im kommenden Abschnitt noch genauer ausführen.

Erwartungskriterium

Im vorherigen Abschnitt haben wir bereits erwähnt, daß bei den RE der Erwartungswert und bei den QME der Modalwert als Erwartungskriterium verwendet wird.

Der Erwartungswert erfreut sich auch in anderen stochastisch motivierten Ansätzen großer Beliebtheit, da er, im Gegensatz zum Modalwert, immer eindeutig ist und als relativ unempfindlich gegen kleinere Störungen der Erwartungsdichte gilt.

Gerade auf solche Störungen oder Formveränderungen reagiert der Modalwert äußerst sensibel. Daher vermag wohl diese Eigenschaft den etwas „flatterhaften“ Charakter von Erwartungen auf Aktienmärkten am aussagefähigsten wiederzugeben.

Die fehlende Eindeutigkeit des Modalwertes ist auf unsicheren spekulativen Märkten durchaus positiv zu bewerten. Denn hier sind determinierende Faktoren, wie Meinungen und Stimmungen, einem dauernden Wandel unterworfen und daher selten als eindeutige Größen gekennzeichnet.

Auch besitzt der Modalwert als Erwartungskriterium, besonders in seiner diskreten Interpretation als wahrscheinlichster Wert, einen stärkeren heuristischen Charakter. Dies steht somit besser im Einklang mit dem doch mehr heuristisch orientierten Verhaltensweisen der Aktienanleger, das wir in den vorherigen Abschnitten hervorgehoben haben. Darüberhinaus kann sich der Modalwert diskontinuierlich verändern, wodurch ein plötzliches und überraschendes Umschlagen der Erwartungen modellierbar wird, das, wie wir gesehen haben, auf Aktienmärkten durchaus empirische Relevanz besitzt.

Im nächsten Abschnitt wollen wir diese Eigenschaften des Modalwertes im Rahmen eines Modellansatzes darstellen.

5.1.3 Das Modell einer spekulativen Blase unter QME

Zu diesem Zweck knüpfen wir an das Effizienz-Marktmodell aus Abschnitt 4.1.2 an und gehen dann wie folgt vor:

In einem ersten Schritt wird das Modell für einen Investor gelöst, der seine Erwartungen über den zukünftigen Aktienkurs nach dem Modalwertkriterium bildet. Als Lösung ergibt sich der Preis, den dieser bereit ist, für die Aktie zu bezahlen. Diesen Preis vergleichen wir danach mit dem aus Abschnitt 4.1.2 bekannten Fundamentalwert. Falls beide Werte voneinander abweichen, ergeben sich individuelle Über- beziehungsweise Unterbewertungen.

In einem zweiten Schritt nun treffen wir bestimmte Annahmen, um diese Abweichungen besser analysieren zu können. Unter anderem unterstellen wir als Erwartungsdichte, wie im QME-Ansatz üblich, die vorher abgeleitete Q-Verteilung.

In einem dritten Schritt schließlich, führen wir solche Über- beziehungsweise Unterbewertungen auf psychologische Einflüsse zurück.

Lösung des Effizienz-Marktmodells unter Annahme des Modalwertkriteriums

Im Effizienz-Marktmodell geben wir jetzt die RE-Hypothese auf und nehmen an, der Investor bildet seine Erwartungen nach dem Modalwertkriterium. Dieses lautet in allgemeiner Form für die Zufallsvariable X:

$$M(X|I_t) = \max_{\{X\}} \{P(X|I_t)\}. \tag{5.7}$$

Hierin bezeichnet $P(.)$ eine beliebige, bedingte Wahrscheinlichkeits-Dichtefunktion. Analog zu (4.16) kann man schreiben

$$\frac{M(p_{t+1}|I_t) + M(d_{t+1}|I_t) - p_t}{p_t} \geq r, \ \forall t = 1, 2, \ldots \tag{5.8}$$

Man sollte hier beachten, daß Ungleichung (5.8) keine Arbitragebedingung darstellt, sondern eine Anforderung an die Renditevorstellungen des Anlegers. Geht man davon aus, daß der Marktzinssatz r die Mindestrendite wiedergibt, so erhält man Mindestforderung an den Aktienkurs:

$$p_t = \lambda^{-1}\{M(p_{t+1}|I_t) + M(d_{t+1}|I_t)\}\,. \tag{5.9}$$

Da einige angenehme mathematische Eigenschaften des Erwartungswertes in diesem Fall nicht zum Tragen kommen, hat man die Lösung für Gleichung (5.9) durch Vorwärtsentwicklung zu finden, also:

$$\begin{aligned} p_t &= \lambda^{-1}\{M(p_{t+1}|I_t) + M(d_{t+1}|I_t)\}, \\ p_{t+1} &= \lambda^{-1}\{M(p_{t+2}|I_{t+1}) + M(d_{t+2}|I_{t+1})\}, \\ p_{t+2} &= \lambda^{-1}\{M(p_{t+3}|I_{t+2}) + M(d_{t+2}|I_{t+2})\}, \\ &\vdots \end{aligned} \tag{5.10}$$

Bildet man für die Perioden $t + i, i = 1, 2, 3, \ldots$, jeweils den Modalwert unter der Annahme, daß im Zeitpunkt t $I_t \subseteq I_{t+i}$ gilt und bezeichnet

$$M(M(\ldots(M(.|I_{t+i})\ldots)|I_{t+1})|I_t) \ \text{als} \ M_i(.|I_t)\,, \ i = 1, 2, \ldots\,, \tag{5.11}$$

so ergibt sich durch schrittweises Einsetzen:

$$p_t^M = \sum_{i=1}^{\infty} \lambda^{-i} M_i(d_{t+i}|I_t). \tag{5.12}$$

Diese Lösung ist ebenfalls nicht eindeutig, wie sich aus der Differenz von (5.9) und (5.12) ergibt, das heißt

$$p_t - p_t^M = b_t = \lambda^{-1}(M(p_{t+1}|I_t) - p_{t+1}^M\,. \tag{5.13}$$

Als allgemeine Lösung von (5.9) ergibt sich demnach

$$p_t = \sum_{i=1}^{\infty} \lambda^{-i} M_i(d_{t+i}|I_t) + b_t = p_t^M + b_t\,. \tag{5.14}$$

In Abschnitt 4.1.2 haben wir durch Unterstellung der Transversalitätsbedingung (4.23), wie in den meisten gleichgewichtstheoretischen Ansätzen üblich, die Entstehung einer Preisblase aufgrund der mathematischen Unbestimmtheit des Gleichungssystems explizit ausgeschlossen. Aus demselben Grund unterstellen wir auch hier die Gültigkeit dieser Transversalitätsbedingung. Somit bestimmt sich der Preis, den der Anleger für den Erwerb der Aktie auszugeben bereit ist, falls er seine Erwartungen nach dem Modalwertkriterium bildet, allein nach Gleichung (5.12).

Wie wir in Abschnitt 5.3 noch sehen werden, können aber in unserem Ansatz trotzdem spekulative Blasen auftreten.

Der QME-Ansatz

Da Gleichung (4.21) den fundamentalen Wert der Aktie darstellt, entsteht in unserem Ansatz eine Über- beziehungsweise Unterbewertung des Wertpapiers durch den Anleger immer dann, wenn die beiden Werte in den Gleichungen (4.21) und (5.12) voneinander abweichen. Bildet man somit die Differenz

$$y_t = p_t^M - p_t^F, \tag{5.15}$$

so wird im Zeitpunkt t eine Falschbewertung immer dann auftreten, wenn $y_t \neq 0$ ist.

Um nun solche Über- und Unterbewertungen besser herauszuarbeiten, wollen wir zusätzlich noch die folgenden Annahmen einführen:

(i) Für die Erwartungsbildung unter RE wird eine Normal- , für die Erwartungsbildung nach dem Modalwertkriterium wird die vorher abgeleitete Q-Verteilung unterstellt. Durch diese Annahme vollziehen wir den Schritt vom Modalwertkriterium zum QME-Ansatz.

(ii) Die Normalverteilung ist analog zu den üblichen Annahmen zeitunabhängig, bei der allgemeinen Q-Verteilung gilt die Beziehung von Gleichung (5.6).

(iii) Ab dem betrachteten Zeitpunkt τ soll sich die zukünftige Dividendenpolitik des Unternehmens nicht ändern.[8] Dies bedeutet, daß in allen

[8] Es ließe sich auch eine Unternehmensstrategie in Form eines gleichmäßigen Dividendenwachstums einführen.

Perioden $\tau+1, \tau+2, \ldots$ gleiche Dividenden gezahlt werden. Die Höhe der Dividendenzahlung jedoch ist nach wie vor unsicher.

Aufgrund der Annahmen (i),(ii) und (iii) ergibt sich in Periode τ für die zukünfigten Dividenden unter RE

$$E(d_{\tau+i}|I_\tau) = E(d|I_\tau) = \mu, \tag{5.16}$$

und unter QME

$$M(d_{\tau+i}|I_\tau) = M(d|I_\tau) = \max_{\{d\}} \{P_\tau^Q(d|\alpha,\beta,\gamma,\delta)|I_\tau\} = d_\tau, \tag{5.17}$$

mit $i = 1, 2, 3, \ldots$, sowie

$$y_\tau = \xi(d_\tau - \mu), \;\; \xi := \frac{1}{\lambda - 1}. \tag{5.18}$$

Um eine allgemeine Verteilung für die Abweichung y zu erhalten, werden mit Hilfe der Transformationen $\mu = -\beta/4$ sowie $\xi = \alpha^{1/4}$ die Parameter μ und ξ explizit als Lage- und Skalenparameter in die allgemeine Q-Verteilung eingebracht. Diese ist nunmehr topologisch äquivalent zur Funktion[9]

$$f_\tau^Q(d|\mu,\xi,\gamma,\delta) = exp\{-(\xi^4)(d^4 - 4\mu d^3 + \gamma_\tau d^2 + \delta_\tau d)\}. \tag{5.19}$$

Führt man weiterhin eine Variablentransformation gemäß (5.18) durch, so erhält man die Verteilungsfunktion der Abweichung y in Periode τ

$$f_\tau^Q(y|k,l) = exp\{-(y^4 + k_\tau y^2 + l_\tau y)\}, \tag{5.20}$$

mit $k_\tau = (\gamma_\tau - 6\mu^2)\xi^2$ und $l_\tau = (\delta_\tau + 2\gamma_\tau\mu - 8\mu^3)\xi^3$. Die Funktion in (5.20) ist nurmehr abhängig von den Parametern k_τ und l_τ. Da diese zeitlichen Veränderungen unterliegen, erhält man für jeden Zeitpunkt $t \geq \tau$ eine andere Verteilungsdichte. Dies wird in der nachstehenden Abbildung 5.2 noch verdeutlicht werden. Die Falschbewertung y ergibt sich in jeder Periode aus der Lösung des Maximierungsproblems:

$$y_t = \max_{\{y\}} \{f_t^Q(y|k,l)\}, \;\; \forall t \geq \tau \tag{5.21}$$

[9] Die Informationsbedingung in der Verteilungsfunktion wird künftig in der Schreibweise vernachlässigt. Ebenso wird, da qualitative Ergebnisse im Vordergrund stehen, nicht mehr zwischen der Verteilungsfunktion und ihrer topologischen Äquivalenz unterschieden.

beziehungsweise aus der Bedingung 1. Ordnung:

$$4y^3 + 2k_t y + l_t = 0, \ \forall t \geq \tau \, . \tag{5.22}$$

An dieser Stelle greifen wir auf unsere Ausführungen über die elementare Katastrophentheorie aus Abschnitt 3.1 zurück. Der Ausdruck in der runden Klammer von (5.20) entspricht der kanonischen Form der Kuspenkatastrophe in (3.20).[10] Durch die Bedingung 1. Ordnung (5.22) wird exakt der kritische Ort von (3.21) determininiert.

Kehren wir nun wieder zu unserem Aktienmarkt zurück. In Abbildung 5.2 sind für einige k und l Werte die entsprechenden Dichtefunktionen eingezeichnet. Auf die Katastrophentheorie bezogen entspricht diese Abbildung einer Darstellung des Parameter- oder Kontrollraumes. Anhand dieser Graphik soll nun verdeutlicht werden, wie die Form der Dichtefunktion auf zeitliche Veränderungen von k und l reagiert.

Wir betrachten zuerst den Fall $k \geq 0$. Die Dichte besitzt hier überall eine unimodale Gestalt. Auf dem positiven Teil der k-Achse, das heißt bei $l = 0$, ist sie zusätzlich noch symmetrisch. Für unser Ausgangsproblem hat diese Symmetrie zur Folge, daß in diesem Bereich der Modalwert dem Erwartungswert entspricht und somit der vom Anleger erwartete Aktienkurs gleich dem fundamentalen Wert der Aktie ist. Dies zeigt sich hier auch darin, daß eine Abweichung von $y = 0$ die Dichtefunktion maximal werden läßt.

Verändert sich jedoch der Parameter l im Zeitablauf positiv (negativ), so bekommt die Verteilungsdichte eine rechtsschiefe (linksschiefe) Form. Die Abweichung y wird negativ (positiv) und der Anleger erwartet einen Aktienkurs, der unterhalb (oberhalb) seines fundamentalen Wertes liegt. Außerhalb des schraffierten Bereiches gilt dies auch für den Bereich $k < 0$.

Diese, vom Parameter l verursachten, zeitlichen Veränderungen der Schiefe der Verteilungsdichte werden analog zum QME-Ansatz psychologisch interpretiert. Da, je nach Vorzeichen von l, der erwartete Aktienkurs höher oder niedriger als der Fundamentalwert liegt, findet eine Über- beziehungsweise Unterbewertung der Aktie durch den Anleger statt. Der Parameter l bietet sich auf diese Weise geradezu als Gradmesser für den

[10] Siehe S.85.

Optimismus/Pessimismus an, mit dem der Anleger die Entwicklung seiner Aktie erwartet.

Im schraffierten Bereich, der der Bifurkationsmenge der Kuspenkatastrophe in der elementaren KT[11] entspricht, verursacht eine Vorzeichenänderung von k eine Änderung in der Anzahl der Modalwerte, das heißt die Dichtefunktion nimmt hier eine bimodale Gestalt an. Zur besseren Verdeutlichung nehmen wir an, es werde der Rand des schraffierten Bereichs von links überschritten. In diesem bildet sich ein zusätzlicher Modalwert heraus, der für $l < 0$ einen geringeren Dichtewert besitzt als der ursprüngliche Modalwert. Für zunehmendes l wächst der Funktionswert des neuen Modalwertes. Auf dem negativen Teil der k-Achse besitzen beide Modalwerte denselben Dichtewert und für $l > 0$ liegt der Funktionswert des neu hinzugekommenen Modalwerts über dem des ursprünglichen, bis letzterer beim Überschreiten des rechten Randes gänzlich verschwindet.

Abbildung 5.2

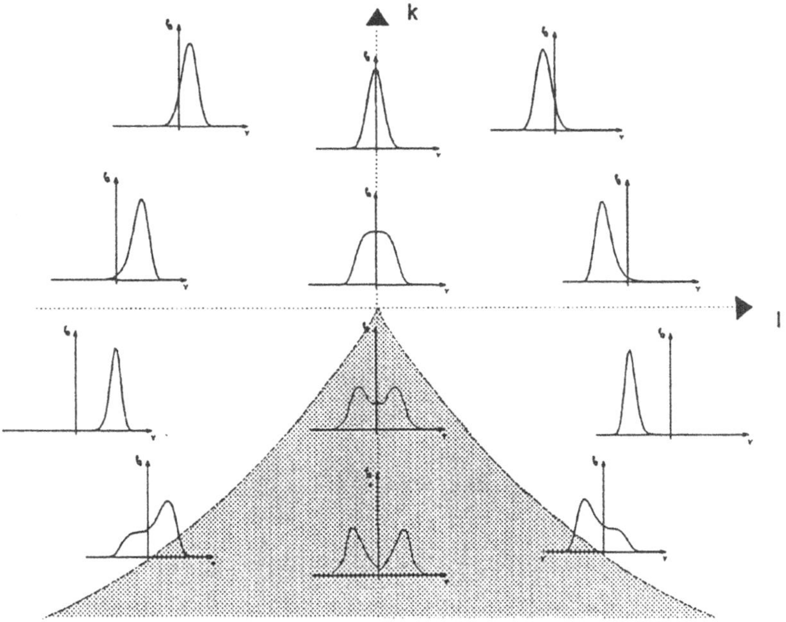

Beziehen wir diesen allgemeinen Verlauf wiederum auf den Aktienmarkt, so bedeutet dies folgendes: Vor dem linken Rand des schraffierten Bereiches

[11]Siehe dazu S.85.

befindet sich der Anleger in einer optimistischen Stimmungslage ($l < 0$), was die Kursentwicklung seiner Aktie angeht. Nimmt dieser Optimismus ab, so entsteht innerhalb des schraffierten Bereichs eine zusätzliche, äußerst wahrscheinliche Kursentwicklung, die deutlich unterhalb des Fundamentalwertes liegt. Der Investor beginnt an seinen bisherigen optimistischen Kurserwartungen zu zweifeln.

Mit beginnendem Pessimismus ($l > 0$) werden sich seine Erwartungen an der neuen möglichen Kursentwicklung orientieren, da diese jetzt am wahrscheinlichsten geworden ist. Diese Umorientierung von einer optimistischen zu einer pessimistischen Kurseinschätzung vollzieht sich im Gegensatz zu den bisherigen Erwartungsänderungen abrupt und sprunghaft. In Abbildung 5.3 haben wir diese sprunghafte Erwartungsanpassung auf der bimodalen Dichtefunktion von y^1 auf y^2 aufgezeichnet:

Abbildung 5.3

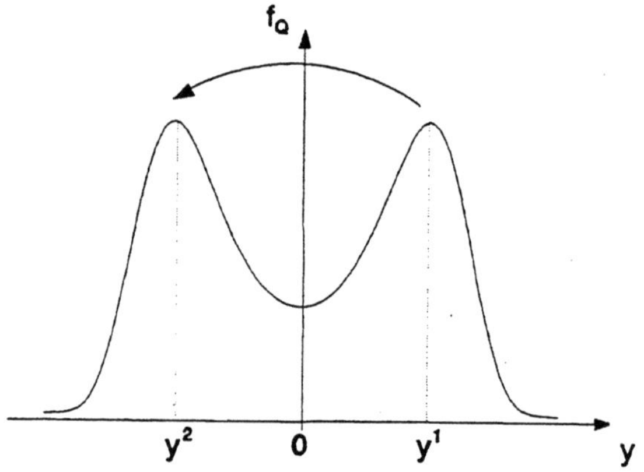

Der Anleger wird nun gemäß dem plötzlichen Umkippen seiner Erwartungen ebenfalls schlagartig von einer Über- zu einer Unterbewertung des Wertpapiers übergehen. Er wird somit kurzfristig seine Kurserwartungen in Richtung des fundamentalen Wertes korrigieren. Auch der für diese Entwicklung verantwortliche Parameter k erhält hier analog zum QME-Ansatz eine psychologische Interpretation. Er wird als Gradmesser für den Zweifel interpretiert, da der Anleger, der seine Erwartungen nach dem Modalwertkriterium bilden, aufgrund des Vorhandenseins eines zusätzlichen

Modalwertes zu zweifeln beginnt, ob er seine bisherigen Erwartungen noch beibehalten soll.

Die formalen Ursachen für diesen Vorgang haben wir bereits in Abschnitt 3.1.2 dargelegt,[12] und wir werden deshalb im Rahmen dieser Ausführungen nicht mehr darauf eingehen.

Der Vollständigkeit halber sei erwähnt, daß natürlich auch im Falle $k > 0$ Änderungen von optimistischen hin zu pessimistischen Erwartungen möglich sind. Im Gegensatz zu den eben besprochenen Erwartungsänderungen vollziehen sich diese jedoch kontinuierlich und stetig. Abruptes, diskontinuierliches Umschlagen der Erwartungen tritt nur im schraffierten Bereich auf.

Nach diesem Modellansatz zur individuellen Erwartungsbildung wollen wir im folgenden Abschnitt ein Modell für die Bildung kollektiver Erwartungen präsentieren.

5.2 Kollektive Erwartungsbildung: Aggregation und soziale Interaktion der Erwartungen

Im Abschnitt 4.2 über die psychologische Erwartungsbildung haben wir auf die Bedeutung der sozialen Einflußfaktoren hingewiesen. Im folgenden wollen wir diesen wichtigen Aspekt im Hinblick auf eine formale Modellierung noch einmal aufgreifen.

Eng mit der Erwartungsaggregation verbunden ist der sogenannte Zeitfaktor der Erwartungsbildung. Der Übergang von individueller zu kollektiver Erwartung benötigt nämlich eine gewisse Zeitspanne, die beispielsweise auf den einzelnen Märkten der Ökonomie unterschiedlich groß sein kann. In den traditionellen Ansätzen wird bezüglich dem Zeitmoment unterstellt, daß „die Zeit, die für die prozessbedingenden Veränderungen benötigt wird, auf einen einzigen Augenblick, der auf der Nahtstelle zwischen zwei Perioden liegt, zusammenschrumpft."[13]

[12] Siehe S.86.

[13] Siehe Machinek (1968), S.178.

Im folgenden wollen wir uns zuerst ansehen, wie in den üblichen ökonomischen Erwartungsbildungsansätzen diese Aggregationsproblematik gelöst wird.

5.2.1 Die Behandlung der Aggregation in den ökonomischen Erwartungsbildungsansätzen

Der Prozeß der Erwartungsbildung findet primär auf mikroökonomischer Ebene statt. Will man jedoch Erwartungen als makroökonomische Größen modelltheoretisch behandeln, so erfordert dies eine Aggregation.[14]

Bei den in den Abschnitt 4.1.1 und 4.1.2 dargestellten formalen Erwartungsbildungsansätzen wird nun dieses Problem der Aggregation auf unterschiedliche Art gelöst.

Bekanntlich wird bei den extrapolativen Erwartungsbildungsansätzen der Wert der Erwartungsvariablen aus den Realisationen der Vergangenheit und der Gegenwart abgeleitet. Dies geschieht nach bestimmten, jedoch für alle Individuen gleichen, Rechenschematas. Im Grunde genommen wird dadurch freilich die makroökonomische Ebene nie verlassen. Die Aggregation wird somit in diese Rechenvorschrift hineinverlagert, was zu einer a priori Ausklammerung dieser Problematik führt.

Unter der Voraussetzung identischer Informationen, stimmen bei den rationalen Erwartungen die individuellen Erwartungsdichten mit der wahren Verteilungsdichte überein. Demnach ist es für die theoretische Modellbildung ausreichend, ein repräsentatives Individuum zu betrachten, dessen Erwartung gewissermaßen stellvertretend für die aggregierten Erwartungen aller Wirtschaftssubjekte steht.

In kritischer Betrachtung dieser Erwartungsbildungsansätze muß man aber feststellen, daß diese zur Lösung der Aggregationsproblematik „eleganten Kunstgriffe“ keine Entsprechung in der Realität finden. Folglich sind hierzu ebenfalls Modelle entstanden, die gewisse restriktive Annahmen zur „eleganten“ Aggregation lockern.[15] Zumeist werden jedoch in diesen Ansätzen die bisher homogenen Erwartungen durch heterogene Erwartungen ersetzt, jedoch ohne die sozialen Interdependenzen und den Zeitfaktor

---

[14] Siehe auch dazu v. Natzmer (1985), S.123 ff.

[15] Vgl. dazu Conlisk (1980) sowie Haltiwanger/Waldman (1985).

explizit zu berücksichtigen. Im folgenden wollen wir daher ein Modell vorstellen, das beide Aspekte beinhaltet.

5.2.2 Ein auf sozialer Interaktion basierendes Diffusionsmodell der Erwartungsaggregation

Das Modell eines interaktionsbasierten Erwartungsaggregationsansatzes ist auf H. Schnabl zurückzuführen.[15] Es beschreibt mit Hilfe von Elementen, Methoden und Erkenntnissen der in Abschnitt 3.3 dargestellten nichtlinearen Dynamik, den Übergang von individueller zu kollektiver Erwartung. Dabei wird im wesentlichen auf die Besonderheiten menschlicher Informationsverarbeitung und deren Einbettung in die soziale Umgebung abgestellt.

Ausgangspunkt des Modells ist die Phase, in der ein Wirtschaftssubjekt seine individuelle Basiserwartung gebildet hat. Es wird angenommen, daß die einzelnen Individuen sich danach gegenseitig im Zuge von Kommunikationsakten beeinflussen. Anschließend erweist sich dann eine der vielen Erwartungshaltungen, die auf mikroökonomischer Ebene möglich sind, auch auf der Makroebene als dominierend.

Schnabl hat nun experimentell den zeitlichen Ablauf untersucht, in dem sich bei einer Gruppe von 256 Versuchspersonen eine bestimmte Erwartung als dominierend herauskristallisieren wird. In Abbildung 5.4 ist diese Entwicklung graphisch dargestellt.

Auf der Ordinate ist die Anzahl der Versuchspersonen aufgetragen, die eine bestimmte Erwartungshaltung aufweisen. Nach einer gewissen Anlaufzeit von etwa 4 Zeitperioden setzt ein Aufschwung ein und eine bestimmte Erwartung wird dominierend. Konkret heißt dies: Ungefähr die Hälfte aller Versuchspersonen vertreten nach 15 Zeitperioden ein und dieselbe Erwartungshaltung. Als Ursache dafür wird ein sogenannter Verstärkungseffekt angesehen, der sich aufgrund der sozialen Bestätigung durch Gleichgesinnte ergibt.

Der Verlauf der Kurve in Abbildung 5.4 ähnelt den Darstellungen von Ansteckungs- oder Diffusionsprozessen, wie sie in der Biologie oder auch in der modernen Betriebswirtschaftslehre theoretisch analysiert werden. Grundlage zur Darstellung solcher Prozesse ist die bekannte Gleichung von

[15] Siehe zum folgenden auch Schnabl (1989).

Verhulst, die dieser bereits im Jahre 1845 dazu verwendet hat, das Wachstum von Tierpopulationen auf formaler Ebene zu beschreiben.[16] Darüberhinaus ist die Verhulst-Gleichung wohl die am meisten erforschte Gleichung, die sogenanntes chaotisches Verhalten aufweisen kann.[17]

Abbildung 5.4

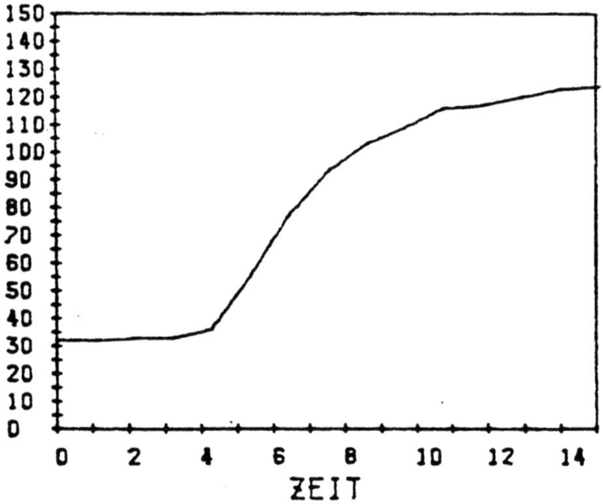

Quelle: Schnabl (1989), S.322.

In seinem Modell nimmt Schnabl nun an, daß eine bestimmte Erwartung sich genauso wie eine ansteckende Krankheit von einem Individuum auf das andere überträgt. Insbesondere sei pro Periode $t = 0, 1, 2, \ldots$ der relative Zuwachs G des Prozentsatzes der angesteckten Population s proportional zum Prozentsatz der Population, die in Zukunft sich noch anstecken könnte (B-s), dem sogenannten Umwandlungsreservoir. Hierbei stellt $0 < B < 1$ den Ausgangsprozentsatz der Population dar, der gegen eine Ansteckung nicht immun ist. Dies bezeichnen wir als Umwandlungspotential. In formaler Darstellung ergibt sich somit die Beziehung:

$$G := \frac{s_{t+1} - s_t}{s_t} = u(B - s_t), \tag{5.23}$$

[16]Vgl. Briggs/Peat (1990), S.55 ff.

[17]Es existiert nahezu kein Buch über die Chaostheorie, in dem nicht auf diese Gleichung eingegangen wird. Wir verweisen deshalb auf die in Abschnitt 3.3 angegebene Literatur.

mit $\underline{u}(.) < u < \bar{u}(.)$ als Ansteckungs- oder Übertragungsparameter, der eine Maßzahl für die relative Geschwindigkeit der Ansteckung darstellt. Hierbei bezeichnen $\underline{u}(.) \geq 0$ sowie $\bar{u}(.)$ die von der jeweiligen Modellspezifikation (.) abhängige Unter- beziehungsweise Obergrenze für u, nämlich den Definitionsbereich, der sinnvolle Lösungen ermöglicht.

Eine Umformung von (5.23) ergibt die abgewandelte Form der Verhulst-Gleichung:[18]

$$s_{t+1} = s_t + u s_t (B - s_t). \tag{5.24}$$

Geht man nun über auf das Problem der Erwartungsaggregation mittels kommunikativer Kontakte, so beschreibt (5.24) den Prozentsatz der Population s_{t+1}, der in Periode $t+1$ eine bestimmte Erwartungshaltung einnimmt, falls in der Vorperiode ein Prozentsatz von s_t die gleiche Erwartung besaß. Die Immunität begründet Schnabl mit gewissen Barrieren in der Meinungsmanipulation. Es sind also nicht alle Mitglieder der Population zu beeinflussen.

Aus formaler Sicht stellt (5.24) ein nichtlineares eindimensionales Differenzengleichungssystem dar. In Abschnitt 3.3.4 haben wir erwähnt, daß solche Differenzengleichungssysteme bereits chaotisches Verhalten aufweisen können. Um die Bedingungen für das Auftreten eines solchen Verhaltens näher untersuchen zu können, verwenden wir das Hilfsmittel des Bifurkationsdiagramms. In Abbildung 5.5 haben wir daher zwei Diagramme zum einen für $B = 0,8$ zum andern für $B = 0.5$ dargestellt.

Im oberen Diagramm ($B = 0,8$) setzt der Periodenverdoppelungsprozeß bereits bei einer Übertragungsrate von $u \approx 2,5$ ein. Ab einem Wert von $u \approx 3,2$ weist die Gleichung chaotisches Lösungsverhalten auf, das für einen Wert von $u > 3,75$ ungebunden wird. Im unteren Diagramm ($B = 0.5$) werden die eben beschriebenen Prozesse erst bei größeren Übertragungsraten in Gang gesetzt. So findet die erste Periodenverdoppelung für $u \approx 4$ statt, der Übergang zum Chaos erfolgt bei $u \approx 5,14$. Ab dem Wert von $u = 6$ sind die Trajektorien ungebunden.

[18] Man beachte, daß in der ursprünglichen Verhulst-Gleichung kein additiver Term existiert und B gleich 1 ist.

Abbildung 5.5

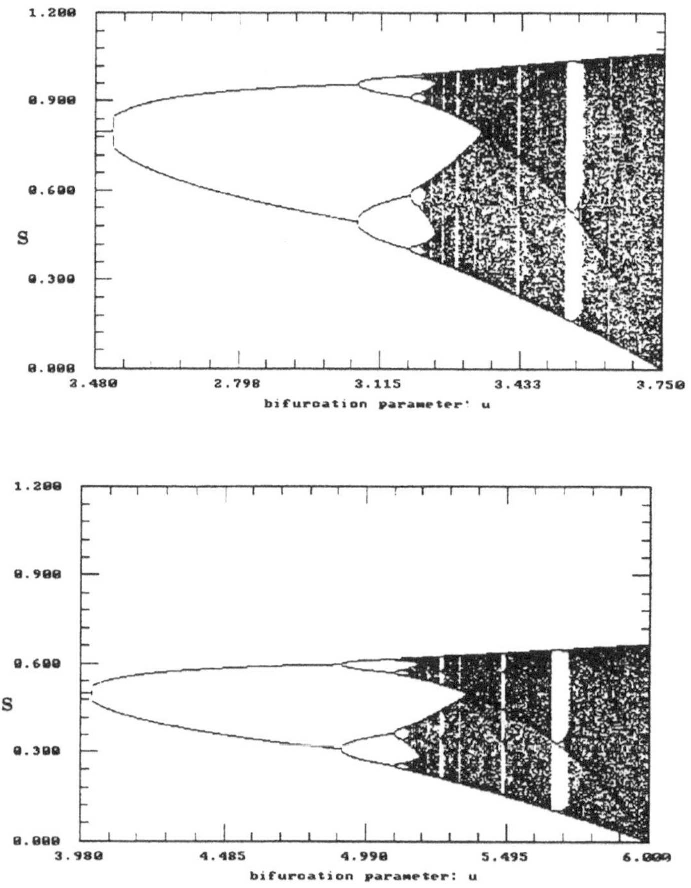

Betrachten wir nun explizit die Gleichung, die dem eingangs erwähnten Experiment von Schnabl am ehesten entspricht. Diese lautet:

$$s_{t+1} = s_t + us_t(0.5 - s_t), \ 0 < u < 6. \tag{5.25}$$

In Abbildung 5.6 haben wir für vier unterschiedliche Übertragungsparameter die verschiedenen Zeitdiagramme von s aufgetragen. Die ursprünglichen Anteile der Individuen mit der gleichen Erwartung beträgt in allen Fällen 1 Prozent.

Für einen Übertragungsparameter von $u = 1$ ähnelt das Zeitdiagramm in Teil 5.6 a der Abbildung 5.4. Die Erwartung aggregiert sich hoch, bis nach 15 Zeiteinheiten etwa 50 Prozent der Population die gleiche Erwartung besitzen. Steigt nun der Übertragungsparameter u auf 4,5 so pendelt sich nach ungefähr 11 Zeiteinheiten ein konstanter Zyklus mit der Periode 2 ein, das heißt der Anteil der Population mit derselben Erwartungshaltung schwankt von einer Periode zur anderen zwischen 36 und 58 Prozent. Dies ist in Teil b der Abbildung 5.6 dargestellt. Durch einen weiteren Anstieg des Übertragungsparameters auf den Wert 5 wird ein konstanter Zyklus mit Periode 4 ausgelöst, wie im Teil c der Abbildung zu sehen ist. Die Periode der wiederkehrenden Werte hat sich also verdoppelt. Hierbei schwankt der Anteil der Population zwischen 58, 35, 61 und 27 Prozent. Beide Übergänge zum zyklischen Lösungsverhalten sind auch aus dem Bifurkationsdiagramm im unteren Teil der Abbildung 5.5 ersichtlich.

Abbildung 5.6

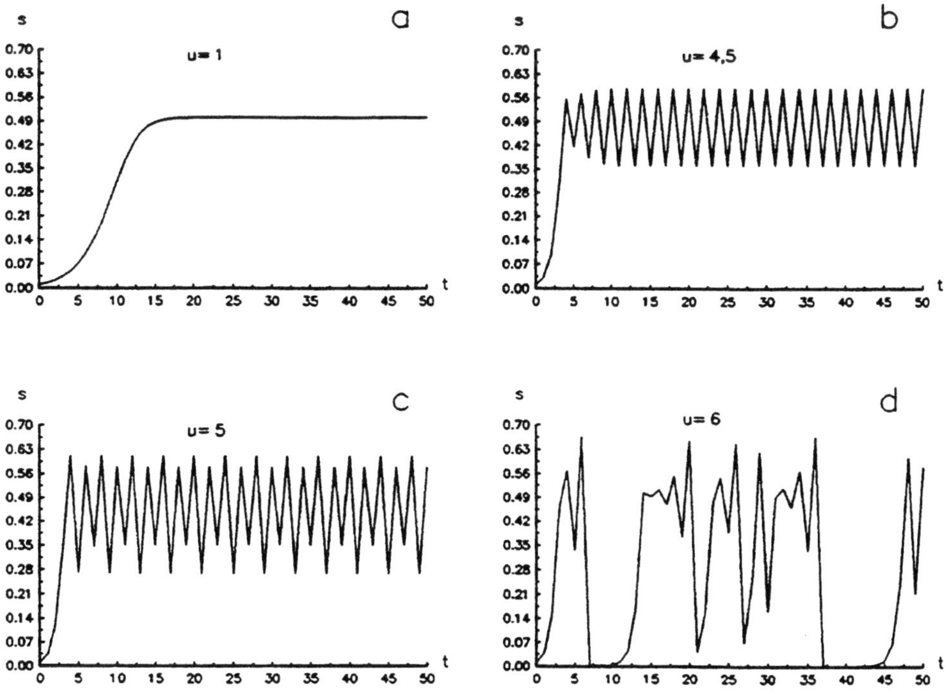

Im chaotischen Bereich jedoch ist keine Regelmäßigkeit mehr zu erkennen. Wir sehen, daß im rechten unteren Teil der Abbildung bei einem

Übertragungsparameter u von 6 die Populationsanteile scheinbar regellos hin- und herspringen. Dabei nehmen sie Werte zwischen 0 und 70 Prozent an. Ganz allgemein können wir also festhalten, daß aufgrund der im Modell inhärenten nichtlinearen Struktur der Populationsanteil der Individuen mit der gleichen Erwartung mehr oder weniger regelmäßig beziehungsweise unregelmäßig schwankt, je höher die Geschwindigkeit der Übertragung ist.

Der formale Nachweis für chaotisches Verhalten erfolgt für gewöhnlich mit dem Konzept des Ljapunov-Exponenten. Wie bereits in Abschnitt 3.3.4 angekündigt, wollen wir nun beispielhaft für dieses Modell den Ljapunov-Exponenten entwickeln. Dieser ist definiert als:[19]

$$l = \lim_{n\to\infty} \frac{1}{n} \sum_{j=0}^{n-1} ln\left|f'(s_j)\right|. \tag{5.26}$$

Die Ergebnisse der Berechnungen sind in der nachstehenden Tabelle zusammengefaßt:

t	u = 2,5			u = 6		
	s	|ln f'|	l	s	|ln f'|	l
0	0,0100	0,7885	0,7885	0,0100	1,3558	1,3558
1	0,0222	0,7602	0,7743	0,0394	1,2605	1,3082
2	0,0488	0,6961	0,7483	0,1483	0,7978	1,1380
3	0,1039	0,5484	0,6983	0,4612	0,4282	0,9606
4	0,2068	0,1956	0,5978	0,5686	1,0377	0,9760
5	0,3584	-0,7805	0,3681	0,3347	-4,1068	0,1289
6	0,4853	-1,7357	0,0675	0,6667	1,3863	0,3085
7	0,5031	-1,3253	-0,1066	0,0000	1,3862	0,4432
8	0,4991	-1,4026	-0,2506	0,0002	1,3858	0,5479
9	0,5002	-1,3823	-0,3638	0,0007	1,3841	0,6315
10	0,5000	-1,3873	-0,4568	0,0029	1,3776	0,6994

Die iterative Entwicklung zeigt, daß s für $u = 2.5$ bereits nach 10 Iterationen seinen Gleichgewichtswert $s^* = 0.5$ erreicht hat. Für den Ljapunov-Exponenten gilt demzufolge

$$l = \lim_{n\to\infty} \frac{1}{n} \sum_{j=0}^{n-1} ln\left|1 + 2,5(0,5 - 2s_j)\right| = ln\left|1 + 2,5(0,5 - 2s^*)\right| = -1,38629. \tag{5.27}$$

[19]Vgl. auch die Ausführungen auf S.124 f.

Seine stark negative Ausprägung weist auf eine schnelle und stabile Konvergenz zum Attraktor s^* hin. Für einen Parameterwert von $u = 6$ hingegen ist der Ljapunov-Exponent überall positiv. Das positive Vorzeichen deutet darauf hin, daß es sich hierbei um eine chaotische, nicht konvergierende Iteration der s_{t+1}-Werte handelt.

Schnabl teilt nun die Bedeutung der Verhulst-Gleichung für den Erwartungsbildungsprozeß in zwei Kategorien ein. Er unterscheidet zwischen

- Ausprägungen des Übertragungsparameters, die zu stabilen, vorhersehbaren Zuständen führen, und
- Ausprägungen des Übertragungsparameters, die zum „Chaos" in der Erwartungsbildung führen.

Ebenso analysiert er die mit diesem Modell verbundenen makrotheoretischen und wirtschaftspolitischen Implikationen.

Unbestritten liefert dieses Modell von der Struktur her verbesserte Einsichten in die Dynamik der Erwartungsbildung sowie in die Problematik der Erwartungsaggregation. Die in diesem Ansatz berücksichtigte Zeitdimension der Erwartungsbildung läßt auch deutlich werden, daß wohl nur in den seltensten Fällen eine augenblickliche Erwartungsanpassung erfolgt. Die spekulative Erwartungsbildung dürfte hierbei wohl an der Spitze der Schnelligkeitsskala stehen.

Schnabl geht in seiner Interpretation sogar so weit, daß er unregelmäßige Schwankungen makroökonomischer Größen auf die dahinterstehende Erwartungsbildung und dabei auf zu große Übertragungsraten zurückführt. Ein verstetigendes Einwirken im Vorfeld der Erwartungsbildung ist somit seine Empfehlung für die Wirtschaftspolitik.

Dies mag wohl prinzipiell in die richtige Richtung gehen, jedoch für eine solche Auslegung erscheint uns dieses Modell zu einfach strukturiert zu sein. Es läßt im Grunde genommen doch einige Fragen offen. So könnte in diesem Zusammenhang eine interessante Fragestellung beispielsweise lauten: Wie verhält sich dieses Modell, wenn zwei oder mehrere Erwartungen miteinander konkurrieren? Sind dann solche extremen Schwankungen nicht Ausdruck zweier um die Dominanz strebenden Erwartungshaltungen? Dieses Phänomen ist vor allem auf spekulativen Märkten zu beobachten. Hier kämpfen zeitweise optimistische beziehungsweise pessimistische Erwartungen um die Dominanz und beeinflussen somit die Preisentwicklungen.

Ebenso wird im Modell der Begriff „Chaos in der Erwartungsbildung" nicht ausreichend präzisiert. Ist darunter lediglich zu verstehen, daß pro Periode sich Aggregation und Disaggregation unregelmäßig abwechseln, aber wie ist dies vereinbar mit der im Vordergrund des Modells stehenden sozialen Interaktion?

Ein weiter Einwand in diesem Zusammenhang ist modelltheoretischer Natur. Da Schnabl lediglich von einer am Ende dominierenden Erwartung ausgeht, so könnte doch wiederum, bei günstiger Konstellation und bei der Vernachlässigung des Zeitfaktors, das repräsentative Individuum das Aggregationsproblem lösen.

5.2.3 Erweiterung des Diffusionsgedankens durch Hinzunahme einer konkurrierenden Erwartung

Wir wollen den Diffusionsgedanken aus dem vorherigen Modell übernehmen und dahingehend erweitern, daß wir nun von zwei Erwartungshaltungen ausgehen, die um die Dominanz in einer Population konkurrieren. Ferner behalten wir dic beiden Charakteristiken der psychologisch kollektiven Erwartungsbildung bei, nämlich die soziale Interaktion einerseits sowie den Zeitfaktor dieses Prozesses andererseits.

Betrachten wir dazu beispielsweise die Situation auf einem spekulativen Markt: So kann ein bestimmter Ausgangsprozentsatz $s_{1,0}$ der Akteure der Ansicht sein, der Preis für ein bestimmtes Spekulationsobjekt steigt, während ein anderer Ausgangsprozentsatz $s_{2,0}$ ein Sinken dieses Preises erwartet. Die Individuen mit Erwartungshaltung 1 sind somit eher optimistisch, diejenigen mit Erwartungshaltung 2 eher pessimistisch, was die Entwicklung des Preises anbelangt. Der Anteil der restlichen Akteure besitzt keinerlei Erwartungen.

Unterstellt man den in (5.23) postulierten Zusammenhang, so ergibt sich pro Periode $t = 0, 1, 2, \ldots$:[20]

$$\frac{s_{i,t+1} - s_{i,t}}{s_{i,t}} = u_i(B_i - s_{i,t}), \ \underline{u_i}(.) < u_i < \overline{u}_i(.), \ i = 1, 2. \tag{5.28}$$

Eine wichtige Rolle spielt hierbei wiederum der jeweilige Übertragungsparameter u_i, $i = 1, 2$, der für die soziale Interaktion verantwortlich ist.[21] Wie wir später noch sehen werden, hängt das dynamische Verhalten entscheidend von diesen Parametern ab.

Um das Beispiel des spekulativen Marktes fortzuführen, unterstellen wir einen fiktiven Preistrend für das Spekulationsobjekt. Dabei nehmen wir an, der Preis p in Periode t verhält sich tendenziell proportional zu den konkurrierenden Erwartungsanteilen. Es gilt somit:

$$p_t = \delta(s_{1,t} - s_{2,t}). \tag{5.29}$$

Der Parameter $\delta \in (0, 1)$ gibt hierbei die Sensibilität an, mit der die Entwicklung des Preises auf die Erwartungsanteile reagiert.

Nach den bekannten Umformungen ergibt sich somit das zweidimensionale, nichtlineare Differenzengleichungssystem:

$$\begin{aligned} s_{1,t+1} &= s_{1,t} + u_1 s_{1,t}(B_1 - s_{1,t}), \\ s_{2,t+1} &= s_{2,t} + u_2 s_{2,t}(B_2 - s_{2,t}). \end{aligned} \tag{5.30}$$

Für die Nicht-Existenz einer zweiten Erwartung, das heißt für $s_{2,0} = B_2 = 0$, ergibt sich Gleichung (5.24) des ursprünglichen Schnabl-Modells. Beide Gleichungen in (5.30) sind in den Variablen unabhängig voneinander, das heißt es handelt sich um ein sogenanntes ungekoppeltes System. Daher kann man die einzelnen Gleichungen getrennt analysieren. Das dynamische Verhalten jeder einzelnen Systemgleichung entspricht somit im Prinzip dem Verhalten im Ausgangsmodell von 5.2.2. Da beide Erwartungsgleichungen unterschiedliche Übertragungsparameter besitzen, kann es vorkommen, daß die eine Erwartungsaggregation chaotisch verläuft, während die andere gegen einen stabilen Fixpunktattraktor konvergiert. Jedoch ermöglicht System (5.30) keine neuen Einsichten in die Erwartungsaggregation.

[20] Hierbei entspricht die Notation derjenigen in Abschnitt 5.2.2. Lediglich der Index i gibt an, ob es sich um Erwartung 1 oder 2 handelt.

[21] Vgl. auch dazu die Ausführungen auf S.171.

Um ein Zusammenspiel der beiden Erwartungshaltungen darzustellen, führen wir die beiden Kopplungsfunktionen $\Theta_i : R^2 \to R$, $i = 1,2$, mit

$$\Theta_i(s_1, s_2) = \kappa_i(s_i - s_j), \; 0 \leq \kappa_i \leq 1, \; i,j = 1,2, \; i \neq j, \tag{5.31}$$

in die Analyse ein. Die Funktion Θ_i steht für den Einfluß, den Unterschiede in der Aggregationsentwicklung auf die jeweilige interaktionsbasierte Erwartungsbildung ausüben. Der Kopplungsparameter κ_i, $i = 1,2$, stellt eine Art von Sensitivitätsparameter für die Beeinflussung der Erwartungsbildung dar.

Der Zusammenhang in (5.28) wird somit zu

$$\frac{s_{i,t+1} - s_{i,t}}{s_{i,t}} = u_i(B_i - s_{i,t}) + \Theta_i(s_1, s_2), \; i = 1,2. \tag{5.32}$$

Diese Beziehung sagt aus, daß der relative Zuwachs der Population mit der Erwartungshaltung i pro Periode $t = 1,2,\ldots$ nicht nur zum vorhandenen Umwandlungsreservoir proportional ist, sondern auch vom Unterschied zum prozentualen Populationsanteil mit der Erwartungshaltung j abhängt. Ist dieser Unterschied, das heißt der Wert der Funktion Θ_i, positiv, so übersteigt der Prozentsatz der Population mit der Erwartungshaltung i den Prozentsatz der Population mit der Population j. Dies wiederum wirkt, gewichtet mit dem Parameter κ_i, positiv auf die interaktionsbasierte Aggregation der Erwartung i ein. Es wird also im gewissen Sinne ein „Wir-Gefühl" beschrieben, das die Bildung von Erwartung i einerseits verstärkt. Andrerseits wird durch die negativen Auswirkungen bei Erwartungshaltung j der Tatsache Rechnung getragen, daß Individuen ihre Meinung ändern und sich der Mehrheit anschließen werden.

Unter Berücksichtigung der Kopplungsfunktionen Θ_i bekommt nun unser zweidimensionales Differenzengleichungssystem folgendes Aussehen:

$$\begin{aligned} s_{1,t+1} &= s_{1,t} + u_1 s_{1,t}(B_1 - s_{1,t}) + \kappa_1 s_{1,t}(s_{1,t} - s_{2,t}) =: F_1(s_{1,t}, s_{2,t}) + s_{1,t}, \\ s_{2,t+1} &= s_{2,t} + u_2 s_{2,t}(B_2 - s_{2,t}) + \kappa_2 s_{2,t}(s_{2,t} - s_{1,t}) =: F_2(s_{1,t}, s_{2,t}) + s_{2,t}. \end{aligned} \tag{5.33}$$

Für den Spezialfall $\kappa_i = 0$, $i = 1,2$, entspricht (5.33) dem System in (5.30).

Für die weitere Analyse haben sich die im System (5.33) vorgenommenen Definitionen als zweckmäßig erwiesen.[22] Die Jacobi-Matrix von (5.33)

[22] Siehe Lorenz (1989), S.134.

in einem beliebigen Punkt (x, y) lautet somit:

$$J = \begin{bmatrix} F_{11}+1 & F_{12} \\ F_{21} & F_{22}+1 \end{bmatrix}, \text{ mit } F_{ij} = \frac{\partial F_i}{\partial s_{j,t}}(x,y),\ i,j = 1,2, \tag{5.34}$$

und $F_{11} := u_1 B_1 + 2(\kappa_1 - u_1)x - \kappa_1 y$, $F_{22} := 1 + u_2 B_2 + 2(\kappa_2 - u_2)y - \kappa_2 x$, $F_{12} := -\kappa_1 x$, sowie $F_{21} := -\kappa_2 y$. Die Eigenwerte von J an der Stelle (x, y) ergeben sich als:

$$\lambda_{1,2} = \frac{1}{2}\left(F_{11} + F_{22} + 2 \pm \sqrt{(F_{11} - F_{22})^2 + 4F_{12}F_{21}}\right). \tag{5.35}$$

Bezeichnen wir unser System (5.33) als $f(s_{1,t}, s_{2,t})$, die nachfolgende Iteration $f(s_{1,t+1}, s_{2,t+1}) = f(f(s_{1,t}, s_{2,t}))$ als $f^2(s_{1,t}, s_{2,t})$ sowie die n-te Iteration als $f^n(s_{1,t}, s_{2,t})$, so erhält man die Gleichgewichtspunkte als Lösungen der folgenden Gleichungen:

$$(x^*, y^*) = f^i(x^*, y^*),\ i = 1, 2, \ldots n. \tag{5.36}$$

Aus (5.36) lassen sich, neben dem trivialen Gleichgewicht $(x^*, y^*)_1 = (0, 0)$, die folgenden drei Gleichgewichtspunkte errechnen:

$$\begin{aligned} (x^*, y^*)_2 &= \left(\tfrac{u_1 B_1}{u_1 - \kappa_1}, 0\right), \\ (x^*, y^*)_3 &= \left(0, \tfrac{u_2 B_2}{u_2 - \kappa_2}\right), \\ (x^*, y^*)_4 &= \left(\tfrac{u_1 B_1(\kappa_2 - u_2) + u_2 B_2 \kappa_1}{u_1 \kappa_2 + u_2 \kappa_1 - u_1 u_2}, \tfrac{u_2 B_2(\kappa_1 - u_1) + u_1 B_1 \kappa_2}{u_1 \kappa_2 + u_2 \kappa_1 - u_1 u_2}\right). \end{aligned} \tag{5.37}$$

Wir können jetzt schon ersehen, daß eine qualitative Untersuchung dieses zweidimensionalen Differenzengleichungssystems ziemlich komplex werden kann und wollen daher die Analyse etwas vereinfachen. Zunächst unterstellen wir, daß die Übertragungsrate für die optimistische Erwartung derjenigen für die pessimistische Erwartung entspricht.

Da, wie wir weiter unten noch ausführlicher darstellen werden, die Sensibilitätsparameter sowie die einzelnen Umwandlungspotentiale für das dynamische Verhalten des Systems von eher untergeordneter Bedeutung sind, wollen wir deshalb ihre jeweilige Identität annehmen.

In Anbetracht dieser Annahmen gilt: $u_1 = u_2 = u$, $\kappa_1 = \kappa_2 = \kappa$ sowie $B_1 = B_2 = 1/2B$. Das System reduziert sich somit zu

$$\begin{aligned} s_{1,t+1} &= s_{1,t} + u s_{1,t}(B_1 - s_{1,t}) + \kappa s_{1,t}(s_{1,t} - s_{2,t}), \\ s_{2,t+1} &= s_{2,t} + u s_{2,t}(B_1 - s_{2,t}) + \kappa s_{2,t}(s_{2,t} - s_{1,t}). \end{aligned} \tag{5.38}$$

Um ein identisches Aggregationsverhalten beider Erwartungen von vornherein auszuschließen, muß bei diesem System (5.38) natürlich von unterschiedlichen Anfangspopulationen $s_{1,0}$ und $s_{2,0}$ ausgegangen werden. Wie wir jedoch aus der Chaostheorie in Kapitel 3 wissen, genügen hierbei schon geringfügige Unterschiede.

Die Gleichgewichte (5.36) sowie die dazugehörigen Eigenwerte vereinfachen sich demnach zu

$$\begin{aligned}
(x^*, y^*)_1 &= (0,0),\ \lambda_1^1 = \lambda_2^1 = 1 + B_1 u, \\
(x^*, y^*)_2 &= \left(\tfrac{uB_1}{u-\kappa}, 0\right),\ \lambda_1^2 = 1 - B_1 u, \lambda_2^2 = 1 + \tfrac{B_1 u(2k-u)}{k-u}, \\
(x^*, y^*)_3 &= \left(0, \tfrac{uB_1}{u-\kappa}\right),\ \lambda_1^3 = \lambda_1^2,\ \lambda_2^3 = \lambda_2^2, \\
(x^*, y^*)_4 &= (B_1, B_1),\ \lambda_1^4 = 1 - B_1 u,\ \lambda_2^4 = 1 + B_1(2k-u).
\end{aligned} \tag{5.39}$$

Der Fixpunktattraktor ist stabil, wenn beide Eigenwerte dem Betrage nach kleiner 1 sind. Formal lautet diese Bedingung:

$$max\{|\lambda_1^i|, |\lambda_2^i|\} < 1,\ i = 1, \ldots, 4. \tag{5.40}$$

Analog zum ursprünglichen Schnabl-Modell wollen wir auch hier für die weitere Analyse eine Simulation durchführen. Wir unterstellen somit konkrete Parameterwerte und nehmen dazu an, der ursprüngliche Anteil der optimistischen Erwartung $s_{1,0}$ beträgt 1 Prozent und der entsprechende Anteil der pessimistischen Erwartung $s_{2,0}$ 2 Prozent. Das gesamte, beiden Erwartungen aufgeschlossene Umwandlungspotential B beläuft sich auf 50 Prozent und der Kopplungsparameter κ besitzt den Wert 0,6. Aufgrund seiner verhaltensdeterminierenden Eigenschaft fungiert der Übertragungsparameter u analog zum ursprünglichen Schnabl-Modell als Bifurkationsparameter.

Das Stabilitätsverhalten der oben angeführten Fixpunkte läßt sich demnach rechnerisch anhand von Bedingung (5.40) relativ einfach ermitteln. Der triviale Gleichgewichtspunkt $(x^*, y^*)_1$ ist für alle Werte von u instabil, während $(x^*, y^*)_2$ beziehungsweise $(x^*, y^*)_3$ für $0,8 < u < 1,2$ stabil sind. Jedoch sind die numerischen Werte dieser beiden stabilen Fixpunkte abhängig vom Parameter u und besitzen zudem innerhalb des Stabilitätsbereichs eine für die Erwartungsaggregation interessante Eigenschaft, auf die wir später noch eingehen werden.

Für eine Übertragungsrate von $1,2 < u < 8$ konvergiert das dynamische Verhalten auf den konstanten Fixpunkt $(x^*, y^*)_4 = (0{,}25;0.25)$ zu. Beide

Erwartungspopulationen nehmen, für einen relativ großen Bereich der Parameterwerte, nach einer gewissen Zeitperiode den Wert von jeweils 25 Prozent an, genausoviel wie ursprünglich an Umwandlungspotential eigentlich vorhanden war.

An der Stelle $u = 1,2$ ist das System dem Stabilitätskriterium nach instabil. Simulationen haben ergeben, daß jedoch Fixpunkte erreicht werden, deren Werte jeweils abhängig von den Startbedingungen sind. So ergeben sich beispielsweise für die Startpopulationen $(0,01; 0,02)$ und $(0,015; 0,025)$ die Fixpunkte $(0,17; 0,33)$ beziehungsweise $(0,188; 0,312)$.

Wir wenden uns nun wieder den beiden Stabilitätsbereichen zu. In Abbildung 5.7 haben wir zwei, für diese Bereiche typischen Zeitdiagramme der Erwartungsaggregation dargestellt.

In dieser und den nachfolgenden Abbildungen bezeichnet die durchgezogene Linie den zeitlichen Verlauf der Aggregation der optimistischen Erwartung 1 (s_1), die gestrichelte Linie den der pessimistischen Erwartung 2 (s_2). Die mit Punkten durchsetzte gestrichelte Linie stellt die Entwicklung des Preistrends p bei einem unterstellten Parameterwert von $\delta = 0,5$ dar. Den Verlauf des Preistrends ohne Erwartungsbeeinflussung gibt die Nullinie wieder.[23]

Abbildung 5.7

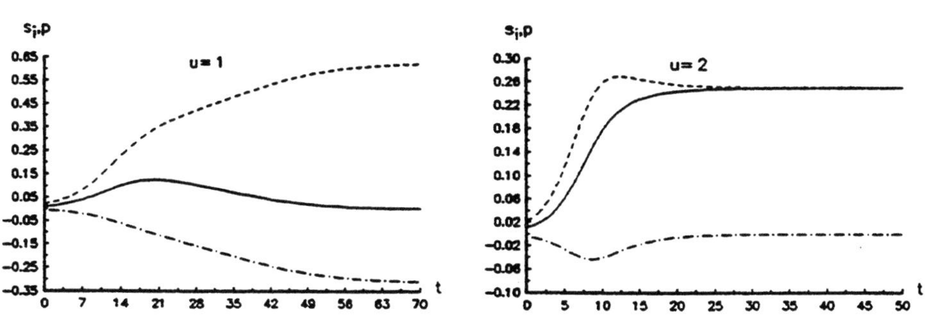

Im linken Teil der Abbildung sehen wir die vorher angesprochene interessante Eigenschaft, daß sich eine Erwartung gegenüber der anderen durchsetzt. Im dargestellten Fall ist dies die pessimistische Erwartung, deren

[23]Diese ist in den Diagrammen aus Übersichtsgründen nicht eingezeichnet.

Populationsanteil somit auf etwa 62 Prozent anwächst. Der Populationsanteil mit der optimistischen Erwartung konvergiert gegen Null. Demzufolge erfolgt auch ein Absinken des Preises. Welche Erwartung sich nun durchsetzt, ist in diesem Stabilitätsbereich abhängig von den Startbedingungen. Gilt beispielsweise $s_{2,0} > s_{1,0}$ so setzt sich Erwartungshaltung 2 durch. Den im Vergleich zum Umwandlungspotential höheren Prozentsatz kann man mit einer gewissen Hysterie, infolge dieser nun dominierenden pessimistischen Erwartungshaltung, erklären, von der sich selbst bisher als immun geltende Individuen anstecken lassen. Der rechte Teil von Abbildung 5.7 entspricht dem Teilbereich a in der Abbildung 5.6 des ursprünglichen Schnabl-Modells.[24] Das Umwandlungspotential wird von den beiden Erwartungen gleich ausgeschöpft. Der Preistrend pegelt sich nach einer gewissen Anpassungsphase auf die Nullage ein, der Einfluß der konkurrierenden Erwartungen hebt sich somit gegenseitig auf. Dazu wäre noch zu bemerken, daß die eben beschriebenen Entwicklungen unabhängig von den Ausgangsprozentsätzen stattfinden.

Abbildung 5.8

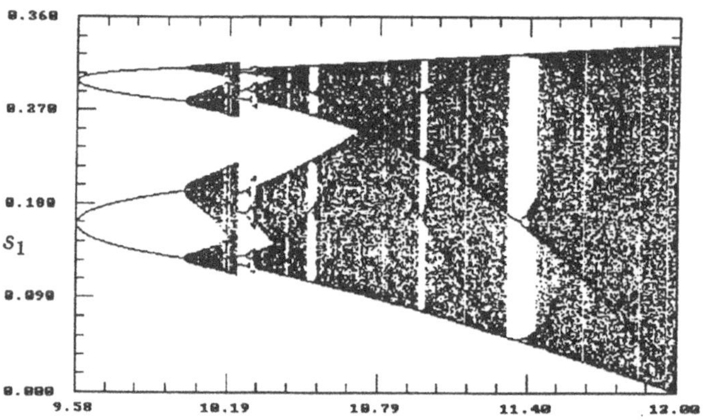

Für eine Übertragungsrate von $u \geq 8$ entsteht ein Zyklus mit Periode 2, der an der Stelle $u \approx 9,58$ von einem Zyklus mit Periode 4 abgelöst wird. Genau an dieser Stelle beginnt unser Bifurkationsdiagramm für die Variable s_1,[25] das in Abbildung 5.8 aufgezeichnet ist.

[24] Siehe dazu auch S.173.

[25] Eigentlich müßten zwei Bifurkationsdiagramme dargestellt werden, doch dieses ist in

Ab einem Parameterwert von $u \approx 10$ wird das Verhalten des Systems chaotisch. Dies wird jedoch ab dem Wert $u \approx 10,21$ für kurz unterbrochen. So findet, nach einem chaotischen Bereich am Anfang, dessen Attraktor für $u = 10,15$ in Abbildung 5.9 a dargestellt ist, der von anderen Bifurkationsdiagrammen bekannte Übergang ins Chaos auf dem Wege von Periodenverdoppelungen erst ab dem Wert $u \approx 10,23$ statt.

Wir haben in Abbildung 5.9 für verschiedene Werte von u die Lösungsmenge von (5.38) im s_1, s_2-Raum aufgezeichnet. Solche sogenannten seltsamen oder chaotischen Attraktoren[26] sind durch permanente Streckungs- und Faltungsprozesse gekennzeichnet, wodurch zwei zu einem beliebigen Zeitpunkt τ benachbarte Punkte $(s_{1,\tau}, s_{2,\tau})$ und $(\bar{s}_{1,\tau}, \bar{s}_{2,\tau})$ in die verschiedensten Orte des Phasenraumes transportiert werden. Der Ljapunov-Exponent stellt nun ein Maß für die Entfernung solcher Punkte dar und dient dabei, wie wir wissen, ebenfalls zum Nachweis chaotischen Verhaltens. Für unser System ergeben sich zwei Ljapunov-Exponenten l_1 und l_2, die neben dem dazugehörigen Attraktor ebenfalls in Abbildung 5.9 dargestellt sind.[27]

Sind beide Exponenten negativ, so ist das System punkt- beziehungsweise zyklenstabil. Ist der erste von beiden positiv, so deutet dies auf chaotisches Verhalten hin. Sind beide Exponenten positiv, so bezeichnet man diesen Systemzustand als Hyperchaos.[28] Für den Wert $u = 10,08$ ergeben sich nach 150000 Iterationen die Ljapunov-Exponenten $l_1 = 0,000382$ und $l_2 = -0,085828$. Dies deutet ebenfalls auf den Beginn des chaotischen Bereichs hin.

Uns interessiert jedoch nicht so sehr das Aussehen dieser Attraktoren, sondern die damit verbundenen Folgerungen für die Erwartungsaggregation. Zu diesem Zweck sehen wir uns die Abbildung 5.10 an. Hierin sind für vier unterschiedliche Übertragungsraten die entsprechenden Zeitdiagramme der Erwartungsaggregation und der Preisentwicklung aufgezeichnet.

---

diesem Fall identisch mit dem Diagramm für s_2.

[26]Die Anzahl der durchgeführten Iterationen beträgt aus Verdeutlichungsgründen einheitlich 50.000. Jedoch ist die charakteristische Attraktorstruktur bereits nach wenigen Iterationen erkennbar.

[27]Sämtliche Berechnungen der Ljapunov-Exponenten erfolgten mit Hilfe des Softwarepaketes INSITE. Der dazu verwendete Algorithmus ist in Parker/Chua (1989), S.66 ff., beschrieben.

[28]Siehe auch Steeb/Kunick (1989), S.31.

Abbildung 5.9

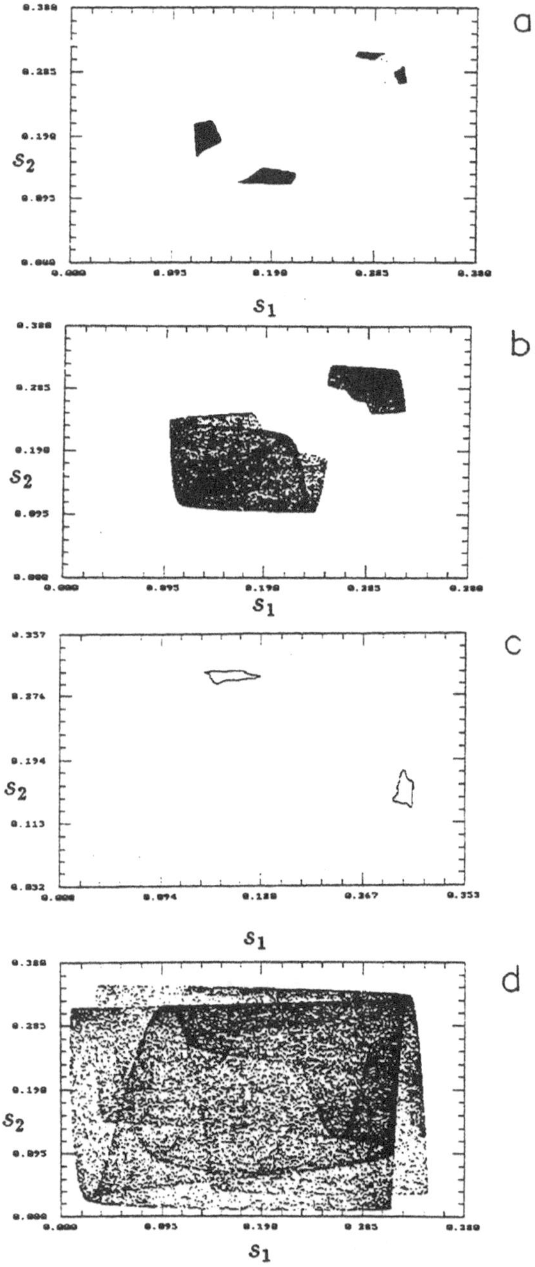

a: $u = 10,15$, $l_1 = 0,0768676$, $l_2 = 0,034628$

b: $u = 10,43$, $l_1 = 0,18916$, $l_2 = 0,129213$

c: $u = 11,0205$, $l_1 = -0,00761417$, $l_2 = -0,00790277$

d: $u = 11,7$, $l_1 = 0,453082$, $l_2 = 0,358491$

Abbildung 5.10

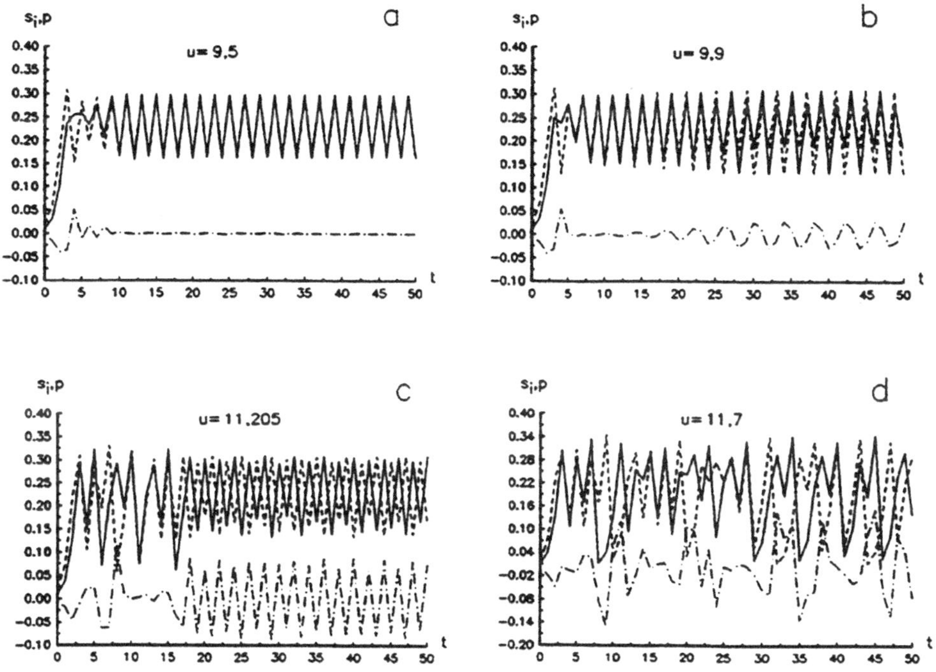

Im Teilbereich a von Abbildung 5.10 wird von beiden Populationsanteilen ein Zyklus der Periode 2 beschrieben. Die Zyklen sind jeweils vom Typ $(x = y)$, das heißt beide Oszillationen verlaufen nach einer gewissen Zeitperiode synchron. Beide Populationsanteile schwanken somit identisch pro Periode zwischen 16 und 30 Prozent. Zusätzlich können wir erkennen, daß diese Parallelentwicklung nach einer gewissen Zeit überhaupt keine Auswirkungen auf den Preistrend hat.

Dies ändert sich bei einer Erhöhung des Übertragungsparameters, wie dies im Teilbereich b der Fall ist. Bei beiden Populationsanteilen entsteht ein Zyklus mit der Periode 4. Das besondere an diesen Zyklen ist jedoch, daß sie vom Typ $x \neq y$ sind. Wie man erkennen kann, verlaufen sie nach anfänglich synchronem Verlauf plötzlich asynchron aber immer noch prozyklisch. Die Populationsanteile mit der optimistischen beziehungsweise mit der pessimistischen Erwartung betragen demnach pro Periode (13,19), (29,32), (19,13) und (32,29) Prozent. Das prozyklische Verhalten ist an der Tatsache erkennbar, daß beide Erwartungshaltungen an sich pro Periode ab- und zunehmen. Dieses, nach einer gewissen Zeitperiode, asynchrone Verhalten findet seine Entsprechung in der Preisentwicklung. So beginnt der Preistrend nach einer Ruhephase aufgrund der schwankenden Erwartungsanteile um die Nullage herum zu oszillieren.

Die beiden restlichen Darstellungen c und d schließlich entstammen dem chaotischen Bereich. Während in d das bekannte chaotische Lösungsverhalten auftritt, weist c unübersehbar eine periodische Ordnung auf. Die entsprechenden Attraktoren sind in den Abbildungsteilen 5.9 c beziehungsweise 5.9 d aufgezeichnet. Die periodische Ordnung von Attraktor c findet auch ihre Entsprechung in der für diesen Fall negativen Ausprägung des Ljapunov-Exponenten. Bei allen anderen Fällen in Abbildung 5.9 liegt Hyperchaos vor. Dieses geordnete Verhalten kann man als einen Repräsentanten der Ordnung im Chaos ansehen, die auch an den weißen Streifen im Bifurkationsdiagramm erkenntlich ist. Das Auffallende hierbei ist, daß sich, im Gegensatz zum vorherigen Fall, die Erwartungen in der Dominanz gegenseitig abwechseln. Der 4-Periodenzyklus verläuft in diesem Fall also antizyklisch. Dies äußert sich dahingehend, daß von Periode zu Periode sich optimistische und pessimistische Erwartungshaltungen in der Dominanz abwechseln. Die beiden Erwartungshaltungen „kämpfen" sozusagen um eine dominierende Stellung unter den Akteuren. Diese Auseinandersetzung der Erwartungshaltungen führt zu regelmäßigen Preisfluktuationen, die im Unterschied zum vorherigen Fall wesentlich stärker sind.

Die Situation im Teilbereich d von Abbildung 5.10 ist bereits aus dem ursprünglichen Schnabl-Modell bekannt. Jedoch kann man hier gut erkennen wie das Chaos in der Erwartungsbildung auf die Preisebene durchschlägt.

In einem nächsten Schritt wollen wir jetzt den Sensitivitätsparameter κ variieren sowie unterschiedliche Umwandlungspotentiale zulassen.

Für $\kappa \to 0$ konvergiert System (5.38) gegen System (5.30). Der chaotische Bereich wird ganz allgemein nach hinten verschoben, der Definitionsbereich für u wächst (im Grenzfall $0 < u < 12$). Mit Hilfe von (5.39) läßt sich leicht nachvollziehen, daß der Bereich, in dem sich eine Erwartung gegenüber der anderen durchsetzt, schrumpft. Genau das Gegenteil ist für $\kappa \rightarrow 1$ der Fall. So läßt sich beispielsweise mit einem Bifurkationsdiagramm, in dem κ als Bifurkationsparameter fungiert, zeigen, daß für einen konstanten u Wert von 10,01 die Systeme mit $\kappa > 0,6$ bereits chaotisches Verhalten aufweisen. Jedoch sind die einzelnen Abstände zu gering, um daraus irgendwelche Schlüsse für die Erwartungsbildung zu ziehen. Ansonsten kommt man im Prinzip zu denselben Ergebnissen, wie sie vorher angesprochen wurden. Dies gilt im großen und ganzen auch für jeweils unterschiedliche Sensitivitätsparameter κ_1 und κ_2.

Abbildung 5.11

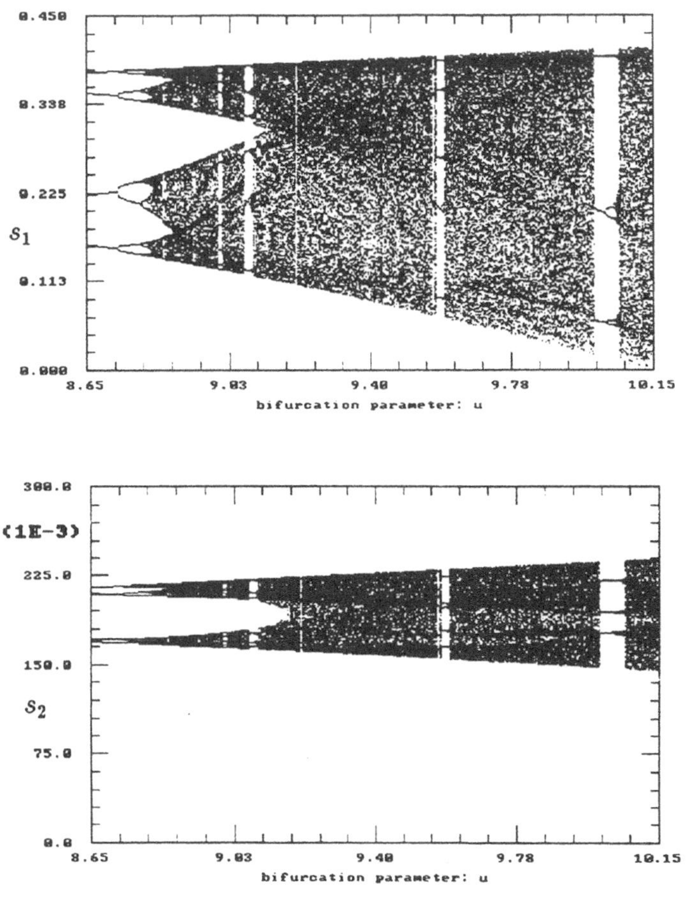

Eine Veränderung der Umwandlungspotentiale B_1 und B_2 über die Beziehung $B = B_1 + B_2$ hat sofortige Auswirkungen auf die Grenzen des Definitionsbereichs von u. Gilt beispielsweise $B_1 \to B$, so wird im Grenzfall das System sofort ungebunden, das heißt es ist keine Aussage mit Hilfe dieses Modells möglich.

Ansonsten hat im chaotischen Bereich eine Abnahme des Umwandlungspotentials eine stabilitätsfördernde Wirkung. Zur näheren Erläuterung betrachten wir Abbildung 5.11, wo die beiden Bifurkationsdiagramme von s_1 und s_2 für $B_1 = 0,3$ sowie $B_2 = 0,2$ aufgezeichnet sind.

Während der Anteil der Population mit der optimistischen Erwartungshaltung in der bekannten Weise zwischen 0 und 40 Prozent schwankt, verhält sich der andere Populationsanteil in der Weise, die man allgemein als Korridorstabilität bezeichnet.[29] Der Anteil der Population mit der pessimistischen Erwartung verbleibt, auch im chaotischen Fall, in einem Korridor von etwa 15 bis 24 Prozent. Je geringer das ursprüngliche Umwandlungspotential ist, desto enger ist dieser Korridor. Im Rahmen dieses Modells bleiben also für einen hohen Übertragungsparameter Minderheiten eher ihrer Erwartung treu als die Mehrheiten.

Abschließend wollen wir uns ansehen, wie sich das System bei unterschiedlichen Übertragungsraten verhält. Wir kehren also jetzt wieder zu unserem Ausgangssystem (5.33) zurück und wollen vor allem diejenigen Phänomene ansprechen, die in der vorhergegangen Analyse nicht aufgetreten sind. Dazu greifen wir hauptsächlich auf das Werkzeug der Simulation zurück, da eine qualitative Analyse zu komplex und vor allem zu unübersichtlich wäre.

Läßt man nämlich zwei unterschiedliche Bifurkationsparameter zu, so kann es vorkommen, wie wir eingangs erwähnt haben, daß sich nur einer davon im chaotischen Bereich befindet. Als wichtigstes Ergebnis wäre hier wohl zu nennen, daß lediglich ein Übertragungsparameter das Verhalten des ganzen Systems bestimmt. Diese Aussage wollen wir anhand der Abbildung 5.12 veranschaulichen.

Im linken Teil der Abbildung sehen wir ein zyklisches, im rechten Teil ein chaotisches Verhalten der Erwartungsanteile. Obwohl der Übertragungsparameter der optimistischen Erwartung konstant den Wert 3 besitzt, kann der

[29] Siehe auch dazu Lorenz (1990).

Anteil der Akteure mit optimistischer Erwartungshaltung unterschiedliche Verläufe annehmen. Der sich verändernde Übertragungsparameter der pessimistischen Erwartung ist somit verantwortlich für dieses Verhalten, das, wie wir erkennen können, unmittelbar auf die Entwicklung des Preistrends übergeht.

Abbildung 5.12

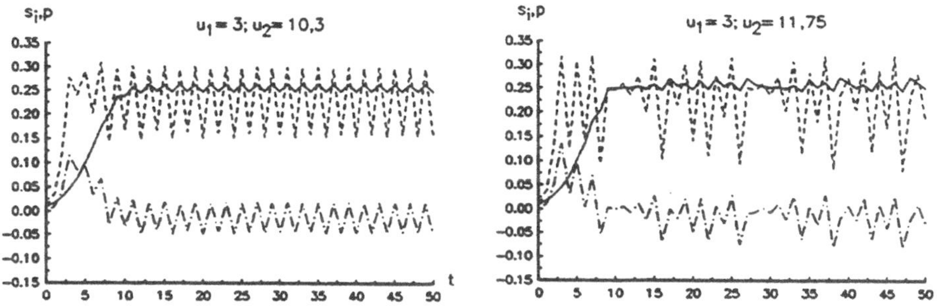

Jedoch läßt sich unschwer aus der Abbildung erkennen, daß sowohl die zyklische als auch die chaotische Entwicklung der optimistischen Erwartung für diesen Parameterwert in ganz engen Grenzen verläuft. Hier trifft man ebenfall auf das bereits vorher bekannte Phänomen der Korridorstabilität, wie es auch aus dem dazugehörigen Bifurkationsdiagramm in Abbildung 5.13 ersichtlich ist.

Abbildung 5.13

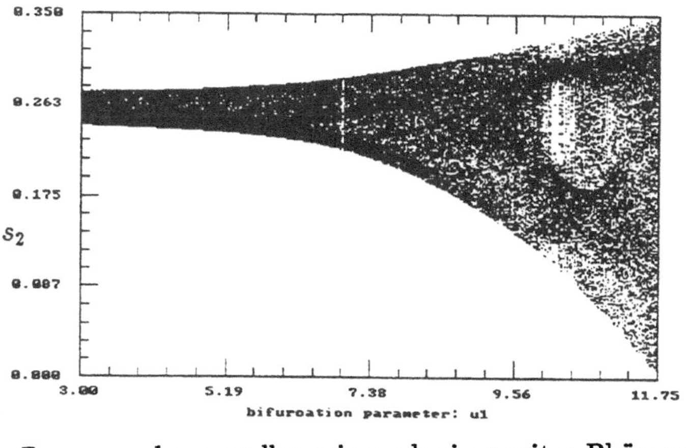

In diesem Zusammenhang wollen wir noch ein zweites Phänomen ansprechen, das die Ausgangspopulationsanteile betrifft. Wie schon die Annahme verschiedener Umwandlungspotentiale läßt auch diese Annahme zu, daß die Ausgangsanteile nicht mehr unterschiedlich sein müssen. So kann im Extremfall ein Akteur eine optimistische, ein anderer Akteur eine pessimistische Erwartung besitzen. Sind beide Übertragungsraten unterschiedlich, so kann chaotisches Verhalten bei der kollektiven Erwartungsbildung entstehen, das sich unmittelbar in der Preisentwicklung niederschlägt. Sind jedoch beide Übertragungsparameter exakt gleich, so entsteht ebenfalls auf Aggregatebene chaotisches Verhalten, dieses hat jedoch aufgrund seiner Gleichgerichtetheit keinerlei Einfluß auf den Preistrend.

Zur Verdeutlichung betrachten wir Abbildung 5.14.

Abbildung 5.14

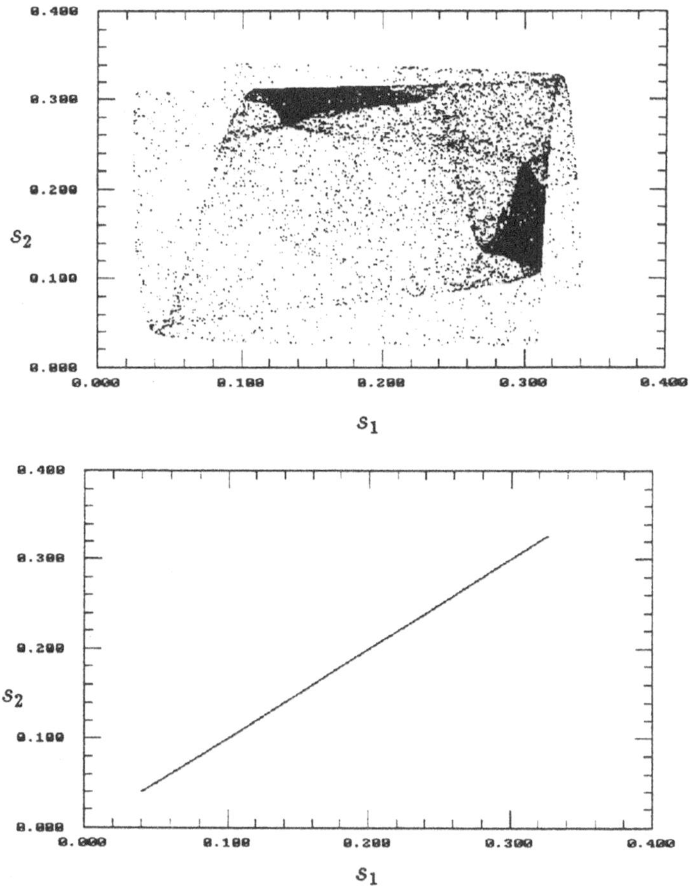

Darin haben wir zwei chaotische Attraktoren dargestellt. Der erste entstand bei den Anfangswerten von jeweils 0,1 Prozent für die Übertragungsraten $u_1 = 11,5$ und $u_2 = 11,49999$. Auffallend ist hier vor allem seine strukturelle Ähnlichkeit zu dem Attraktor in Abbildung 5.9 d. Eine Erhöhung um den minimalen Wert von 0,00001 ergibt den Attraktor, der, aufgrund der äquivalenten Lösungsmengen, einer 45°-Linie entspricht. Die Auswirkung dieser marginalen Veränderung auf die Preisentwicklung ist aus Abbildung 5.15 ersichtlich.

Abbildung 5.15

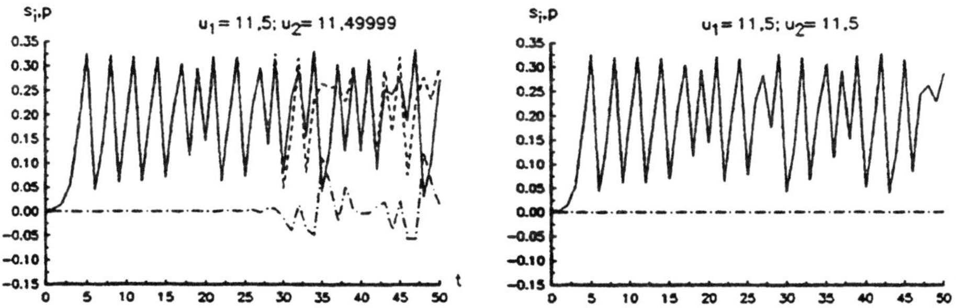

Während im linken Teilbild die chaotische Erwartungsbildung voll auf den Preistrend durchschlägt, neutralisieren sich im rechten Teilbild die optimistischen und pessimistischen Erwartungshaltungen gegenseitig. Die tendenzielle Preisentwicklung bleibt davon unberührt.

Nachstehend fassen wir die bisherigen Ergebnisse kurz zusammen. In diesen Modellen zur kollektiven Erwartungsbildung haben wir gezeigt, daß bereits solch relativ einfach zu durchschauenden Systeme auf Aggregatebene ein äußerst komplexes Verhalten aufweisen können. Desweiteren konnten wir beobachten, wie einerseits konkurrierende Erwartungshaltungen um die Dominanz in der Population streben und wie sich dies in großen Preisausschlägen bemerkbar macht. Andrerseits können beide Erwartungen „friedlich“ nebeneinander existieren und dabei keinen Einfluß auf die Preiserwartung nehmen. Desweiteren kann diese gegenseitige Konkurrenz so weit gehen, daß die eine Erwartung die andere im Prinzip „auslöscht“. Mit dem erweiterten Modell gelingt es auch, den von Schnabl in diesem Zusammenhang angeführten Begriff „Chaos in der Erwartungsbildung“ näher zu durchleuchten. Zum einen läßt sich darunter eine generierte Entwicklung verstehen, in der sich Aggregation und Disaggregation in den jeweiligen Erwartungshaltungen infolge der Konkurrenzbeziehung unregelmäßig und manchmal sogar regelmäßig abwechseln. Zum anderen ist ersichtlich, daß solch ein chaotisches Verhalten in der Erwartungsbildung überhaupt nicht auf die Preisentwicklung durchschlagen muß.

Wie wir im nächsten Abschnitt demonstrieren werden, würde das Einbeziehen weiterer Erwartungshaltungen prinzipiell an den Modellaussagen wenig verändern. Eine Erweiterung müßte vielmehr dahin gehen, den Prozeß der Preisentwicklung im Zusammenhang mit den Erwartungshaltungen detaillierter zu modellieren. Hierbei wären dann auch die Rückkopplungseffekte zu berücksichtigen, die Preisentwicklungen zweifellos auf die Erwartungen ausüben.

Bevor wir jedoch solche Rückkopplungseffekte der Preise auf die Erwartungsbildung modellieren, wollen wir ein Modell zur Erwartungsaggregation skizzieren, das auf katastrophentheoretische Elemente zurückgreift. Dieser Ansatz ermöglicht es, nicht nur grob zwischen optimistischen beziehungsweise pessimistischen Erwartungshaltungen zu differenzieren, sondern präzise formulierte individuelle Erwartungen zu berücksichtigen.

5.2.4 Ein katastrophentheoretisches Modell der Erwartungsaggregation

Ausgangspunkt für dieses Modell ist die Tatsache, daß innerhalb einer Population unzählige Einzelerwartungen existieren können. Wir modellieren dies durch Verwendung der aus Abschnitt 5.1.1 bekannten Exponential Power Distribution (5.1) beziehungsweise deren topologischer Äquivalenz:[30]

$$f^E(X|\mu', \sigma', v) = \exp\left\{-\frac{1}{2}\left|\frac{X-\mu'}{\sigma'}\right|^{\frac{2}{1+v}}\right\} . \qquad (5.41)$$

Für einen Wert des Wölbungsparameters v von -2/3 erhalten wir die S-Verteilung, die analog zur Q-Verteilung (5.6) in ihrer allgemeinen Form

[30]Siehe dazu auch die Ausführungen auf S.155 f.

lautet:[31]

$$f^S(X|a,b,c,d,e,f) = \exp\left\{-a(X^6 + bX^5 + cX^4 + dX^3 + eX^2 + fX)\right\}, \tag{5.42}$$

mit $a > 0$ sowie $b, c, d, e, f \in \mathbb{R}$. Auch diese Verteilung kann sich je nach den Werten der Parameter a, b, c, d, e, f in ihrem Aussehen verändern.

Infolge der Parametertransformationen $b = -6B$, $a = A^{-6}$ sowie der Variablennormierung $p = B + AX$ ist die S-Verteilung in (5.42) auf eine Form zurückzuführen, die in ihren Eigenschaften der Schmetterlingskatastrophe in (3.26) entspricht. Es gilt somit:

$$f^S(p|w,u,k,l) = \exp\left\{-(p^6 + wp^4 + up^3 + kp^2 + lp)\right\}, \tag{5.43}$$

mit $w = (c - 15B^2)A^{-2}$, $u = (4Bc - 40B^3 + d)A^{-3}$, $k = (6B^2c + 3Bd - 45B^4 + e)A^{-4}$ sowie $l = (4B^3c + 3B^2d + 2Be - 14B^5 + f)A^{-5}$.

Im folgenden wollen wir nun die Bedeutung der einzelnen Parameter für diese Verteilung und für die dahinterstehende Erwartungsaggregation vorwiegend graphisch erläutern. Dazu nehmen wir wiederum an, eine begrenzte Anzahl von Akteuren bilden Erwartungen über den Preis p eines spekulativen Gutes. Die oben durchgeführte Normierung hatte den Zweck, für den Preis die Normallage 0 einzuführen.

Wie aus Abbildung 5.16 ersichtlich ist, bewirkt der Parameter w, in seiner zunehmend negativen Ausprägung, eine Erwartungsdivergenz, in seiner zunehmend positiven Ausprägung dagegen eine Erwartungskonvergenz. Demzufolge verdichten sich im linken Teil dieser Abbildung eine Vielzahl unterschiedlicher Preiserwartungen (für $w = 0$) mit großem Streuungsbereich, modelliert durch die Verteilungsdichte mit der durchzogenen Linie, zu einer relativ einheitlichen Preiserwartung (für $w = 10$) mit geringerem Streuungsbereich, die Dichte mit der gepunkteten Linie. Im rechten Teil von Abbildung 5.16 hat bereits eine gewisse divergierende Vorpolarisierung(für $w = -3$), modelliert durch die trimodale Dichte, stattgefunden. Eine Verringerung des Parameters w bewirkt in diesem Fall eine zunehmende Polarisierung auf 2 Preiserwartungsbereiche, wie dies durch die gepunktete Dichtefunktion (für $w = -6$) dargestellt ist.

[31] Da es uns auch hier primär um qualitative Ergebnisse geht, unterscheiden wir an dieser Stelle ebenfalls nicht mehr zwischen der Verteilungsfunktion und ihrer topologischen Äquivalenz. Auch vernachlässigen wir die in der Notation von (5.6) vorgenommene explizite Zeitformulierung.

Abbildung 5.16

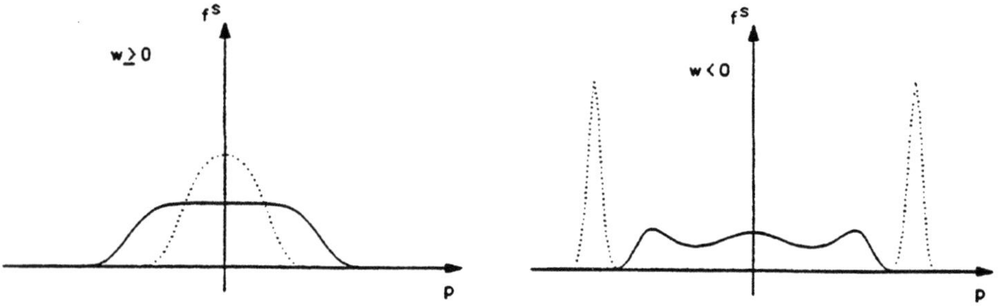

Koppelt man nun auf formaler Ebene die Entwicklung dieses Konvergenzparameters w mit der Variablen Zeit, so ist man dadurch in der Lage, die Aggregation einer Vielzahl unterschiedlicher Erwartungshaltungen zu modellieren. Im Zeitablauf ergibt sich einerseits für eine immer positivere Ausprägung des Parameters eine relativ einheitliche Preiserwartung, die im Prinzip derjenigen im Schnabl-Modell in Abschnit 5.2.2 entspricht. Andrerseits erhält man für zunehmend negative Werte des Parameters zwei entgegengesetzte Erwartungshaltungen, wie sie auch in der Modellerweiterung in Abschnitt 5.2.3 vorkommen.

Etwas komplexer wird dieses Modell, wenn wir die beiden Parameter k und l in die Analyse mit einbeziehen. Diese haben hier analog zu Abbildung 5.2 in Abschnitt 5.1.3[32] dieselben Einwirkungen auf diese Wahrscheinlichkeitsdichte wie dort auf die Dichte der Q-Verteilung. Obwohl dieses Modell grundverschieden davon ist und auch die formalen Herleitungen nicht übereinstimmen, haben wir dennoch, im Hinblick auf den nächsten Abschnitt, die Parameternotationen nicht verändert. Somit steht der Parameter l auch hier für optimistische beziehungsweise pessimistische Tendenzen, da er ebenfalls für negative Werte die Dichte rechtssteil und für positive Werte linkssteil verändert.

Der Parameter k ist auch in diesem Modell primär dafür verantwortlich, daß die Dichtefunktion mehrere Modalwerte aufweisen kann. Demzufolge kann er wiederum als Gradmesser für den Zweifel an der mehrheitlichen Erwartungshaltung in der Population angesehen werden. Jedoch, wie aus

[32] Siehe auch dazu die Ausführungen auf S.164.

den Abbildungen 3.4 und 3.5 in Abschnitt 3.1.3 ersichtlich ist,[33] ist der Einfluß von k auf die S-Verteilung, aufgrund der vierdimensionalen Bifurkationsmenge, nicht so übersichtlich wie im Falle der Q-Verteilung. Je nach Ausprägung des Parameters w ergeben sich die unterschiedlichsten Einwirkungen. In Abbildung 5.17 haben wir das Schmetterlingsgebilde aus Abbildung 3.5 explizit herausgezeichnet. Wie auch aus Abbildung 3.4 ersichtlich ist, erhalten wir dieses Gebilde im k, l-Parameterraum für Parameterwerte von $u = 0$ und $w < 0$. In Analogie zu Abbildung 5.2 haben wir für die einzelnen Formen der Dichtefunktion bestimmte Bereiche verschiedenartig schraffiert.

Abbildung 5.17

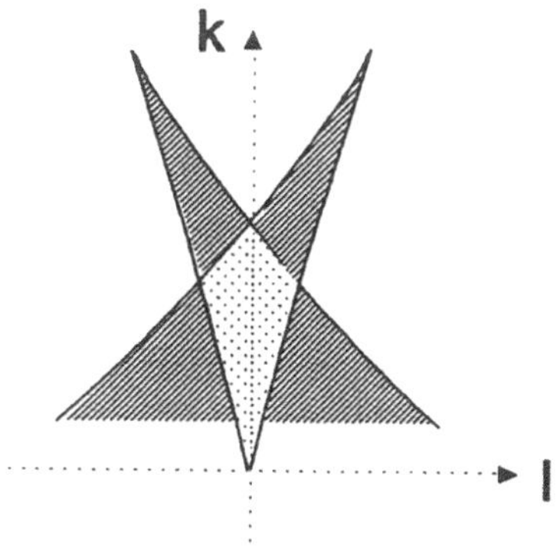

So besitzt die Dichtefunktion in den Bereichen mit der Strich-Schraffur eine bimodale Gestalt, in der sogenannten „Tasche", das heißt im Bereich mit der Punkt-Schraffur, sogar eine trimodale Form. Diese ist auch in Abbildung 5.16 dargestellt. In den restlichen unschraffierten Bereichen ist die Dichtefunktion unimodal. Für Parameterwerte von $u = 0$ und $w \geq 0$ ergibt sich der „kritische" Bereich der Kuspenkatastrophe und das in Abbildung 5.2 dargestellte gilt analog.

Als letztes betrachten wir den Parameter u in seinem Einfluß auf die Dichtefunktion der S-Verteilung. In den theoretischen Ausführungen über die Schmetterlingskatastrophe wird er als „Verschiebungsfaktor" bezeich-

[33]Siehe S.87 und S.88. Allerdings haben hierbei die einzelnen Parameter folgende Zuordnung: $a \rightarrow w$, $b \rightarrow u$, $c \rightarrow k$ und $d \rightarrow l$.

net.[34] Dies wollen wir anhand von Abbildung 3.4 verdeutlichen. Demzufolge ist dieser Parameter für die Drehungen und Verschiebungen der kuspenähnlichen Gebilde in der k, l- Parameterebene verantwortlich. Daher hat er auch auf die Wirkungen dieser Parameter gewisse Verstärkungs- und Abschwächungseffekte, qualitative Einflüsse auf das charakteristische Verhalten der Schmetterlingskatastrophe beziehungsweise auf die Form unserer Dichtefunktion besitzt er jedoch nicht.[35] So ändert es nichts an den Modellierungsmöglichkeiten einer kollektiven Erwartungsbildung, wenn wir für den Parameter u den Wert 0 annehmen.

Für ein komplettes Aggregationsmodell wollen wir kurz eine Dynamisierung ansprechen. Das Zusammenwirken der unterschiedlichen Verteilungsparameter kann man nämlich, ähnlich wie wir dies im folgenden Abschnitt durchführen werden, formal in einen dynamischen Kontext bringen und somit teils qualitativ, teils mit Hilfe von Simulationen den Prozeß der kollektiven Erwartungsbildung analytisch beschreiben. Von Interesse wäre hier insbesondere das Zusammenwirken der psychologischen Parameter k und l mit dem Konvergenz- beziehungsweise Divergenzparameter w. Dieser bewirkt, für zunehmende positive Ausprägung, wie aus Abbildung 5.18 zu sehen ist, trotz bestehender Zweifel, eine Annäherung (Konvergenz) der dominierenden Erwartungshaltungen.

Abbildung 5.18

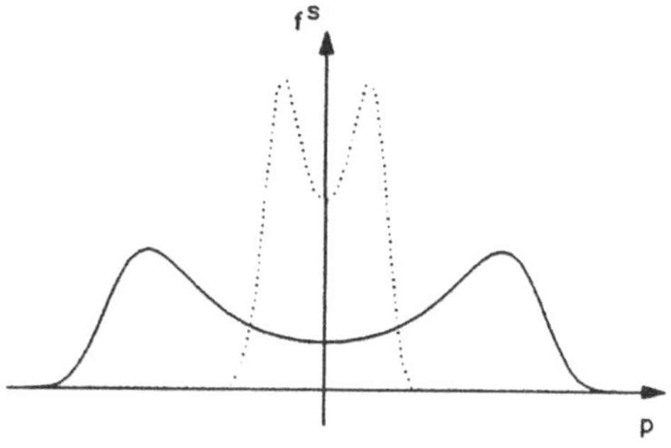

Jedoch kann der Zweifel bei einer bestimmten Parameterkonstellation auch dazu führen, daß sich im Laufe der Zeit drei Erwartungshaltungen als do-

[34] Siehe dazu auch Saunders (1986), S.75.

[35] Ebenda, S.74.

minierend in der Population herauskristallisieren: Eine optimistische, eine pessimistische und eine Haltung, die sich von den jeweiligen Stimmungstendenzen nicht beeinflussen läßt. Dies ist in der im Rahmen der Abbildung 5.17 erwähnten „Tasche" der Bifurkationsmenge der Schmetterlingskatastrophe der Fall. Hier kann die Wahrscheinlichkeitsdichte eine trimodale Form annehmen.

Bei Vernachlässigung des qualitativ unbedeutenden Parameters u ist der Parameter-Phasenraum dreidimensional. Dies bedeutet, zur Modellierung der Parameterbewegungen benötigen wir mindestens ein dreidimensionales nichtlineares Differentialgleichungssystem in stetiger Zeit. Wie wir in Abschnitt 3.3.4 ausgeführt haben, können solche Systeme ein äußerst komplexes, wenn nicht sogar chaotisches Lösungsverhalten aufweisen. So ergäbe sich mit großer Wahrscheinlichkeit eine qualitative Analogie zu den vorherigen Modellen der Erwartungsaggregation. Daher wäre auch in diesem Ansatz zur kollektiven Erwartungsbildung die Möglichkeit des Auftretens von chaotischem Verhalten gegeben, und es ließen sich im Prinzip die vorher abgeleiteten Erkenntnisse und Aussagen gewinnen.

Im nächsten Abschnitt wollen wir solch eine Dynamisierung vornehmen. Allerdings verwenden wir zur formalen Darstellung aus noch darzulegenden Gründen die Q-Verteilung. Unser Modell der individuellen Kurserwartungsbildung aus Abschnitt 5.1.3 werden wir dabei um eine dynamische Komponente erweitern. Wir präsentieren somit das Modell eines fiktiven Aktienmarktes, auf dem das dynamische Zusammenwirken von ökonomischen und psychologischen Faktoren die Aktienkurse generiert.

5.3 Die Psycho-Dynamik der Aktienkursbildung

Wie wir in Abschnitt 5.1 gesehen haben, stellt die Bildung von Kurserwartungen mittels dem Modalwertkriterium per se einen Vorgang auf mikroökonomischer Ebene dar. Das heißt, jeder Anleger besitzt eine subjektive Wahrscheinlichkeitsverteilung und bildet seine individuelle Kurserwartung nach dem Modalwertkriterium. Möchte man nun von der individuellen Ebene auf die Ebene des gesamten Aktienmarktes gelangen, so hat man die sogenannte Aggregationsproblematik in den Griff zu bekommen. Dazu haben wir im vorherigen Abschnitt verschiedene Modelle vorgestellt, von denen wir einzelne Elemente übernehmen wollen.

Allerdings unterscheidet sich der Aktienmarkt, wie in den neueren psychologischen Studien aufgezeigt wurde, speziell bezüglich der kollektiven Erwartungsbildung grundsätzlich von anderen spekulativen Märkten. Dies liegt vor allem an der mittlerweile breiten Akzeptanz der Anlageform Aktie und der daraus resultierenden öffentlichen Stellung des Marktes. So spielt hier insbesondere die Aggregationsproblematik nicht die Rolle, die man ihr auf anderen spekulativen Märkten nach unseren theoretischen Überlegungen eigentlich zubilligen würde. Denn, wie aus den vorherigen Abschnitten bekannt ist, tritt die Erwartungsbildung auf dem Aktienmarkt nicht als individuelles Phänomen auf, sondern entsteht primär durch kollektives Lernen.

Aus diesem kollektiven Lernen resultiert dann ein nahezu gleichgerichtetes Verhalten der Anleger auf Aggregatebene. Bezieht man diese Sichtweise auf unser Modell aus Abschnitt 5.1.3, so wird sich demnach über die vorher erwähnten „self-fulfilling prophecies“ der Aktienkurs einstellen, der durch Gleichung (5.12) erwartet wird. Diese aggregierte Verhaltensbesonderheit ist jedoch nicht auf den gesamten Entwicklungsverlauf des Aktienkurses übertragbar. So hat man in der Realität mit nachlassendem Boom eine zunehmende Widersprüchlichkeit in den Kurserwartungen beobachtet.[36] Es findet also faktisch wieder eine Disaggregation statt, die wir im folgenden Modell analog zu 5.2.4 katastrophentheoretisch modellieren wollen.

Im Gegensatz zu der mehr allgemeinen Modellierung einer Erwartungsaggregation im vorherigen Abschnitt haben wir hier aus verschiedenen Gründen die Q-Verteilung der S-Verteilung vorgezogen. Zum einen bilden die Anleger annahmegemäß, wegen der einfacheren Struktur, ihre Kurserwartungen mit Hilfe der Q-Verteilung.[37] Zum anderen eignet sich die S-Verteilung immer dann besser zur Modelldarstellung, wenn, wie aus dem linken Teilbild von Abbildung 5.16 ersichtlich ist, noch keine vorgefestigte Erwartungshaltung in der Population existiert. Hier liegt nahezu eine ur-

---

[36] Siehe dazu auch S.150 beziehungsweise Hochstätter (1990), S.33 f.

[37] Eine andere Form der Erwartungsbildung, beispielsweise mit Hilfe der S-Verteilung, würde die einfache und übersichtliche Struktur des Modells auch nur unnötig komplizieren.

sprüngliche Gleichverteilung der Erwartungsgröße vor. Dies widerspricht jedoch der Erwartungsbildung auf den Aktienmärkten. Denn, wie wir bereits ausgeführt haben, bilden die Anleger ihre Kurserwartungen nach einem nahezu gleichen Gesamtbild, was wiederum eine bestimmte Voraggregation bewirkt, die sich durch den sozialen Druck noch verstärkt. Existiert nun bereits solch eine dominierende Erwartungshaltung, so ist eine Modellierung der kollektiven Erwartung mittels der Q-Verteilung besser geeignet. Darüberhinaus dürfte der bei der Q-Verteilung fehlende Konvergenz- beziehungsweise Divergenzparameter w für die kollektive Aktienkurserwartungsbildung nahezu keine Rolle spielen.

Aufgrund obiger Ausführungen und den Ergebnissen aus Abschnitt 5.1.3 sind wir nun in der Lage, die Entstehung sowie den Zusammenbruch einer spekulativen Blase verbal und geometrisch nachzuvollziehen. Solch eine Blase wird immer dann entstehen, wenn die Abweichung y in (5.15) positiv ist. In Abbildung 5.19 haben wir eine mögliche Entwicklung dargestellt:

Abbildung 5.19

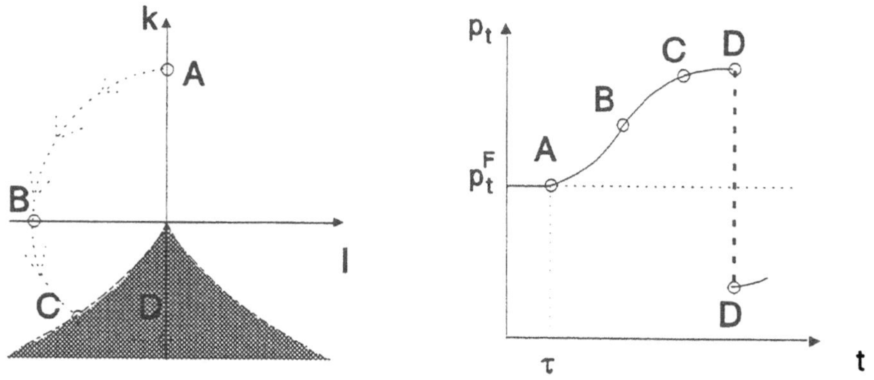

Im linken Teil der Abbildung vollzieht sich die Bewegung in der Parameterebene, das heißt hier ist das Zusammenwirken der psychologischen Faktoren k und l im Zeitablauf aufgezeichnet. Der rechte Teil stellt die mit dieser Entwicklung korrespondierenden Kursabweichungen dar.

Wir nehmen an, auf einem Aktienmarkt gibt es bis Periode τ weder optimistische noch pessimistische Tendenzen. Der Kurs entspricht somit seinem fundamentalen Wert. Diese Ausgangssituation wird in der Abbildung durch den Punkt A repräsentiert. Durch Informationen, die positiv aufgenommen werden, entsteht eine optimistische Stimmungslage, die sich in einer Überbewertung der Aktie niederschlägt. Die Abweichung y in (5.15) wird positiv, eine spekulative Blase entsteht.

Ab dem Punkt B treten erste Zweifel an der weiteren Entwicklung des Aktienkurses auf, die aber von der herrschenden optimistischen Stimmungslage noch überdeckt werden. Mit nachlassendem Optimismus treten ab dem Punkt C diese Zweifel offen zu Tage. Die Investoren halten plötzlich zwei mögliche Kursentwicklungen für äußerst wahrscheinlich. Die eine liegt über, die andere unter dem Fundamentalwert. Da der überbewertete Kurs bis zum Punkt D hin den höheren Dichtewert besitzt, werden die Anleger zunächst an ihrer ursprünglichen Erwartung festhalten. Ab dem Punkt D jedoch werden sie ihre Kurserwartungen plötzlich korrigieren.[39] Dies verursacht einen Kurssturz, so wie er im rechten Teil von Abbildung 5.19 dargestellt ist. Dieses plötzliche Umschlagen der Erwartungen vom Optimismus hin zum Pessimismus hat in diesem Modell eine kurzfristige Kurskorrektur und dabei den Zusammenbruch der spekulativen Blase zur Folge. Nach diesem Crash beginnt sich der Kurs langsam wieder zu erholen.

Mit dem eben beschriebenen Szenario haben wir natürlich nur eine mögliche Entwicklung des Modells dargelegt. Zur besseren Illustration sind wir deshalb auf die Crashsituation eingegangen. Es sind aber auch Bewegungen in der Parameterebene denkbar, die nicht in eine diskontinuierliche Kurskorrektur münden.

Diese Bewegungen in der Parameterebene wollen wir nun in einem weitergehenden Schritt mit Hilfe von Elementen der nichtlinearen Dynamik formal modellieren und somit zu einem vollständigen dynamischen Modell eines fiktiven Aktienmarktes übergehen.[40] Indem wir Erkenntnisse und Methoden aus der Theorie nichtlinearer dynamischer Systeme übernehmen, können wir aufzeigen, wie das dynamische Zusammenspiel der psychologi-

[39] Wie wir noch sehen werden, setzt diese Reaktion ein bestimmtes Anlegerverhalten voraus. Das oben beschriebene Szenario mag jedoch an dieser Stelle genügen.

[40] Siehe zum folgenden auch Kugler/Hanusch (1992b).

schen Faktoren mit der Höhe der Kursabweichungen, endogen Über- und Unterbewertungen des Aktienkurses und sogar Kurszusammenbrüche zu generieren vermag.

5.3.1 Das Modell einer Erwartungsdynamik

Wir wollen nun in einem etwas vereinfachten Rahmen das formal darstellen, was Shiller (1990) als „a feedback system (...) with possibly complicated dynamics" bezeichnet. Wie wir bereits in Abschnitt 2.3 dargelegt haben, hat er in Untersuchungen von Aktienmärkten nach dem Börsencrash im Jahre 1987 festgestellt, daß den damaligen Zusammenbruch kein exogener Auslöser in Verbindung mit einer massenpsychologischen Panik verursacht hat. Verantwortlich dafür war aus seiner Sicht vielmehr ein emotional psychologisches System mit einer eigenen, endogenen Dynamik. Auch aus den psychologischen Erkenntnissen der spekulativen Erwartungsbildung, wie wir sie in Kapitel 4 dargelegt haben, sind gewisse Entwicklungstendenzen und Rigiditäten zu erkennen, die diese Meinung bestärken. Demnach sind Kursabweichungen von den Fundamentalwerten, einerseits, sowie die Gradmesser für Optimismus/Pessimismus und für Zweifel, andrerseits, nicht unabhängig voneinander zu sehen, wie wir dies noch in Abschnitt 5.2 angenommen haben. Es bestehen vielmehr Interdependenzen, die in der Lage sein sollten, ein eigendynamisches System zu generieren, welches spekulative Blasen entstehen und platzen läßt, und zwar unabhängig von den fundamentalen Gegebenheiten. Um eine solche, im gewissen Sinne psychologische Dynamik des Gesamtsystems darstellen zu können, unterstellen wir, das Geschehen auf einem Aktienmarkt werde durch verschiedene Bewegungsgleichungen determiniert. Zur formalen Modellierung greifen wir zudem auf Gedanken der nichtlinearen Dynamik beziehungsweise der selbstorganisierenden Systeme zurück, worin sich Bewegungen über Rückkopplungen selbst regulieren können.

Die Anleger bilden ihre Kurserwartungen gemäß Abschnitt 5.1.3 nach dem QME-Ansatz. Daher garantiert nachstehende Gleichung[41]

$$\dot{y} = -\nu(4y^3 + 2ky + l), \; \nu > 1, \tag{5.44}$$

daß sich der einzelne Investor immer der Mehrheit anpaßt. Gleichung (5.44) stellt also so etwas wie den sozialen Druck dar, dem der Aktienanleger ausgesetzt ist. Der Parameter ν regelt hierbei die Geschwindigkeit der Anpassung an die veränderten Stimmungslagen. Denn die Bedingung 1. Ordnung aus (5.22) definiert hier für beliebige reelle Werte von k und l eine Gleichgewichtsfläche für den jeweiligen y-Wert, wie wir eine solche schon öfters im Rahmen der katastrophentheoretisch fundierten Theorieansätze kennengelernt haben. Wie man sieht, gilt bei Erfüllung von Bedingung (5.22) $\dot{y} = 0$. Aufgrund der schnellen Anpassungsgeschwindigkeit sorgt dann Gleichung (5.44) dafür, daß sich Veränderungen von k und l augenblicklich in Kursabweichungen niederschlagen. Die Erwartungen der Anleger am Aktienmarkt verursachen demnach eine sofortige Kursanpassung an die veränderten Marktstimmungen.

Die zeitliche Entwicklung des Zweifelparameters k folgt der Bewegungsgleichung

$$\dot{k} = \frac{1}{\nu}(\varphi(y) + l). \tag{5.45}$$

Hierbei gilt: $\varphi(0) = 0$, $\varphi'(y) < 0 \; \forall y \neq 0$, $\varphi'(0) = 0$. Aus Gleichung (5.45) ist ersichtlich, daß der Einfluß des Optimismus/Pessimismus-Parameters auf die zeitliche Entwicklung des Zweifels direkt erfolgt. Dies soll ein allgemein bekanntes Phänomen widerspiegeln: Je höher der Grad des Optimismus ist ($l < 0$), umso mehr wächst auch der Zweifel, ob die optimistischen Erwartungen sich auch in der Zukunft erfüllen werden.

Der Einfluß der Kursabweichung y auf die Entwicklung des Zweifelparameters erfolgt dagegen indirekt über die Funktion φ. Mit Hilfe dieser Funktion unterstellen wir, daß generell eine positive Kursabweichung der Aktie von ihrem Fundamentalwert zweifelfördernd wirke, eine negative Abweichung hingegen soll den Zweifel grundsätzlich reduzieren. Dieser funktionale Zusammenhang ist in Abbildung 5.20 dargestellt.

[41] Die Bedeutungen der Variablen und Parameter, die im folgenden nicht explizit erwähnt werden, haben sich gegenüber den Ausführungen in Abschnitt 5.1.3 nicht verändert und werden somit beibehalten.

Abbildung 5.20

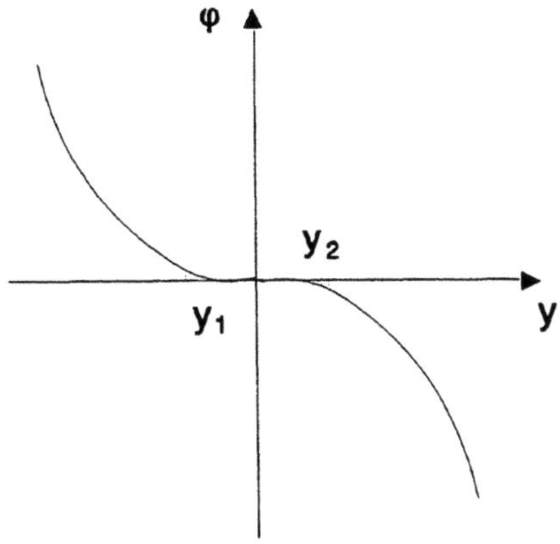

Zusätzlich nehmen wir an, der Einfluß der Funktion φ auf die Entwicklung des Zweifelparameters sei innerhalb des Intervalls $[y_1, y_2]$ relativ gering. Dies bedeutet beispielsweise, eine geringe Überbewertung der Aktie, also $0 < y < y_2$, läßt nur wenig Zweifel an einer weiteren positiven Kursentwicklung aufkommen. Nimmt die Überbewertung jedoch zu, $y > y_2$, so verstärken sich diese Zweifel rapide.

Etwas komplexer gestaltet sich die Bewegungsgleichung für die zeitliche Entwicklung des Optimismus/Pessimismus-Parameters:

$$\dot{l} = \frac{1}{\nu}(\Lambda - k - \mu l + \phi(l)), \tag{5.46}$$

mit $\mu > 0$, $\phi(0) = 0$, $\phi'(l) > 0$, $\phi''(0) = 0$, $sign\,\phi''(l) = -sign\,l$.

Auch Gleichung (5.46) wird sowohl durch direkte als auch durch indirekte Einflüsse determiniert. Auf die Entwicklung des Optimismus/Pessimismus-Parameters wirken direkt ein: ein exogen gegebener Parameter $\Lambda \in \mathbb{R}$, der eine bestimmte Grundstimmung auf dem Aktienmarkt widerspiegeln soll, sowie der Grad des Zweifels k und der jeweils zu einem bestimmten Zeitpunkt herrschende Grad des Optimismus/Pessimismus. Während der Einfluß von k auf die zeitliche Entwicklung von l eindeutig ist - das heißt die Abwesenheit von Zweifel ($k > 0$) steigert den Optimismus im Zeitablauf ($\dot{l} < 0$) - ist der Einfluß der jeweiligen Optimismus/Pessimismus-Situation (l) auf deren weitere zeitliche Entwicklung nicht ebenso eindeutig. Letzterer setzt sich zusammen aus einer direkten Wirkung, nämlich μl, und einem indirekten Effekt über die Funktion ϕ. Abbildung 5.21 versucht, diese Zusammenhänge noch besser zu veranschaulichen.

Aufgrund der besonderen Form der Funktion ϕ führt zunächst geringer Optimismus ($\bar{l} < l < 0$), bei geeignetem μ, zu einer Optimismussteigerung ($\phi(l) < 0, \; \forall \bar{l} < l < 0$). Diese Entwicklung wird dann, je höher der Optimismus ansteigt ($l < \bar{l}$), durch den negativen Einfluß von μl kompensiert.

In Abbildung 5.21 sehen wir daher, daß im Intervall $[\bar{l}, 0]$ die Funktionswerte von ϕ negativer sind als die Werte von μl. Dies bewirkt somit eine Optimismussteigerung in diesem Bereich. Ab $\bar{l}$ ist der Wert von μl negativer als der Funktionswert von ϕ. Dies bewirkt in (5.46) somit eine Optimismusreduktion. Demzufolge ist der Parameter μ als eine Art Vorsichtsparameter des Aktienmarktes anzusehen, denn er legt die Intensität des gegenläufigen Effektes fest. Reagiert der Markt sehr vorsichtig, das heißt ist μ sehr groß, so wird vom bestehenden Optimismus eine negative Wirkung auf die weitere Entwicklung der optimistischen Einstellung ausgehen. Reagiert umgekehrt der Markt zu sorglos, so wirkt zuerst die vorhandene optimistische Stimmung optimismussteigernd. Erreicht daraufhin der Optimismus eine bestimmte Höhe, nämlich $\bar{l}$, so wirkt sich jetzt der im Markt vorhandene Optimismus negativ auf die weitere Entwicklung aus.

Abbildung 5.21

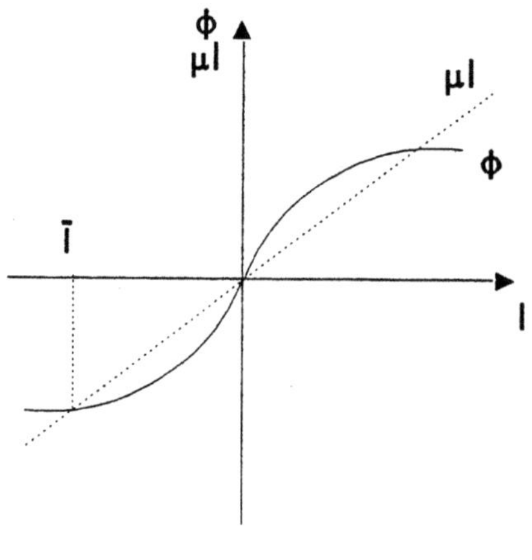

Die Anpassungsgeschwindigkeit der beiden psychologischen Parameter k und l beträgt $1/\nu$. Damit soll lediglich ausgedrückt werden, daß die Anpassung der Erwartungen an die Stimmungen schneller erfolgt als die Veränderungen der Stimmungslagen.

5.3.2 Dynamisches Verhalten des Modells

Formal ausgedrückt besteht unser Modell des Aktienmarktes aus dem nichtlinearen Differentialgleichungssystem:

$$\begin{aligned} \dot{y} &= -\nu(4y^3 + 2ky + l), \\ \dot{k} &= \tfrac{1}{\nu}(\varphi(y) + l), \\ \dot{l} &= \tfrac{1}{\nu}(\Lambda - k - \mu l + \phi(l)). \end{aligned} \tag{5.47}$$

Im folgenden wollen wir nun das dynamische Verhalten des Modells untersuchen und uns dabei vorerst auf eine qualitative Analyse beschränken. Da es aber äußerst schwierig ist, ein dreidimensionales Differentialgleichungssystem qualitativ zu analysieren, müssen wir zunächst eine vereinfachende Annahme treffen, um so zu einem, für die Analyse günstigeren, zweidimensionalen System zu gelangen. Zu diesem Zweck unterstellen wir, die Kursabweichung y einer Aktie habe keinerlei Einfluß auf die Entwicklung des Zweifels der Investoren, das heißt es soll gelten: $\varphi(y) = \overline{\varphi} = 0$. Auf diese Weise wird es möglich, die für das Entstehen einer spekulativen Blase essentiellen Veränderungen von k und l mit Hilfe des nachstehenden zweidimensionalen Differentialgleichungssystems zu betrachten:

$$\begin{aligned} \dot{k} &= \tfrac{1}{\nu} l, \\ \dot{l} &= \tfrac{1}{\nu}(\Lambda - k - \mu l + \phi(l)). \end{aligned} \tag{5.48}$$

Das Gleichgewicht von System (5.48) ist bei $(\hat{k}, \hat{l}) = (\Lambda, 0)$ gegeben. Für unseren Aktienmarkt hat ein Gleichgewicht die Bedeutung, daß sich der Aktienkurs nur mit seinem Fundamentalwert verändert. Für $\Lambda \geq 0$ sind dabei Kurs und fundamentaler Wert identisch, für $\Lambda < 0$ kann es zusätzlich entweder zu einer konstanten Überbewertung oder zu einer konstanten Unterbewertung kommen. Wie wir noch sehen werden, ist dies vom Verhalten der einzelnen Anlegergruppen abhängig. Da für $\Lambda = 0$ keinerlei psychologische Einflüsse existieren, entspricht der Punkt $(k^R, l^R) = (0, 0)$ zusammen mit der korrespondierenden Kursabweichung $y^R = 0$ dem Gleichgewicht bei rationalen Erwartungen. Dieses soll im folgenden Ausgangspunkt für die dynamische Entwicklung des Modells sein.

Die Jacobi-Matrix im Punkt $(\hat{k}, \hat{l})$ lautet:

$$J = \frac{1}{\nu} \begin{bmatrix} 0 & 1 \\ -1 & \Pi \end{bmatrix}, \text{ mit } \Pi := \phi'(0) - \mu \,. \tag{5.49}$$

Eine Stabilitätsuntersuchung von $(\hat{k}, \hat{l})$ ergibt, daß für negative (positive) Π–Werte das Gleichgewicht stabil (instabil) ist. Eine Berechnung der Eigenwerte ergibt: $\lambda_{1/2} = \frac{1}{2\nu}(\Pi \pm \sqrt{\Pi^2 - 4})$. Hieraus kann man ersehen, daß für $|\ \Pi\ | < 2$ die Trajektorien, je nach Vorzeichen von Π, zyklisch zum Gleichgewicht hin beziehungsweise davon wegführen. Für $\Pi = \Pi_c = 0$ sind die Eigenwerte rein komplex. Eine Anwendung des Bifurkations-Theorems von Hopf weist auf die Existenz eines Grenzzyklus in der Umgebung von Π_c hin.[42] Diesen wollen wir mit Hilfe der Mittelwertmethode, die wir in Abschnitt 3.3.3 dargestellt haben, näher untersuchen:

In die Form von (3.60) gebracht, lautet System (5.48):

$$\begin{bmatrix} \dot{k} \\ \dot{l} \end{bmatrix} = \begin{bmatrix} 0 & \frac{1}{\nu} \\ -\frac{1}{\nu} & \frac{1}{\nu}\Pi \end{bmatrix} \begin{bmatrix} k \\ l \end{bmatrix} + \begin{bmatrix} 0 \\ \frac{1}{\nu} f(l) \end{bmatrix}, \tag{5.50}$$

mit $f(l) = \phi(l) + \Lambda - \phi'(0)l$. Nach Durchführung der Variablentransformationen $k = \rho \cos\theta$ beziehungsweise $l = \rho \sin\theta$ ergibt sich nach einigen Umformungen die Näherungsgleichung (5.51) für das System in (5.50):

$$\dot{\rho} = \frac{1}{2\nu}(g(\rho) - \mu\rho) \quad \text{mit} \quad g(\rho) = \frac{1}{\pi}\int_0^{2\pi} \phi(\rho \sin\theta) \sin\theta \, d\theta. \tag{5.51}$$

Hierin bezeichnen ρ eine Annäherung an die Amplitude des Zyklus und $\rho \sin\theta$ die Variable l in Polarkoordinatenform.

Die Dynamik dieser Näherungsgleichung läßt sich anhand von Abbildung 5.22 veranschaulichen. Das System (5.51) ist demnach im Gleichgewicht, falls für $\rho \geq 0$ gilt: $\mu\rho = g(\rho)$. Diese Bedingung ist in Abbildung 5.22 graphisch dargestellt.

Zum Nachweis der Existenz, der Eindeutigkeit und der Stabilität des Grenzzyklus muß die Form von $g(\rho)$ analysiert werden. Es ist leicht nach-

[42] Denn es gilt für den Realteil der Eigenwerte $Re(\lambda)$ die Bedingung: $\partial Re(\lambda)/\partial\Pi|_{\Pi=\Pi_c} = 1/2\nu \neq 0$. Siehe dazu die Darstellung des Hopf-Theorems auf S.130 f. Für eine ausführliche Diskussion sei auf Lorenz (1989) oder auf Guckenheimer/Holmes (1983) verwiesen.

zuvollziehen, daß $g(0) = 0$ sowie $g'(\rho) > 0$ gilt. Eine nochmalige Differentiation von g ergibt:

$$g''(\rho) = \frac{1}{\pi} \int_0^{2\pi} \phi''(\rho \sin\theta) \sin^3\theta \, d\theta. \tag{5.52}$$

Obiger Ausdruck ist negativ, da der Integrand auf den einzelnen Teilintervallen

$$\left[0, \frac{\pi}{2}\right], \left[\frac{\pi}{2}, \pi\right], \left[\pi, \frac{3\pi}{2}\right], \left[\frac{3\pi}{2}, 2\pi\right]$$

jeweils negativ ist. Die Funktion $g(\rho)$ besitzt somit die konkave Form, wie sie in Abbildung 5.22 aufgezeichnet ist.

Abbildung 5.22

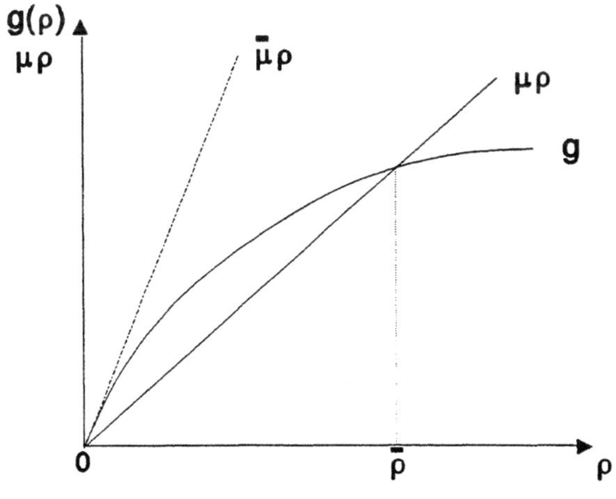

Für $\mu \geq \bar{\mu}$ besitzt die Differentialgleichung in (5.51) nur einen Gleichgewichtspunkt an der Stelle $\rho = 0$. Dieser entspricht dem stabilen Punktgleichgewicht $(\hat{k}, \hat{l})$ des Systems aus (5.48). Verringert sich nun der Vorsichtsparameter μ derart, daß $\mu < \bar{\mu}$ gilt, so besitzt (5.51) einen weiteren Gleichgewichtspunkt bei $\bar{\rho}$.

Darüberhinaus wird der erste Gleichgewichtspunkt instabil, da im Gegensatz zu vorher für $0 < \rho < \bar{\rho}$ die Variable $\dot{\rho}$ positiv ist. Für das System (5.48) bedeutet dies ebenfalls, daß das Gleichgewicht $(\hat{k}, \hat{l})$ jetzt instabil wird. Ferner läßt sich mit dieser Methode feststellen, ob im Modell für $\Pi > 0$ in der Umgebung von Π_c ein Grenzzyklus existiert. Es wurde bereits erwähnt, daß $\bar{\rho}$ eine Annäherung für die Amplitude dieses Zyklus darstellt, dessen Existenz, Eindeutigkeit und Stabilität sich direkt aus den allgemeinen Aussagen auf S.117 und der genauen Betrachtung von Abbildung 5.22 ergibt.

Mit Hilfe von (5.51) läßt sich auch eine komparativ dynamische Analyse durchführen. Insbesondere ist in diesem Zusammenhang der Einfluß einer Veränderung des Vorsichtsparameters auf die Amplitude des Grenzzyklus von Bedeutung. Wegen

$$\frac{\partial \bar{\rho}}{\partial \mu} = \frac{\bar{\rho}}{g'(\bar{\rho}) - \mu} < 0 \tag{5.53}$$

verringert sich die Amplitude des Zyklus und somit die Höhe der Aktienkursabweichung, je besonnener der Markt reagiert. Diese Entwicklung kann bei einem weiteren Anstieg von μ bis hin zu dem oben besprochenen Punktgleichgewicht führen. Den Zusammenhang zwischen $\bar{\rho}$ und zwei möglichen Zyklen Z_1 und Z_2 für $\mu_2 < \mu_1 < \bar{\mu}$ haben wir bei positivem Λ in Abbildung 5.23 beispielhaft nachgezeichnet.

Abbildung 5.23

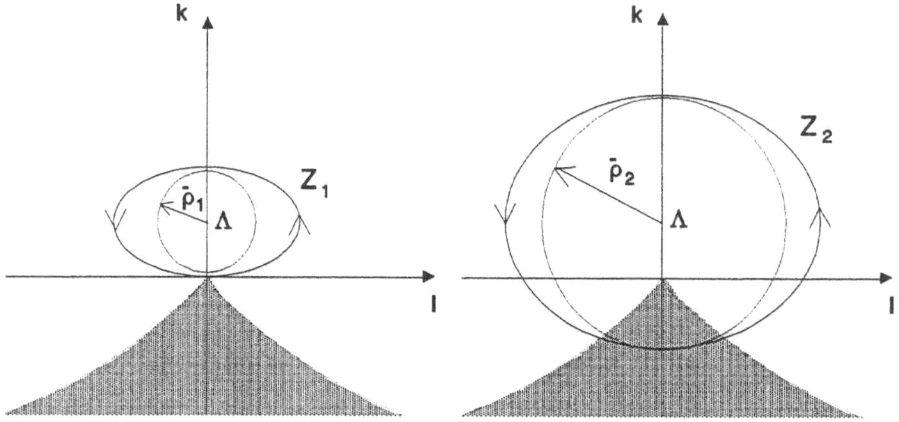

Während im linken Teil ein relativ hoher Vorsichtsparameter μ_1 mit einer relativ geringen Amplitude korrespondiert, ist im rechten Teil bei geringerer Vorsicht μ_2 die Amplitude so groß, daß der Zyklus durch den schraffierten Bereich der Parameterebene verläuft. Hier ist die Möglichkeit einer diskontinuierlichen Kurskorrektur gegeben, wie bereits in Abschnitt 5.1.3 angemerkt wurde. Wie wir weiter unten noch ausführen werden, ist das Ausmaß dieser abrupten Änderung von der Stärke der verschiedenen Anlegergruppen abhängig.

Wir wollen jetzt die bisher rein technische Analyse durch eine ökonomische Betrachtung ergänzen. Dazu nehmen wir an, der Aktienmarkt befinde sich bis zur Periode τ im rationalen Erwartungsgleichgewicht $(y^R, k^R, l^R) = (0, 0, 0)$. Dieses Gleichgewicht soll sodann durch exogene Einflüsse, etwa gute oder schlechte Nachrichten aus dem politischen Umfeld, gestört werden. Diese Störung kann sich entweder in einer optimistischen ($\Lambda < 0$) oder in einer pessimistischen Grundtendenz ($\Lambda > 0$) niederschlagen. Um unsere nachstehenden Überlegungen überschaubarer darstellen zu können, gehen wir von einer pessimistischen Grundtendenz aus. Wir haben dann zwei Fälle zu unterscheiden: (i) Der Markt reagiert äußerst vorsichtig ($\Pi < 0$):

Der Aktienkurs kehrt entweder zyklisch oder direkt nach einer anfänglichen Unterbewertung zu seinem Fundamentalwert zurück. Im neuen Gleichgewicht gilt: $(y^{R'}, k^{R'}, l^{R'}) = (0, \Lambda, 0)$.

(ii) Der Markt reagiert leichtsinnig ($\Pi \geq 0$):

Der Aktienkurs entfernt sich entweder zyklisch oder direkt von seinem Fundamentalwert und nähert sich einem Grenzzyklus. Jetzt wären wiederum, je nach Größe des Vorsichtsparameters μ gemäß den beiden Darstellungen in Abbildung 5.23, zwei Fälle zu unterscheiden. Wir wollen uns im folgenden jedoch nur auf den interessanteren Fall beschränken.

Bei geringem μ, das heißt wenn der Markt extrem leichtsinnig reagiert, verläuft, wie aus dem rechten Teil von Abbildung 5.23 ersichtlich ist, der Grenzzyklus von links kommend durch den schraffierten Bereich. Aus Abschnitt 5.1.3 wissen wir, daß hier die Dichtefunktion zwei Modalwerte besitzt. Die Anleger halten also zwei Kursentwicklungen für äußerst wahrscheinlich. Wir haben bereits erwähnt, daß sich eine solche Verhaltensweise durchaus in der Empirie vorfinden läßt. So wurde bei nachlassendem Boom eine zunehmende Widersprüchlichkeit in den erwartungsbildenden Elementarfaktoren beobachtet, wie sie beispielsweise über Fachmedien verbreitet werden.[43]

---

[43] Siehe dazu Hofstätter (1990).

Rein mathematisch gesehen existiert diese Unsicherheit freilich nicht. Die Dynamik des Systems verbleibt solange auf dem ursprünglichen Modalwert, bis dieser bei Überschreiten des rechten Randes gänzlich verschwindet. Erst dann vollzieht es einen abrupten Übergang zum zweiten Modalwert hin. Diese mathematische Verhaltensweise sollte man so allerdings nicht auf den ökonomischen Erklärungsansatz übertragen. Da die Anleger bei der Erwartungsbildung lokal ihre Dichtefunktion maximieren, können sie innerhalb des schraffierten Bereichs jederzeit ihre Erwartungen ändern und somit zum anderen Modalwert überwechseln. Auf Aggregatebene findet hier die bereits vorher angesprochene Disaggregation infolge der zunehmenden Widersprüchlichkeiten in der Kurserwartung statt.

Wie aus Abschnitt 5.2.3 bekannt ist, kann bei solch einer Disaggregation der Übergangsprozeß von der optimistischen zur pessimistischen Erwartung unter Umständen äußerst komplex werden. Um freilich das Modell nicht unnötig zu komplizieren, indem man die gesamte Vielfalt der Verhaltensmöglichkeiten aus 5.2.3 in die Betrachtung einbezieht, wollen wir im folgenden von festen Anlegergruppen ausgehen, zwischen denen kein Wechsel stattfindet. Auch in anderen Ansätzen[44] wird eine feste Aufteilung der Anleger in verschiedene Anlegergruppen vorgenommen. Dabei verwenden wir jedoch nicht die übliche Einteilung in Fundamentalisten und Chartisten oder in informierte und nichtinformierte Anleger, wie man sie in der Literatur zumeist vorfindet. Wir gehen vielmehr einen eigenen Weg und nehmen an, daß sich die Investoren in ihren Reaktionen auf die oben erwähnte Widersprüchlichkeit im „kritischen" Bereich unterscheiden. Demzufolge lassen wir nur in diesem Bereich drei von der Einheitlichkeit abweichende Verhaltensweisen zu:

- Die normale Verhaltensweise,
- die konservative Verhaltensweise,
- die spekulative Verhaltensweise.

Bei der <u>normalen Verhaltensweise</u> schlägt die Erwartung immer dann abrupt um, wenn der neu hinzugekommene Modalwert eine höhere Dichte

[44]Siehe beispielsweise Zeeman (1977b), Beja/Goldman (1980), Genotte/Leland (1990), Chiarella (1992).

erreicht. Dies ist auf dem gesamten negativen Abschnitt der k-Achse der Fall.

Konservatives Verhalten ist gekennzeichnet durch das Beharren auf der einmal eingeschlagenen Erwartungsrichtung. Die Erwartung schlägt erst bei Überschreiten des rechten Randes plötzlich um, wenn der ursprüngliche Modalwert gänzlich verschwunden ist. Diese Verhaltensannahme ist identisch mit dem mathematischen Verhalten des Systems.

Die spekulative Verhaltensweise kann je nach Richtung des Übergangprozesses spekulativ pessimistisch ($\dot{l} > 0$) oder spekulativ optimistisch ($\dot{l} < 0$) sein. In der Börsenpraxis spricht man einmal von einer Baisse-, das andere Mal von einer Hausse-Spekulation. Die Erwartungsänderung erfolgt abrupt bei spekulativ pessimistischem (optimistischem) Verhalten am linken (rechten) Rand des schraffierten Bereichs.

In Abbildung 5.24 sind die Schwellen der jeweiligen abrupten Erwartungsänderungen für die drei Verhaltensweisen graphisch veranschaulicht. Im „kritischen Bereich" der k, l-Ebene reagieren also die einzelnen Anlegerklassen auf den nicht eindeutigen Modalwert in der oben beschriebenen Weise. Als Folge davon kommt es zu abrupten Kurssprüngen, deren Ausmaß mit der Größe der einzelnen Anlegergruppen schwanken kann.

Abbildung 5.24

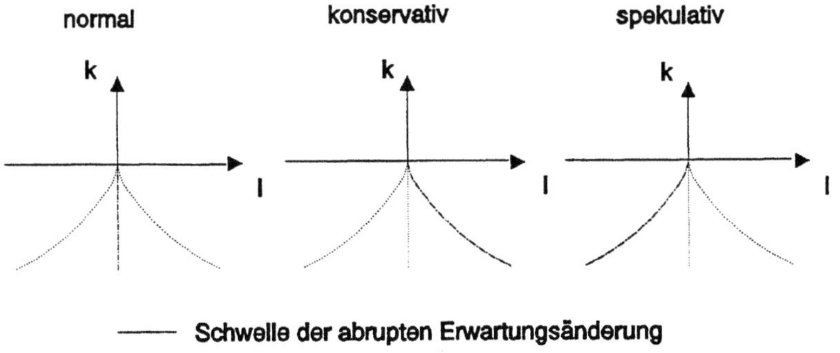

In Abbildung 5.25 haben wir beispielhaft drei Kursverläufe dargestellt. So entspricht im Teilbild links außen die Kursentwicklung der Aktie dem Zyklus Z_1 von Abbildung 5.23. Der Kurs verläuft hier in relativ „geordneten" Bahnen, welche durch kontinuierliche und konstante Oszillationen um den Fundamentalwert p_t^F gekennzeichnet sind. Aufgrund des immer eindeutigen Modalwertes bleiben abrupte Erwartungsänderungen und demzufolge diskontinuierliche Kurssprünge der Aktie aus.

Die Darstellung in der Mitte geht davon aus, daß alle drei Anlegergruppen in etwa gleich groß sind. Es treten analog zu den Schwellen der abrupten Erwartungsänderungen in Abbildung 5.24 diskontinuierliche Kurssprünge auf, deren Umfang mit der Größe der drei Anlegergruppen variiert.

Abbildung 5.25

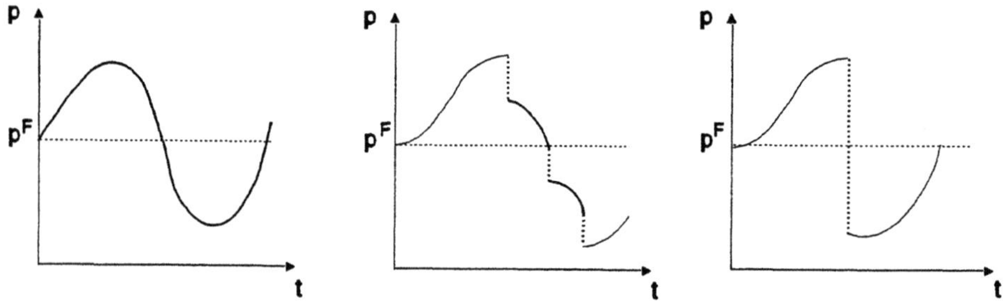

Im Teilbild rechts außen bestehen die Investoren beispielsweise nur aus Spekulanten. Dies bewirkt einen einzigen, aber sehr großen Kurssprung der Aktie. Die Dominanz einer bestimmten Anlegergruppe kann somit im Modell zu einem mehr oder weniger großen Ausschlag des Aktienkurses führen.

Zusammenfassend läßt sich für den Kursverlauf einer Aktie in unserem Modell folgendes feststellen:
Infolge der angenommenen Entwicklungsgleichungen, die die Stimmungsveränderungen auf einem fiktiven Aktienmarkt erfassen sollen, tritt eine spekulative Blase dann auf, wenn das stabile Punktgleichgewicht sich durch Änderungen im Anlegerverhalten zu einem stabilen Grenzzyklus hin verändert. Der Zyklus, dessen Eigendynamik durch das nichtlineare Zusammenwirken psychologischer Faktoren generiert wird, ist in Lage und Amplitude beeinflußbar durch eine optimistische beziehungsweise pessimistische Grundtendenz sowie durch ein vorsichtiges beziehungsweise leichtsinniges Anlegerverhalten. Letzteres bewirkt eine Vergrößerung der Zyklus-Amplitude und dies kann bei einer bestimmten Anlegerkonstellation zu abrupten Stimmungsumschwüngen und somit zu diskontinuierlichen Kurs-

veränderungen führen. Dieses Platzen der spekulativen Blase erweist sich somit als endogener Prozeß. Weiterhin ist zu beachten, daß die Kursbewegungen der Aktie bei unverändertem Fundamentalwert auftreten.

Um zu überprüfen, ob das soeben beschriebene dynamische Verhalten des vereinfachten Systems (5.48) auch auf das Ausgangssystem (5.47) zutrifft, wenden wir uns nun wieder diesem System zu. Der Gleichgewichtspunkt $(y^{R'}, k^{R'}, l^{R'}) = (0, \Lambda, 0)$ des vereinfachten Systems ist auch Gleichgewichtspunkt im ursprünglichen System. Die Jacobi-Matrix in diesem Punkt lautet:

$$J = \begin{bmatrix} -2\Lambda k\nu & 0 & -\nu \\ 0 & 0 & \frac{1}{\nu} \\ 0 & -\frac{1}{\nu} & \frac{1}{\nu}\Pi \end{bmatrix}. \tag{5.54}$$

Die dazugehörigen Eigenwerte sind

$$(\lambda_1, \lambda_2, \lambda_3) = \frac{1}{2\nu}(-4\Lambda\nu^2,\ \Pi + \sqrt{\Pi^2 - 4},\ \Pi - \sqrt{\Pi^2 - 4}). \tag{5.55}$$

Für $\Pi < 0 (> 0)$ ist das Gleichgewicht bei positiven Λ lokal stabil (instabil). Darüberhinaus ist es für ein negatives Λ sattelpunktstabil. Analog zum vereinfachten System besitzt auch (5.47) für $\Pi = \Pi_c$ rein komplexe Eigenwerte. Die Anwendung des Bifurkations-Theorems von Hopf weist hier ebenfalls auf die Existenz eines Grenzzyklus hin. Dies legt die Vermutung nahe, daß das System in (5.47), zumindest in einer Umgebung des lokalen Gleichgewichtspunktes, ein ähnliches dynamisches Verhalten aufweist wie das vorhin ausführlich diskutierte zweidimensionale System. Da keine geeigneten mathematischen Werkzeuge zur qualitativen Analyse des umfassenderen dreidimensionalen Systems existieren, müssen wir eine Modellsimulation vornehmen, um nähere Aufschlüsse zu erhalten. Mit Hilfe dieser Simulation werden wir im nächsten Abschnitt überprüfen, ob, im Rahmen unserer numerischen Spezifikation des Modells, die wichtigsten qualitativen Ergebnisse des vereinfachten Systems auch weiterhin Bestand haben?

5.3.3 Simulation des Modells

Bisher haben wir die Psycho-Dynamik unseres Aktienmarktes mit qualitativen Hilfsmitteln untersucht. Dabei haben wir festgestellt, daß die eindeutigen Ergebnisse, die wir aus der Analyse des vereinfachten Systems (5.48) gewonnen haben, mit großer Wahrscheinlichkeit auch für das Ausgangssystem (5.47) gelten. Um eine größere Gewißheit dafür zu bekommen, werden wir in diesem Abschnitt die Simulation einer numerisch spezifizierten Version des Modells durchführen.

Zu diesem Zweck unterstellen wir die folgenden Simulationsgleichungen für unser Modell:

$$\begin{aligned} \dot{y} &= -5(4y^3 + 2ky + l), \\ \dot{k} &= 0.2(-0.016y^3 + l), \\ \dot{l} &= 0.2(\Lambda - k + h(l)). \end{aligned} \tag{5.56}$$

Hierbei ist die Funktion $h(l) := -\mu' l - (0.005l^3 - 5l)$ topologisch äquivalent zur Funktion $H(l) := -\mu l + \phi(l)$. Das Gleichgewicht liegt bei $(0, \Lambda, 0)$ und die dazugehörigen Eigenwerte sind

$$(\lambda_1, \lambda_2, \lambda_3) = (-10\Lambda,\ 0.1\Pi' + 0.1\sqrt{\Pi'^2 - 4},\ 0.1\Pi' - 0.1\sqrt{\Pi'^2 - 4}), \tag{5.57}$$

mit $\Pi' := 5 - \mu'$. Ausgangspunkt für unsere Simulationen, deren graphische Darstellungen in den Abbildungen 5.26 bis 5.30 aufgezeichnet sind, ist das Gleichgewicht bei rationalen Erwartungen (y^R, k^R, l^R).

Um den Fall der Sattelpunktstabilität aus Vereinfachungsgründen auszuschließen, nehmen wir im folgenden an, daß Λ positiv sei. Somit ist das Gleichgewicht für $\mu' > 5$ lokal punktstabil. In Abbildung 5.26 haben wir für $\Lambda = 0.5$ und für $\mu' = 5.3$ die zyklische Anpassung an das Gleichgewicht in der k, l-Ebene, sowie die zeitliche Entwicklung der drei Variablen nachgezeichnet.

Für $\Pi' = 0$ durchläuft das System (5.56) eine Hopf-Bifurkation. In den Abbildungen 5.27 und 5.28 sind zwei Grenzzyklen sowie die entsprechenden zeitlichen Variablenentwicklungen dargestellt. Beide Zyklen verlaufen durch den für k positiven Bereich der k, l-Ebene. In Abbildung 5.27 erfolgt eine zyklische Anpassung an den Grenzzyklus, der nach etwa 650 Zeiteinheiten erreicht wird. Die Parameterwerte hierfür sind: $\Lambda = 5$, $\mu' = 4.9998$. Die Anpassung an den Zyklus in Abbildung 5.28 erfolgt direkt, wodurch dieser, für die Parameterwerte $\Lambda = 50$ und $\mu' = 3$, bereits nach ungefähr 9 Zeiteinheiten errreicht wird.

Noch interessantere Ergebnisse erhalten wir, wenn wir den Wert von μ' im Zyklus von Abbildung 5.28 verkleinern. Setzen wir beispielsweise μ' auf den Wert 0.5, so verläuft der Grenzzyklus durch den „kritischen"

Bereich in der k, l-Ebene, wie dies in Abbildung 5.29 dargestellt ist. Dieses Simulationsergebnis ist äquivalent zu dem Ergebnis unserer qualitativen Analyse des vereinfachten Systems. Ab dem Zeitpunkt 40 entsteht eine spekulative Blase, die zum Zeitpunkt 57 platzt. Die Kursabweichung ist dabei um ein Vielfaches größer als in den Abbildungen 5.27 beziehungsweise 5.28.

Mit Hilfe der Simulation läßt sich natürlich nur die mathematische Entwicklung des Systems nachvollziehen. Unsere ökonomische Interpretation, wonach das Verhalten der Anleger zu drei Gruppen klassifiziert werden kann, läßt sich somit nicht simulieren. Wir sind daher gezwungen, die bei Zeitpunkt 57 auftretende abrupte Kurskorrektur als Ergebnis eines Aktienmarktes anzusehen, auf dem ausschließlich konservative Anleger tätig sind. Erwähnenswert ist in diesem Zusammenhang noch, daß die Variablen k und l in ihren zeitlichen Entwicklungen keinerlei derartige Sprünge aufweisen.

Abschließend wollen wir einen Simulationsablauf mit mehreren dynamischen Verhaltensweisen durchführen. Zunächst wird das Gleichgewicht unter rationalen Erwartungen im Zeitpunkt 10 gestört. Es breitet sich eine pessimistische Grundstimmung aus ($\Lambda = 50$) und der Aktienkurs weicht von seinem Fundamentalwert negativ ab. Eine Verringerung des Vorsichtsparameters μ' von 5,7 auf 3 verhindert die Rückkehr des Systems zu einem Punktgleichgewicht. Als neuer Gleichgewichtszustand wird ein Grenzzyklus erreicht, dessen Amplitude sich ab dem Zeitpunkt 40 infolge einer weiteren Verringerung von μ' auf den Wert 0,5 stark vergrößert. Aufgrund des geringeren Vorsichtsparameters verläuft der Grenzzyklus jetzt durch den „kritischen“ Bereich, in dem die Erwartungen und somit die Aktienkurse sich diskontinuierlich verändern können. In unserer Modellspezifikation hat dies zur Folge, daß die spekulative Blase zum Zeitpunkt 57 platzt. Dieses Platzen verursacht eine kurzfristige Kurskorrektur und somit den Zusammenbruch des Aktienkurses. Eine Erhöhung von μ' ab dem Zeitpunkt 59 auf den Wert 5,2 stabilisiert den Aktienmarkt. Der Aktienkurs kehrt wiederum zu seinem fundamentalen Wert zurück und das System zu einem neuen Punktgleichgewicht. Die graphische Darstellung dieses Ablaufes ist in Abbildung 5.30 festgehalten.

Abbildung 5.26

Zyklische Anpassung zum Gleichgewicht

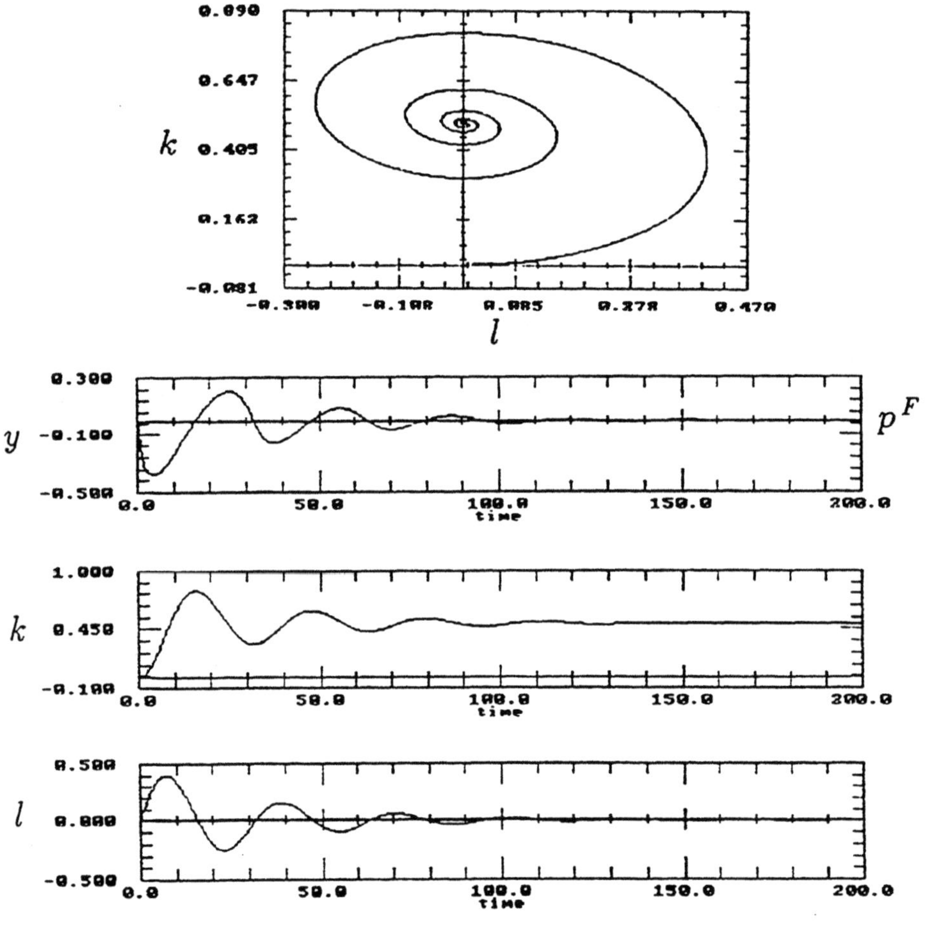

Abbildung 5.27

Zyklische Anpassung an den Grenzzyklus im „nichtkritischen“ Bereich

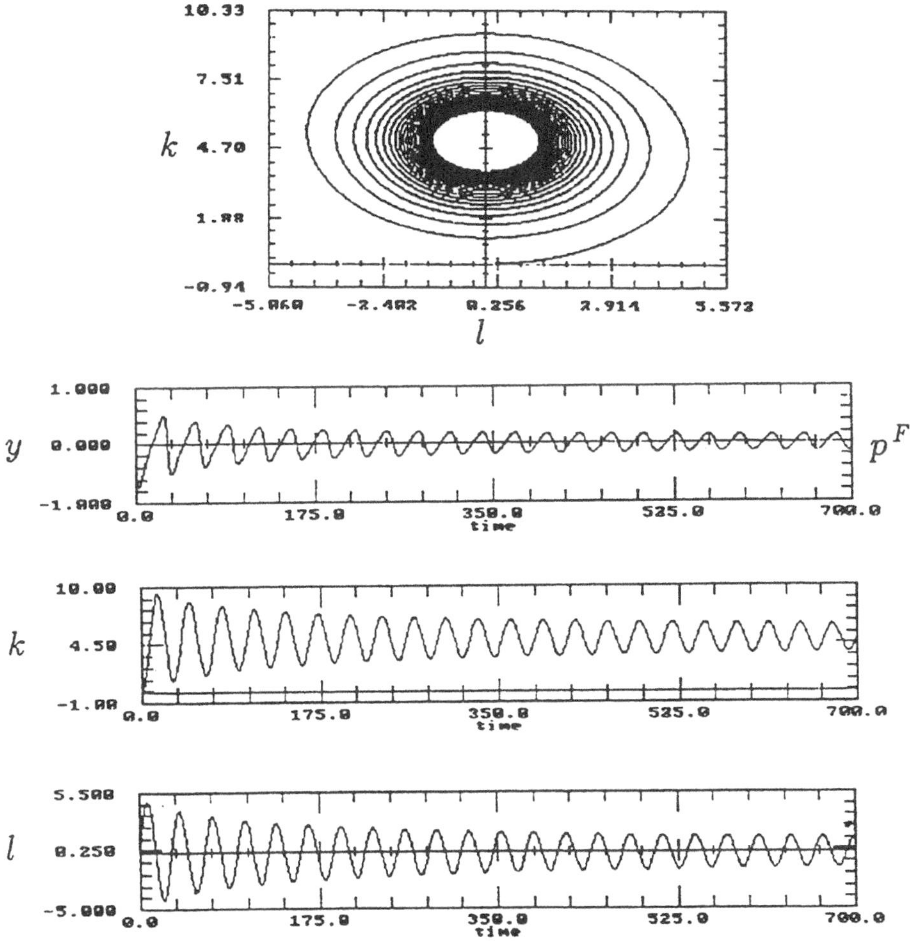

Abbildung 5.28

Gerade Anpassung an den Grenzzyklus im „nichtkritischen“ Bereich

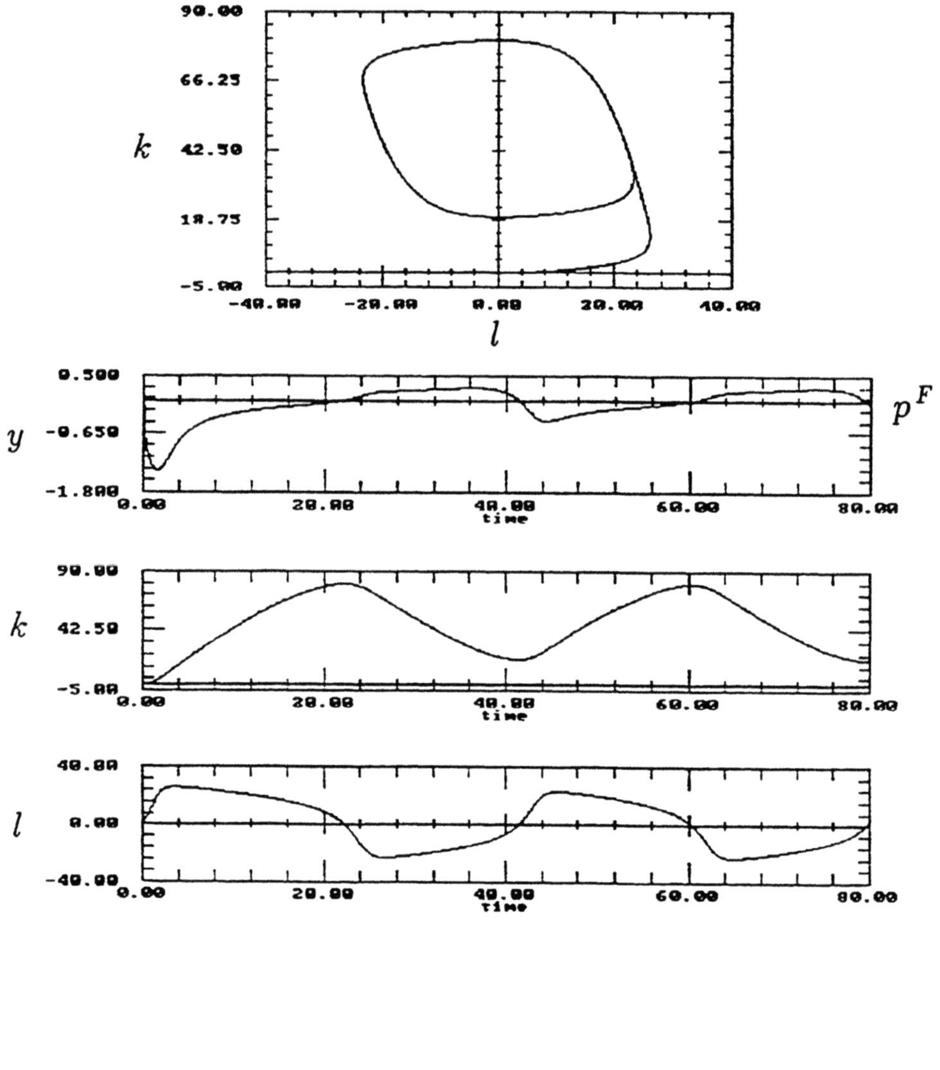

Abbildung 5.29

Gerade Anpassung an den Grenzzyklus im „kritischen“ Bereich

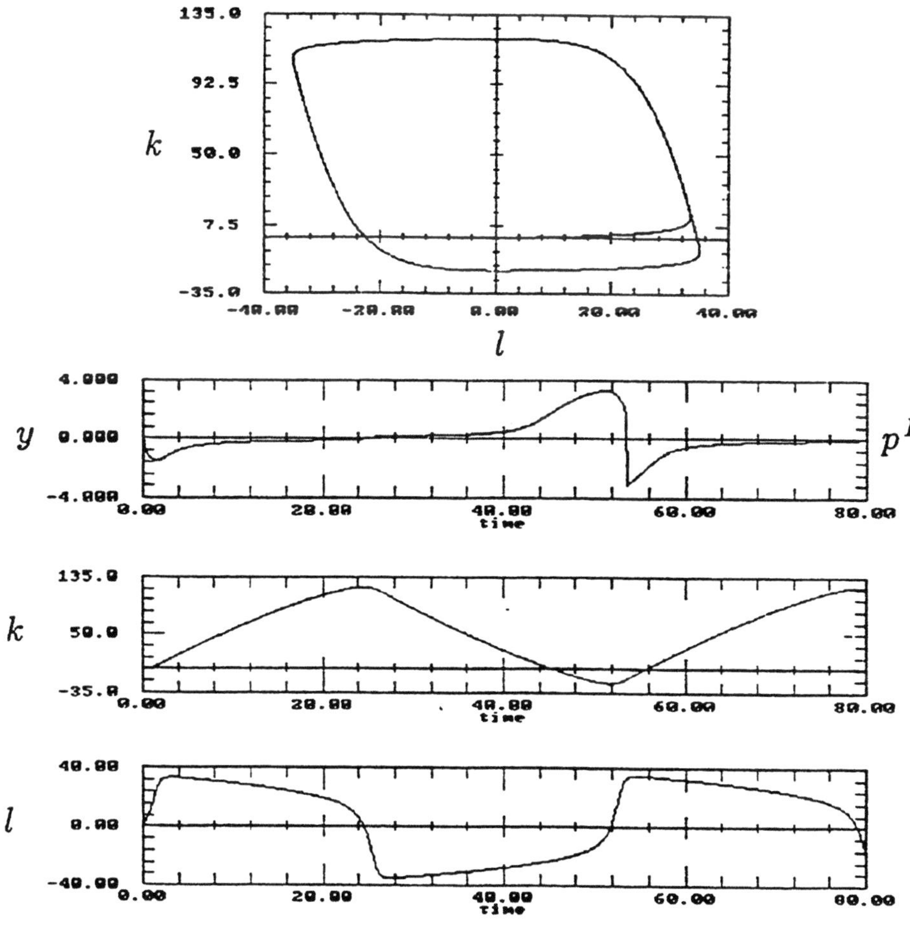

Abbildung 5.30

Mehrere dynamische Verhaltensweisen in einem Zeitablauf

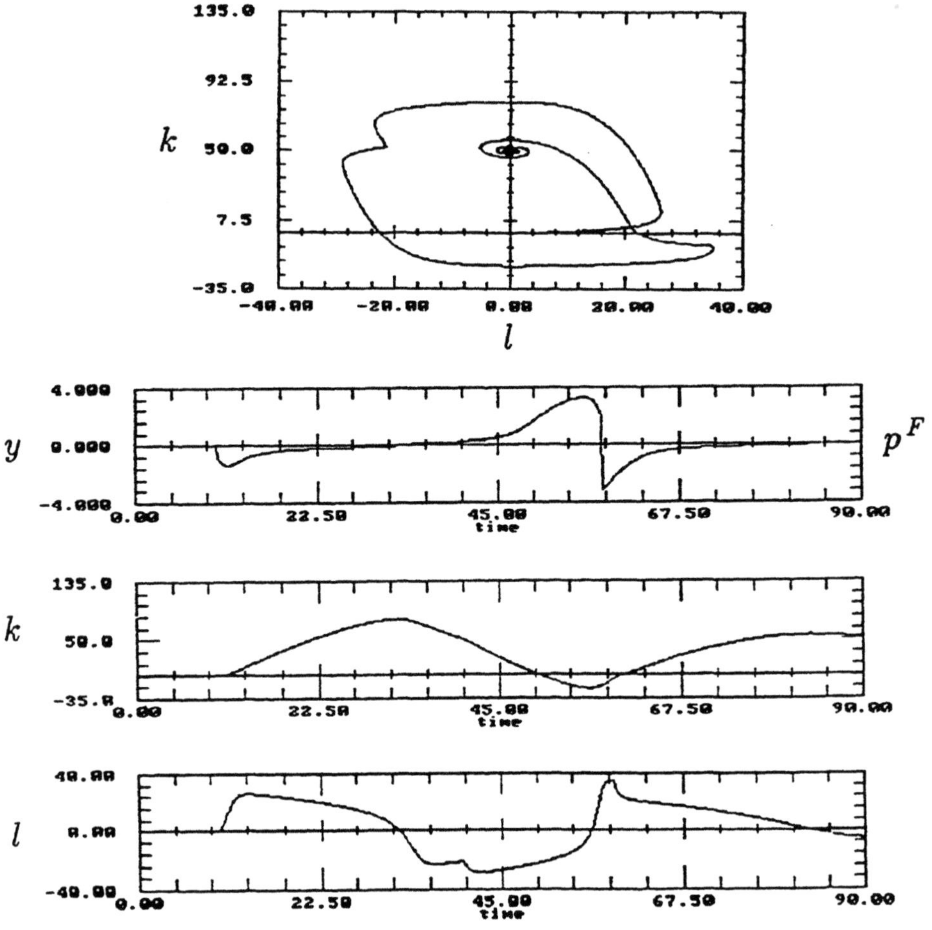

Im folgenden wollen wir die wichtigsten Ergebnisse dieses Abschnittes zusammenfassen:

Ziel dieses Abschnittes war es, das Geschehen auf einem Aktienmarkt in einen dynamischen Modellrahmen einzubeziehen. In seinen Untersuchungen zum Verhalten der Anleger, das zum Börsencrash 1987 führte, hat Shiller (1990) den Aktienmarkt als „a feedback system (...) with possibly complicated dynamics" bezeichnet. In seinem System sind es vor allem psychologische Faktoren, die für die festgestellten Dynamiken gesorgt haben. Durch die Verwendung des Ansatzes der Quartischen-Modalwert-Erwartungsbildung konnten wir uns von den traditionellen, durchwegs rationalen Modellansätzen lösen und das vordergründig nichtrationale Verhalten der Investoren stärker berücksichtigen. So sind es ebenfalls hauptsächlich psychologisch bedingte Faktoren, die das dynamische Verhalten unseres Modells generieren.

Wir haben gezeigt, daß, je nach Ausgestaltung der Modellparameter, der Aktienkurs nach einer exogenen Beeinflussung entweder zu seinem fundamentalen Wert zurückkehrt oder um diesen herum oszilliert. Verantwortlich hierfür sind Faktoren wie optimistische beziehungsweise pessimistische Marktstimmungen, vorsichtiges und unvorsichtiges Anlegerverhalten sowie entstehender Zweifel an den bisherigen Kurstrends. Darüberhinaus ist unser Modell durch seine selbstorganisierende Struktur in der Lage, endogen eine spekulative Blase entstehen und wieder platzen zu lassen. Eine numerische Simulation, worin die vorherigen qualitativen Ergebnisse bekräftigt und nochmals verdeutlicht wurden, rundeten diesen Abschnitt ab. Hierzu wäre noch zu bemerken, daß dieses Zyklusverhalten nicht den Ausnahmefall darstellt, sondern für einen breiten Bereich sämtlicher Modellparameter auftritt. Auch Variationen in den Anfangswerten bestätigen die qualitativen Ergebnisse ohne Ausnahme. Diese Aussagen wurden durch eine Vielzahl unterschiedlicher Simulationsläufe unterstrichen.

Schlußbemerkungen

Hinter dieser Arbeit steckt allgemein die Absicht, wie eingangs bereits erwähnt wurde, mit Hilfe der nichtlinearen Mathematik einem Teilbereich der theoretischen Ökonomik kleine Anstöße für einen realitätsnäheren Erklärungsgehalt zu geben. Als realitätsfördernde Faktoren haben wir sozioökonomische Elemente benutzt und uns damit einer neuerdings populären Forderung angeschlossen. Bewußt haben wir zur Zielerreichung den formalen Weg gewählt, da wir den Kritikpunkt der Realitätsentfremdung aufgrund formal-mathematischer Modellformulierungen in dieser generellen Form nicht stehen lassen wollten.

Bestimmt hat diese Arbeit zusätzliche Fragen über Bedeutung und Weiterentwicklung solcher Modellansätze aufgeworfen, von denen wir zumindest einige nachfolgend kurz ansprechen wollen.

Beispielsweise wäre nach einer Anwendung auf andere Forschungsbereiche der Ökonomik zu fragen, die, vordergründig betrachtet, nicht solch eine geeignete Struktur sozioökonomischer Art wie die spekulativen Märkte aufweisen. Dazu wäre vor allem zu bemerken, daß nichtlineare Ansatzpunkte in der theoretischen Modellökonomik zuhauf vorhanden wären. Jedoch müßte man davor warnen, durch unbedachte und ökonomisch schwer nachvollziehbare Anwendungen, nur um der spektakulären Ergebnisse willen, davon Gebrauch zu machen. Dies kommt dann wohl eher der im Rahmen dieser Arbeit kritisierten Methodik nahe, offensichtliche Erklärungsmängel durch zunehmend undurchsichtige Annahmen und immer komplexere Analysemethoden zu überdecken. Unser Verständnis solcher Anwendungen geht dabei in eine vollkommen andere Richtung. Die theoretische Ökonomik müßte zuerst damit beginnen, ihre allgemeinen und grundlegenden Basisaussagen kritisch zu hinterfragen und diese dann allmählich verändern beziehungsweise revidieren. Darauf aufbauend müßte dann in einem zweiten

Schritt ein alternatives Theoriengebäude errichtet werden.

Wie groß würde darin wohl der Einfluß der Mathematik sein? Die Anwendung der neueren mathematischen Methoden in dieser Arbeit sollte aufzeigen, daß die Mathematik in der Ökonomik wieder die Rolle spielen sollte, die ihr von Anfang an zugedacht war, nämlich die Nebenrolle einer Hilfswissenschaft. Solch eine Nebenrolle kann natürlich auch vielschichtig und interessant sein. So könnten zum einen die Ergebnisse und Methoden der reinen Mathematik, deren Entwicklung besonders im nichtlinearen Bereich bis heute noch nicht abzusehen ist, für die Wirtschaftswissenschaft, soweit sie anwendbar sind, von sehr großer Bedeutung sein. Zum anderen hat besonders die numerische Mathematik durch den rasanten Fortschritt in der Computertechnologie enorm an Bedeutung gewonnen. So werden Simulationsläufe, wie sie auch in dieser Arbeit durchgeführt wurden, für die ökonomischen Modellierung immer bedeutsamer. Dies kann sogar so weit führen, daß per Computer künstliche ökonomische Welten erzeugt werden, wie dies in den USA bereits seit Jahren am Santa Fe Institut gemacht wird.[1]

Natürlich hat dies auch Einfluß auf die empirische Forschung. Bei allen theoretischen Ansätzen spielt besonders die Frage nach der empirischen Überprüfbarkeit eine große Rolle. Es ist leicht einzusehen, daß für alternative theoretische Ansätze auch alternative ökonometrische Methoden benötigt werden. So wird bereits auf diesem Gebiet gearbeitet, das heißt es wurden bereits Ansätze vorgestellt, die es erlauben, nichtlineare beziehungsweise katastrophentheoretische Modelle zu überprüfen.[2] Aber nicht nur in den Methoden, auch in der Erfassung und der Definition der Indikatoren hätte ein Umdenken stattzufinden. So müßte beispielsweise zur empirischen Überprüfung der psychoökonomischen Preisdynamik aus Abschnitt 5.3 ein geeignet meßbarer Marktstimmungsindikator definiert werden.[3]

Zugegeben, die in Kapitel 5 zur Diskussion gestellten Ansätze können der immensen Komplexität menschlicher Eigenheiten und Verhaltensweisen, wie sie in den Sozialwissenschaften beschrieben werden, nicht gerecht werden. Wir haben daher in dieser Arbeit einen breiten Raum darauf

[1] Für eine Übersicht über diesen Forschungsbereich siehe Lane (1992).

[2] Siehe dazu beispielsweise Drepper (1989) und Cobb (1981).

[3] In einigen Börsenfachzeitschriften wird beispielsweise ein sogenanntes Stimmungsbarometer dargestellt. Ob dies allerdings wissenschaftlichen Anforderungen genügt, entzieht sich unserer Kenntnis.

verwandt, in Auszügen einen Eindruck dieser Komplexität zu vermitteln. Gerade deshalb sollte auch diese Arbeit nur als Anstoß verstanden werden, in Zukunft verstärkt, unter Zuhilfenahme der oben angesprochenen neueren Entwicklungen in der nichtlinearen Mathematik, an der Einbeziehung sogenannter außerökonomischer Faktoren in ökonomische Modellierungskonzepte zu arbeiten. Dafür ist logischerweise eine weitaus bessere Zusammenarbeit mit den Sozialwissenschaften als bisher die Voraussetzung. Am Ende könnte dann eine sozialwissenschaftlich ausgerichtete moderne Ökonomik stehen, die nicht auf die Vorteile von mathematischen Modellformulierungen verzichten müßte.

Neben der Zusammenarbeit mit den Sozialwissenschaften muß die theoretische Ökonomik in Zukunft auch verstärkt Erkenntnisse und Methoden anderer Wissenschaftsbereiche, wie beispielsweise der Biologie oder der Physik, in ihre Forschungsarbeit mit einbeziehen. So bemüht sich hauptsächlich der Forschungszweig der evolutionären Ökonomik, dieser Forderung gerecht zu werden. Hier sei vor allem auf die Synergetik verwiesen, die das Phänomen der Selbstorganisation in Physik, Chemie und Biologie untersucht. Solche Forschungsinhalte werden auch für die Ökonomik zunehmend bedeutsamer. Wir möchten in diesem Zusammenhang nochmals auf die Aggregationsproblematik ökonomischer Größen zu sprechen kommen, deren Entsprechungen auf Makroebene unbestritten mehr darstellen als das Aufsummieren der einzelnen Teile. Dieses enorm wichtige Problemfeld dürfte ohne einer verstärkten interdisziplinären Zusammenarbeit und ohne einer Inanspruchnahme der synergetischen Methodik wohl schwer zu lösen sein.

Es wäre begrüßenswert, wenn vorliegende Arbeit einen bescheidenen Beitrag zur Auseinandersetzung mit der angesprochenen Denkrichtung leisten könnte.

Literaturverzeichnis

Ajzen, I., Fishbein, M. (1973) Attitudinal and Normative Variables as Predictors of Specific Behavior. Journal of Personality and Social Psychology, Band 27, S.41-57.

Andreassen, P.B. (1987) On the Social Psychology of the Stock Market: Aggregate Attributional Effects and the Regressiveness of Prediction. Journal of Personality and Social Psychology, Band 53(3), S.490-496.

Andronov, A.A., Chaikin, C.E. (1949) Theory of Oscillations, Princeton University Press, Princeton N.Y.

Antonides, G. (1991) Psychology in Economics and Business. Kluwer Academic Publishers, Dordrecht-Boston-London.

Arrow, K. (1964) The Role of Securities in the Optimal Allocation of Risk Bearing. Review of Economic Studies, S.91-96.

Arrow, K.J. (1978) The Future and the Present in Economic Life. Economic Inquiry, Band 56, S.157-169.

Arrow, K., Hahn, F.H. (1971) General Competitive Analysis. North-Holland, Amsterdam u.a.

Bamberg, G., Coenenberg, A.G. (1985) Betriebswirtschaftliche Entscheidungslehre. Vahlen-Verlag, München.

Baumol, W.J. (1992) Über die Ökonomie von morgen. In Hanusch, H., Recktenwald, H.C. (Hrsg.): Ökonomische Wissenschaft in der Zukunft. Verlag Wirtschaft und Finanzen, Düsseldorf.

Baxmann, U.G., Weichsler, C. (1991) Überlegungen zur Systematisierung von Finanzmärkten. Das Wirtschaftsstudium, Heft 11, S.546-552.

Begg, D.K.H. (1982) The Rational Expectations Revolution in Macroeconomics. Philip Allan, Oxford.

Beja, A., Goldman, M.B. (1980) On the Dynamic Behaviour of Prices in Disequilibrium. Journal of Finance, Band 35(2), S.235-248.

Bergé, P., Pomeau, Y., Vidal, C. (1984) Order Within Chaos, Towards a Deterministic Approach to Turbulence. Wiley &. Sons, New York.

Blanchard, O.J., Watson, M.W. (1982) Bubbles, Rational Expectations and Financial Markets. In Wachtel P. (Hrsg.): Crisis in the Economic and Financial Structure. Lexington Books, Lexington MA.

Briggs, J., Peat, F.D. (1990) Die Entdeckung des Chaos. Carl Hanser Verlag, München-Wien.

Brown, T.M. (1952) Habit Persistence and Lags in Consumer Behaviour. Econometrica, Band 20, S.355-371.

Bungard, W., Schultz-Gambard, J. (1990) Überlegungen zum Verhalten von Börsenakteuren aus kontrolltheoretischer Sicht. In Maas, P., Weibler, J. (Hrsg.): Börse und Psychologie, Plädoyer für eine neue Perspektive. Deutscher Instituts-Verlag, Köln.

Buttler, G., Heinlein, W. (1985) Empirische Evidenz ökonomischer Spekulationstheorien. Jahrbücher für Nationalökonomie und Statistik, Band 200(5), S.486-507.

Cagan, P. (1956) The Monetary Dynamics of Hyperinflations. In Friedman, M. (Hrsg.): Studies in the Quantity Theory of Money. University Press, Chicago.

Chiarella, C. (1990) The Elements of a Nonlinear Theory of Economic Dynamics. In: Lecture Notes in Economics and Mathematical Systems, Band 343, Springer-Verlag, Berlin u.a.

Chiarella, C. (1991) The Bifurcation of Probability Distributions in a Nonlinear Rational Expectations Model of a Monetary Economy. European Journal of Political Economy, Band 6, S.315-352.

Chiarella, C. (1992) The Dynamics of Speculative Behavior. Annals of Operations Research, Special issue on "Nonlinear Methods in Economic Dynamics and Optimal Control", erscheint 1992.

Chillingworth, D.R.J. (1976) Differential Topology with a View to Application. Pitman, London.

Cobb, L. (1981) Parameter Estimation for the Cusp Catastrophe Model. Behavioral Science, Band 26, S.75-78.

Conlisk, J. (1980) Costly Optimizers Versus Cheap Imitators. Journal of Economic Behavior and Organization, Band 1, S.275-293.

Copeland, T.E., Weston, J.F. (1980) Financial Theory and Corporate Policy. Addison-Wesley, Reading MA.

De Bondt, W.F.M., Thaler, R. (1985) Does the Stock Market Overreact? Journal of Finance, Band 40, S.793-805.

De Bondt, W.F.M., Thaler, R. (1987) Further Evidence on the Overreaction Hypothesis. Journal of Finance, Band 41, S.557-581.

De Long, J.B., Shleifer, A., Summers, L.H., Waldmann, R.J. (1990) Noise Trader Risk in Financial Markets. Journal of Political Economy, Band 98, S.701-738.

Debreu, G (1959) Theory of Value: An Axiomatic Analysis of Economic Equilibrium. Wiley &. Sons, New York

Dennig, U. (1989) Die Ursachen des Börsenkursverfalls 1987 aus krisentheoretischer Sicht. Hamburger Jahrbuch für Wirtschafts- und Gesellschaftspolitik, 34. Jahr, S.157-181.

Dinauer, J.W. (1977) Methoden der Aktienanalyse und Anlageberatung und ihre Integration zu einem praxisorientierten Entscheidungskonzept unter Einbeziehung psychologischer Aspekte. Dissertation, Universität Augsburg.

Drepper, F. (1989) Determinismus im Informationsproduktionsprofil eines Aktienindex. In Cambel, A.B., Fritsch, B., Keller, J. U. (Hrsg.): Dissipative Strukturen in Integrierten Systemen. Nomos Verlagsgesellschaft, Baden-Baden.

Erdmann, G. (1990) Evolutionäre Ökonomik als Theorie ungleichgewichtiger Phasenübergänge. In Witt U. (Hrsg.): Studien zur evolutorischen Ökonomik. Duncker &. Humblot, Berlin.

Fama, E.F. (1970) Efficient Capital Markets and Martingales: A Review of Theory and Empirical Work. Journal of Finance, Band 25(2), S.383-417.

Fama, E.F. (1976) Foundations of Finance. Basic Books, New York.

Fama, E.F., Fisher, L., Jensen, M.C., Roll, R. (1969) The Adjustement of Stock Prices to New Information. International Economic Review, Band 10, S.1-21.

Fischer, E.O. (1985) Katastrophentheorie und ihre Anwendung in der Wirtschaftswissenschaft. Jahrbuch für Nationalökonomie und Statistik, Band 200(1), S.3-26.

Flavin, M.A. (1983) Excess Volatility in Financial Markets: A Reassessment of the Empirical Evidence. Journal of Political Economy, Band 91(6), S.925-956.

Frenkel, J.A. (1975) Inflation and the Formation of Expectations. Journal of Monetary Economics, Band 1, S.403-421.

Frey, B.S., Stroebe, W. (1980) Ist das Modell des Homo Oeconomicus „unpsychologisch"? Zeitschrift für die gesamte Staatswissenschaft, Band 136(1), S.82-97.

Frey, D., Gülker, G. (1988) Psychologie und Volkswirtschaftslehre: Möglichkeiten einer interdisziplinären Zusammenarbeit. Jahrbuch für neue politische Ökonomie, 7. Band, S.168-191.

Frey, D., Stahlberg, D. (1990) Erwartungsbildung und Erwartungsveränderungen bei Börsenakteueren. In Maas P., Weibler J. (Hrsg.):

Börse und Psychologie, Plädoyer für eine neue Perspektive. Deutscher Instituts-Verlag, Köln.

Friedman, M. (1957) A Theory of the Consumption Function. University Press, Princeton N.Y.

Friedman, M., Savage, L.J. (1948) The Utility Analysis of Choices Evolving Risk. Journal of Political Economy, Band 56, S.279-304.

Gabisch, G., Lorenz, H.W. (1989) Business Cycle Theory. Springer-Verlag, Berlin u.a.

Genotte, G., Leland, H. (1990) Market Liquidity, Hedging and Crashes. American Economic Review, Band 80(5), S.999-1021.

Gleick, J. (1988) Chaos - die Ordnung des Universums. Vorstoß in Grenzbereiche der modernen Physik. Knaur-Verlag, München.

Gruber, A. (1988) Signale, Bubbles und rationale Anlagestrategien auf Kapitalmärkten. Deutscher Universitäts Verlag, Wiesbaden.

Guckenheimer, J., Holmes, P. (1983) Nonlinear Oscillations, Dynamical Systems and Bifurcation of Vector Fields. Springer-Verlag, Berlin u.a.

Haberler, G. (1937) Prosperität und Depression. Eine theoretische Untersuchung der Konjunkturbewegungen. J.C.B. Mohr u.a., Tübingen-Zürich.

Haken, H. (1978) Synergetics, An Introduction. Springer-Verlag, Berlin u.a.

Haltiwanger, J., Waldman, M. (1985) Rational Expectations and the Limits of Rationality: An Analysis of Heterogeneity. American Economic Review, Band 75(3), S.326-340.

Hanusch, H., Kuhn, T., Greiner, A., Kugler, F. (1991) Einführung in die Volkswirtschaftslehre. Springer-Verlag, Berlin u.a.

Hanusch, H., Recktenwald, H.C. (Hrsg.) (1992) Ökonomische Wissenschaft in der Zukunft, Ansichten führender Ökonomen. Verlag Wirtschaft und Finanzen, Düsseldorf.

Hartfiel, G. (1968) Wirtschaftliche und soziale Rationalität. Untersuchungen zum Menschenbild in Ökonomie und Soziologie. Enke Verlag, Stuttgart.

Haubl, R., Peltzer, U., Wakenhut, R., Weidenfeller, G. (1985) Veränderung und Sozialisation. Einführung in die Entwicklungspsychologie. Westdeutscher Verlag, Opladen.

Haubl, R., Molt, W., Weidenfeller, G., Wimmer, P. (1986) Struktur und Dynamik der Person. Einführung in die Persönlichkeitspsychologie. Westdeutscher Verlag, Opladen.

Hénon, M. (1976) A Two-Dimensional Mapping With a Strange Attractor. Commun. Mathematical Physics, Band 50, S.69-77.

Hicks, J.R. (1939) Value and Capital. Clarendon, Oxford.

Hilgard, E.R., Bower, G.H. (1973) Theorien des Lernens I. Klett Verlag, Stuttgart.

Hofstätter, P.R. (1990) Zur Sozialpsychologie der Spekulation mit Aktien. In Maas P., Weibler J. (Hrsg.): Börse und Psychologie, Plädoyer für eine neue Perspektive. Deutscher Instituts-Verlag, Köln.

Jackson, E.A. (1989) Perspectives of Nonlinear Dynamics, Band I und II. Cambridge University Press, Cambridge.

Jürgens, H., Peitgen, H.O., Saupe, D. (1989) Fraktale - eine neue Sprache für komplexe Strukturen. Spektrum der Wissenschaft, Heft 9, S.52-65.

Jüttner, D.J. (1987) Spekulation - immer segensreich? Jahrbücher für Nationalökonomie und Statistik, Band 203(1), S.1-11.

Kaldor, N. (1939) Speculation and Economic Stability. The Review of Economic Studies, Band 7, S.1-27.

Katona, G. (1946) Psychological Analysis of Business Decisions and Expectations. American Economic Review, Band 36, S.44-62.

Katona, G. (1960) Das Verhalten der Verbraucher und Unternehmer. J.C.B. Mohr, Tübingen.

Katona, G. (1975) Psychological Economics. Elsevier, New York, Oxford, Amsterdam.

Keynes, J.M. (1930) A Treatise on Money: The Applied Theory of Money, Vol.II. New York.

Keynes, J.M. (1936) The General Theory of Employment, Interest and Money. Macmillan, London. Dt. Übersetzung: Allgemeine Theorie der Beschäftigung, des Zinses und des Geldes. Duncker &. Humblot, Berlin, 1974.

Kindleberger, C.P. (1978) Manias, Panics and Crashes. A History of Financial Crises. Macmillan Press, London.

Kleidon, A.W. (1986) Variance Bound Tests and Stock Price Valuation Models. Journal of Political Economy, Band 94, S.953-1001.

König, H. (1983) Mikroökonomische Studien zur Bildung von Preiserwartungen. In Bombach, G., Gahlen, B., Ott, A.E. (Hrsg.): Makroökonomik heute. J.C.B. Mohr, Tübingen.

Kosch, C. (1990) Topologische Singularitäten und Elementarkatastrophen in der Ökonomie. VVF-Verlag, München.

Knight, F.H. (1921) Risk, Uncertainty and Profit. University of Chicago Press, Chicago.

Kugler, F., Hanusch, H. (1992a) Theorie spekulativer Blasen: Rationaler Erwartungsansatz versus Ansatz der Quartischen-Modalwert-Erwartungen. Institut für Volkswirtschaftslehre der Universität Augsburg, Arbeitspapier Nr. 72.

Kugler, F., Hanusch, H. (1992b) Psychologie des Aktienmarktes in dynamischer Betrachtung: Entstehung und Zusammenbruch spekulativer Blasen. Institut für Volkswirtschaftslehre der Universität Augsburg, Arbeitspapier Nr. 77.

Lane, D.A. (1992) Artificial Worlds and Economics. Working Paper Nr. 92-09-048, Santa Fe Institute.

LeRoy, S.F. (1989) Efficient Capital Markets and Martingales. Journal of Economic Literature, Band 27, S.1583-1621.

LeRoy, S.F., Porter, R. (1981) The Present Value Relation: Tests based on Implied Variance Bounds. Econometrica, Band 49(3), S.555-574.

Li, T.J., Yorke, J.A. (1975) Period Three Implies Chaos. American Mathematical Monthly, Band 82, S.985-992.

Lorenz, E.N. (1963) Deterministic Non-Periodic Flow. Journal of Atmospheric Science, Band 20, S.130-141.

Lorenz, H.W. (1989) Nonlinear Dynamical Economics and Chaotic Motion. In: Lecture Notes in Economics and Mathematical Systems, Band 334, Springer-Verlag, Berlin u.a.

Lorenz, H.W. (1990) Wirtschaftliche Entwicklung, Determinismus und komplexes Systemverhalten. In Weise, P. (Hrsg.): Ökonomie und Gesellschaft 9, S.180-214.

Lorenz, H.W. (1992) Zur Rolle der Chaosforschung in der Evolutionsökonomik. In Witt U. (Hrsg.): Studien zur evolutorischen Ökonomik II. Duncker &. Humblot, Berlin.

Lorenz, H.W. (1992) Chaotische dynamische Systeme und die Bedeutung numerischer Experimente in der Wirtschaftstheorie. In Hanusch, H., Recktenwald, H.C. (Hrsg.): Ökonomische Wissenschaft in der Zukunft. Verlag Wirtschaft und Finanzen, Düsseldorf.

Lucas, J.E. (1976) Econometric Policy Evaluation: A Critique. In Brunner, K., Meltzer, A.H. (Hrsg.): The Phillips Curve and Labour Markets. North-Holland, Amsterdam u.a., S.19-45.

Maas, P., Weibler, J. (1988): Psychologie und Börse. Einige heuristische Überlegungen zu ausgewählten Problemen aus wirtschaftspsychologischer Sicht. Köln-Mannheimer Beiträge zur Wirtschafts- und Organisationspsychologie, Band 1, S.82-105.

Maas, P., Weibler, J. (1990) Wahrnehmungs und Informationsverarbeitungsprozesse an der Börse. In Maas P., Weibler J. (Hrsg.): Börse und

Psychologie, Plädoyer für eine neue Perspektive. Deutscher Instituts-Verlag, Köln.

Machinek, P. (1968) Behandlung und Erkenntniswert der Erwartungen in der Wirtschaftstheorie. Duncker &. Humblot, Berlin.

Maital, S., Filer, R., Simon, J. (1986) What Do People Bring to the Stock Market (Besides Money)? The Economic Psychology of Stock Market Behavior. In Gilad, B., Kaish, S. (Hrsg.): Handbook of Behavioral Economics, Band 3, S.273-307. Greenich, London.

Malinvaud, E. (1992) Die kommenden fünfzig Jahre. In Hanusch, H., Recktenwald, H.C. (Hrsg.): Ökonomische Wissenschaft in der Zukunft. Verlag Wirtschaft und Finanzen, Düsseldorf.

Markowitz, H.M. (1952) The Utility of Wealth. Journal of pol. Economy, Band 60, S.151-158.

May, R.R. (1976) Simple Mathematical Models With Very Complicated Dynamics. Nature, Band 261, S.459-467.

Menger, C. (1923) Grundsätze der Volkswirtschaftslehre. Freytag, Wien-Leipzig.

Meier, P.F. (1989) Berechnung von Lyapunov-Exponenten. In Cambel, A.B., Fritsch, B., Keller, J. U. (Hrsg.): Dissipative Strukturen in Integrierten Systemen. Nomos Verlagsgesellschaft, Baden-Baden.

Milgram, P., Stokey, N. (1982) Information, Trade and Common Knowledge. Journal of Economic Theory, Band 26, S.17-27.

Milnor, J.W. (1963) Morse Theory. Annals of Mathematics Studies, Band 51, Princeton University.

Minford, P., Peel, D. (1983) Rational Expectations and the New Macroeconomics. Martin Robertson, Oxford.

Modigliani, F., Sutch, R. (1966) Innovations in Interest Rate Policy. American Economic Review, Band 56, S.178-197.

Morgenstern, O. (1928) Wirtschaftsprognose. Eine Untersuchung ihre Voraussetzungen und Möglichkeiten. Wien.

Morishima, M. (1992) Die allgemeine Gleichgewichtstheorie im 21. Jahrhundert. In Hanusch, H., Recktenwald, H.C. (Hrsg.): Ökonomische Wissenschaft in der Zukunft. Verlag Wirtschaft und Finanzen, Düsseldorf.

Muth, J.F. (1961) Rational Ecpectations and the Theory of Price Movements. Econometrica, Band 29, S.315-335.

Myles, G.D. (1990) Vertical Product Differentiation Can Imply the Friedman-Savage Utility Function. Economics Letters, Band 33, S.5-9.

v.Natzmer, W. (1985) Erwartungen in der Ökonomie: Das Modell der Quartischen-Modalwert-Erwartungen. Rudolf Haufe Verlag, Freiburg im Breisgau.

Nelson, R.R., Winter, S.G. (1982) An Evolutionary Theory of Economic Change. The Belknap Press, Cambridge.

Nerlove, M. (1983) Expectations, Plans and Realisations in Theory and Practice. Econometrica, Band 51, S.1251-1279.

Neumann, M.J.M., Klein, M. (1982) Probleme der Theorie effizienter Märkte und ihrer empirischen Überprüfung. Kredit und Kapital, Band 15, S.165-187.

v.Neumann, J., Morgenstern, O. (1944) Theory of Games and Economic Behavior. Princeton University Press, Princeton MA.

Nisbett, R., Ross, L. (1980) Human Inference: Strategies and Shortcomings of Social Judgment. Century Psychology Series.

Obstfeld, M., Rogoff, K. (1983) Speculative Hyperinflations in Maximizing Models: Can We Rule Them Out? Journal of Monetary Economics 91, S.675-687.

Obstfeld, M., Rogoff, K. (1986) Ruling Out Divergent Speculative Bubbles. Journal of Moentary Economics 17, S.349- 362.

Özga, S.A. (1965) Expectations in Economic Theory. Weidenfeld and Nicolson, London.

Parker, T.S., Chua, L.O. (1989) Practical Numerical Algorithms for Chaotic Systems. Springer-Verlag, Berlin u.a.

Patzak, M. (1983) Der homo oeconomicus im Lichte der traditionellen analytischen Philosophie. In Holler, M.J. (Hrsg.): Homo Oeconomicus. Verlag N. Leudemann, München.

Pelzmann, L. (1985) Wirtschaftspsychologie: Arbeitslosenforschung, Schattenwirtschaft, Steuerpsychologie. Springer-Verlag, Wien-New York.

Poston, T. , Stewart, I. (1978) Catastrophe Theory and its Applications. Pitman, London.

Ribhegge, H. (1987) Grenzen der Theorie rationaler Erwartungen. J.C.B. Mohr, Tübingen.

Sargent, T.J. (1979) Macroeconomic Theory. Academic Press, New York.

Sargent, T.J., Wallace, N. (1976) Rational Expectations and the Theory of Economic Policy. Journal of Monetary Economics, Band 2, S.169-183.

Saunders, P.T. (1986) Katastrophentheorie. Eine Einführung für Naturwissenschaftler. Vieweg-Verlag, Wiesbaden.

Schachter, S., Hood, D.C., Andreassen, P.B., Gerin W. (1986) Aggregate Variables in Psychology and Economics: Dependence and the Stock Market. In Gilad, B., Kaish, S. (Hrsg.): Handbook of Behavioral Economics, Band 3, S.273-307. Greenich, London.

Schachter, S., Quellette, R., Whittle, B., Gerin W. (1987) Effects of Trend and of Profit or Loss on the Tendency to Sell Stock. Basic and Applied Social Psychology, Band 8(4), S.259-271.

Schefold, B. (1992) „Wenn Du den Halys überschreitest" - Gedanken zur Zukunft ökonomischer Wissenschaft. In Hanusch, H., Recktenwald, H.C. (Hrsg.): Ökonomische Wissenschaft in der Zukunft. Verlag Wirtschaft und Finanzen, Düsseldorf.

Schilling, G. (1987) Rationale Erwartungen in makroökonomischen Modellen. Verlag Wilhelm Surbir, St. Gallen.

Schlotthauer, K.H. (1981) Inflationserwartungen. Verlag Weltarchiv, Hamburg.

Schmidt, R.H. (1986) Grundzüge der Investitions- und Finanzierungstheorie. Gabler-Verlag, Wiesbaden.

Schmidt-Schachtsiek, U. (1990) Börsengewinne weltweit - Aktien und Devisen in Europa, Nordamerika und Fernost. Campus-Verlag, Frankfurt, New York.

Schnabl, H. (1989) Erwartungen und Aggregation - Ansatzpunkte eines interaktionsbasierten Modells der Erwartungsbildung. In Cambel, A.B., Fritsch, B., Keller, J. U. (Hrsg.): Dissipative Strukturen in Integrierten Systemen. Nomos Verlagsgesellschaft, Baden-Baden.

Schnabl, H. (1991) Nichtlinearität und Chaos in der Wirtschaft. Das Wirtschaftsstudium, Heft 11, S.559-565.

Schneeweiß, H. (1967) Entscheidungskriterien bei Risiko. Springer-Verlag, Berlin u.a.

Schumpeter, J.A. (1936) The General Theory of Employment, Interest and Money by J.M. Keynes; a Review. Journal of the American Statistical Association, Band 31, S.791-795.

Schumpeter, J.A. (1939) Konjunkturzyklen. Eine theoretische, historische und statistische Analyse des kapitalistischen Prozesses. Deutsche Übersetzung 1961, Vandenhoeck &. Ruprecht, Göttingen.

Schumpeter, J.A. (1947) Capitalism, Socialism and Democracy. Harper &. Brothers, New York.

Schuster, R.T. (1991) Hysterese auf Arbeitsmärkten. Eine Untersuchung zur empirischen Relevanz der stochastischen Katastrophentheorie. Verlag Josef Eul, Bergisch Gladbach-Köln.

Schwarz, N. (1982) Homo Heuristicus: Zur Psychologie des kognitiven Geizhalses. Zeitschrift für Sozialpsychologie, Band 13, S.343-347.

Shackle, G.L.S. (1949) Expectation in Economics. University Press, Cambridge.

Shiller, R.J. (1979) The Volatility of Long-Term Interest Rates and Expectations Models of the Term Structure. Journal of Political Economy, Band 87, S.1190-1219.

Shiller, R.J. (1981) Do Stock Prices Move Too Much to be Justified by Subsequent Changes in Dividends? American Economic Review, Band 71, S.421-436.

Shiller, R.J. (1984) Theories of Aggregate Stock Price Movements. Journal of Portfolio Management, S.28-37.

Shiller, R.J. (1989) Market Volatility. MIT Press, Cambridge MA - London.

Shiller, R.J. (1990) Speculative Prices and Popular Models. The Journal of Economic Perspectives, Band 4(2), S.55-65.

Simon, H.A. (1957) Models of Man. Wiley &. Sons, New York.

Smale, S. (1963) Diffeomorphisms with Many Periodic Points. In Cairns, S.S. (Hrsg.): Differential and Combinatorical Topology. Princeton University Press, Princeton MA.

Steeb, W.H., Kunick, A. (1989) Chaos in dynamischen Systemen. BI-Wissenschaftsverlag, Mannheim u.a.

Steinmann, G. (1970) Theorie der Spekulation. J.C.B. Mohr, Tübingen.

Stiglitz, J.E. (1992) Ein neues Jahrhundert der Wirtschaftswissenschaft. In Hanusch, H., Recktenwald, H.C. (Hrsg.): Ökonomische Wissenschaft in der Zukunft. Verlag Wirtschaft und Finanzen, Düsseldorf.

Stock, D. (1990) Winner and Loser Anomalies in the German Sock Market. Journal of Institutional and Theoretical Economics, Band 146(3), S.518-529.

Stöttner, R. (1987) Börsenkrach und Effizienzmarkt- Hypothese: Das Ende einer Illusion? Wirtschaftsdienst, Band XII, S.633-636.

Strange, S. (1986) Casino Capitalism. Blackwell, Oxford.

Strümpel, B., Pawlowsky, P. (1987) Psychologie gesamtwirtschaftlicher Prozesse. In Frey, D., Hoyos, C., Stahlberg, D. (Hrsg.): Angewandte Psychologie: Ein Handbuch. Psychologie-Verlags-Union, München, S.242-259.

Thom, R. (1972) Stabilité Structurelle et Morphogénèse. Benjamin, New York. Engl. Übersetzung (1975): Structural Stability and Morphogenesis. Addison-Wesley, New York.

Thompson, J.M.T., Stewart, H.B, (1986) Nonlinear Dynamics and Chaos. Wiley &. Sons, New York.

Tirole, J. (1985) Asset Bubbles and Overlapping Generations. Econometrica, Band 53(5), S.1071-1100.

Topol, R. (1991) Bubbles and Volatility of Stock Prices: Effect of Mimetic Contagion. The Economic Journal, Band 101, S.786-800.

Tversky, A., Kahneman, D. (1973) Availability: A Heuristic for Judging Frequency and Probability. Cognitive Psychology, Band 42, S.207-232.

Ursprung, H.W. (1982) Die elementare Katastrophentheorie: Eine Darstellung aus der Sicht der Ökonomie. Springer-Verlag, Berlin u.a.

Weidlich, W. (1992) Das Modellierungskonzept der Synergetik für dynamische sozio-ökonomische Prozesse. In Witt, U. (Hrsg.): Studien zur evolutorischen Ökonomik II. Duncker &. Humblot, Berlin.

Wärneryd, K.E., Wahlund, R. (1985) Inflationary Expectations. In Brandstätter, H., Kirchler, E. (Hrsg.): Economic Psychology, Universitätsverlag R. Trauner, Linz.

Weber, W., Streißler, E. (1961) Erwartungen, Unsicherheit und Risiko. Handwörterbuch der Sozialwissenschaften, Band 3.

Wiendieck, G. (1990) Börse als vernachlässigter Bereich der Wirtschaftspsychologie. In Maas, P., Weibler, J. (Hrsg.): Börse und Psychologie, Plädoyer für eine neue Perspektive. Deutscher Instituts-Verlag, Köln.

Wieth, B.D. (1979) Katastrophentheoretische Ansätze in den Wirtschaftswissenschaften: Darstellung und Kritik. Dissertation, Universität Mainz.

Wiswede, G. (1991) Einführung in die Wirtschaftspsychologie. UTB Reinhardt, München - Basel.

Witt, U. (Hrsg.) (1990) Studien zur evolutorischen Ökonomik I. Duncker &. Humblot, Berlin.

Witt, U. (Hrsg.) (1992) Studien zur evolutorischen Ökonomik II. Duncker &. Humblot, Berlin.

Wöhe, G. (1981) Einführung in die allgemeine Betriebswirtschaftslehre. Verlag Franz Vahlen, München.

Working, H. (1953) Futures Trading and Hedging. American Economic Review, S.314-343.

Zeeman, E.C. (1977a) Catastrophe Theory (Selected Papers 1972-1977). Addison-Wesley, New York.

Zeeman, E.C. (1977b) On the Unstable Behaviour of Stock Exchanges. Journal of Mathematical Economics, Band 1, S.39-49.

Wirtschaftswissenschaftliche Beiträge

Band 55: P.-U. Paulsen, Sichtweisen der Wechselkursbestimmung, VI/264 Seiten, 1991

Band 56: B. Sporn, Universitätskultur, IX/213 Seiten, 1992

Band 57: A. Vilks, Neoklassik, Gleichgewicht und Realität, IX/112 Seiten, 1991

Band 58: M. Erlei, Unvollkommene Märkte in der keynesianischen Theorie, XII/267 Seiten, 1991

Band 59: D. Ostrusska, Systemdynamik nichtlinearer Marktreaktionsmodelle, VII/178 Seiten, 1992

Band 60: G. Bol, G. Nakhaeizadeh, K.-H. Vollmer (Hrsg.), Ökonometrie und Monetärer Sektor, VII/238 Seiten, 1992

Band 61: S. Feuerstein, Studien zur Wechselkursunion, VIII/132 Seiten, 1992

Band 62: H. Fratzl, Ein- und mehrstufige Lagerhaltung, VIII/190 Seiten, 1992

Band 63: P. Heimerl-Wagner, Strategische Organisations-Entwicklung, VIII/231 Seiten, 1992

Band 64: G. Untiedt, Das Erwerbsverhalten verheirateter Frauen in der Bundesrepublik Deutschland, XVIII/197 Seiten, 1992

Band 65: R. Herden, Technologieorientierte Außenbeziehungen im betrieblichen Innovationsmanagement, XVIII/265 Seiten, 1992

Band 66: P. B. Spahn, H. P. Galler, H. Kaiser, T. Kassella, J. Merz, Mikrosimulation in der Steuerpolitik, XVI/279 Seiten, 1992

Band 67: M. Kessler, Internationaler Technologiewettbewerb, X/232 Seiten, 1992

Band 68: J. Hertel, Design mehrstufiger Warenwirtschaftssysteme, XIII/319 Seiten, 1992

Band 69: H. Grupp/U. Schmoch, Wissenschaftsbindung der Technik, XIII/152 Seiten, 1992

Band 70: H. Legler/H. Grupp/B. Gehrke/U. Schasse, Innovationspotential und Hochtechnologie, XV/164 Seiten, 1992

Band 71: R. Schmidt, Modelle der Informationsvermittlung, 320 Seiten, 1992

Band 72: M. Kaiser, Konsumorientierte Reform der Unternehmensbesteuerung, XI/412 Seiten, 1992

Band 73: K. Meier, Modellbildung bei Mehrfachzielen, XVI/251 Seiten, 1992

Band 74: J. Thiele, Kombination von Prognosen, X/135 Seiten, 1993

Band 75: W. Sesselmeier, Gewerkschaften und Lohnfindung, XII/222 Seiten, 1993

Band 76: R. Frensch, Produktdifferenzierung und Arbeitsteilung, VIII/176 Seiten, 1993

Band 77: K. Kraft, Arbeitsmarktflexibilität, X/186 Seiten, 1993

Band 78: R. P. Hellbrück, Synergetik und Marktprozesse, XIV/190 Seiten, 1993

Band 79: L. Linnemann, Multinationale Unternehmungen und internationale Wirtschaftspolitik, X/207 Seiten, 1993

Band 80: K. Cuhls, Qualitätszirkel in japanischen und deutschen Unternehmen, XIV/215 Seiten, 1993

Band 81: B. Erke, Arbeitslosigkeit und Konjunktur auf segmentierten Arbeitsmärkten, X/228 Seiten, 1993

Band 82: M. Hillmer, Kausalanalyse makroökonomischer Zusammenhänge mit latenten Variablen, XI/408 Seiten, 1993

Band 83: M. Heinisch, W. Lanthaler, Im Brennpunkt Universität, XII/193 Seiten, 1993

Band 84: M. Göcke, Starke Hysteresis im Außenhandel, XII/216 Seiten, 1993

Band 85: T. Siegenführ, Optimale Gesundheitsinvestitionen in das Humankapital, XX/192 Seiten, 1993

Band 86: Matthias Wrede, Ökonomische Theorie des Steuerentzuges, XII/302 Seiten, 1993

Band 87: M. Raab, Steuerarbitrage, Kapitalmarktgleichgewicht und Unternehmensfinanzierung, X/185 Seiten, 1993

Band 88: K.-J. Duschek, Ein sequentielles empirisches allgemeines Gleichgewichtsmodell zur Beurteilung von Steuerreformprogrammen, XII/271 Seiten, 1993

Band 89: R. Schwager, Geld überlappende Nachfragestruktur und bilaterale Transaktionen, VIII/262 Seiten, 1994

Band 90: M. Sander, Die Bestimmung und Steuerung des Wertes von Marken, XVI/319 Seiten, 1994

Band 91: T. Ursprung, Propaganda, Interessengruppen und direkte Demokratie, X/187 Seiten, 1994

Band 92: G. Speckbacher, Alterssicherung und internationale Gerechtigkeit, VIII/151 Seiten, 1994

Band 93: G. Bol, G. Nakhaeizadeh, K.-H. Vollmer (Hrsg.), Finanzmarktanwendungen neuronaler Netze und ökonometrischer Verfahren, X/271 Seiten, 1994

GPSR Compliance

The European Union's (EU) General Product Safety Regulation (GPSR) is a set of rules that requires consumer products to be safe and our obligations to ensure this.

If you have any concerns about our products, you can contact us on ProductSafety@springernature.com

In case Publisher is established outside the EU, the EU authorized representative is:

Springer Nature Customer Service Center GmbH
Europaplatz 3
69115 Heidelberg, Germany

Batch number: 10815974

Printed by Printforce, the Netherlands